한국 민주주의의 역설

제도 신뢰 결손

지은이 강우진

고려대학교 정치외교학과와 동 대학원을 졸업하고 미국 플로리다주립대학교(Florida State University)에서 비교정치와 공공정책을 전공해 정치학 박사학위를 받았다. 미국 켄트주립대학교를 비롯한 여러 곳에서 학생들을 가르쳤다. 텍사스주립대학교 중의 하나인 앤젤로주립대학교(Angelo State University)에서 조교수를 지내다가 귀국해 현재 경북대학교 정치외교학과에 재직 중이다. 하와이대학교 동서문화센터 펠로우, 오클라호마대학교 방문학자, 한국학중앙연구원 펠로우를 지낸 바 있다.

한국 민주주의와 정치 과정을 주로 연구하고 가르치고 있다. 최근에는 한국 민주주의가 보통 사람들의 불평등한 삶을 개선하는 데 어떻게 기여할 수 있는지에 대해서 고민하고 있다. 최근 저작으로는 『박정희 노스탤지어와 한국 민주주의』(고려대학교 아세아문제연구소 출판부 2019)가 있다. 이 책으로 2020년도 한국정당학회 학술상을 수상했다. 이 책 이외에도 지난 10년 동안 7권의 공저를 출간하고 30여 편의 학술논문을 국내외 저널에 게재했다. 최근 출간 논문으로는 「무엇이 기회균등 인식을 결정하는가?」(『한국정당학회보』, 2020), "Determinants of Unaffiliated Citizen Protests: The Korean Candlelight Protests of 2016–2017"(*Korea Journal*, 2019), "The Past is Long-Lasting: Park Chung Hee Nostalgia and Voter Choice in the 2012 Korean Presidential Election"(*Journal of Asian and African Studies*, 2018) 등이 있다.

한국 민주주의의 역설 – 제도 신뢰 결손

초판 1쇄 2021년 2월 19일 | **초판 3쇄** 2022년 12월 15일

지은이 강우진 | **펴낸이** 홍원화 | **펴낸 곳** 경북대학교출판부

출판등록 1973년 10월 10일 ㉣97호 | **주소** 대구광역시 북구 대학로 80

전화 053-950-3830 | **팩스** 053-953-4692

이메일 press@knu.ac.kr | **홈페이지** http://knupress.com

ISBN 978-89-7180-553-4 93340

정가는 뒤표지에 있습니다. 파본은 바꾸어 드립니다.

한국 민주주의의 역설

제도 신뢰 결손

강우진 지음

경북대학교출판부

머리말

"대다수의 시민들이 비민주적인 대안보다 민주주의를 선호하고, 민주주의의 핵심적인 정치 제도에 신뢰를 가지며, 민주적 관행을 옹호하는 정치 지도자를 지지하지 않는다면 민주주의는 불가피하게 도래하는 위기를 견디어 생존하기 어려울 것이다."(Dahl 1998: 157-158)

한국은 2017년을 기준으로, 1987년 유월항쟁을 통해서 민주주의로 이행한 지 30년을 맞았다. 민주주의가 한 세대를 거치는 동안 한국은 일곱 번의 대통령 선거(제13대~제19대)와 아홉 번의 국회의원 선거(제13대~제21대)를 경험했다. 이 과정에서 세 번의 정권 교체를 평화적으로 이루어 냈다. 또한 전례 없는 1997년 IMF 외환 위기와 현직 대통령 탄핵과 구속이라는 대내외적 위기를 헌정 중단 없이 극복했다. 현대 대의 민주주의의 핵심적인 요소가 공정하고 경쟁적인 선거라고 할 때 한국은 지난 한 세대 동안 민주주의를 성공적으로 제도화했다고 평가할 수 있다. 여러 가지 국제평가기관들은 한국을 제3의 물결을 통해서 민주주의로 이행한 국가들 중에서 가장 성공적인 민주화를 이룬 소수의 사례로 평가한다.

또한 같은 기간 동안 한국 시민들은 제도권 정치가 시민들의 의사에서 크게 벗어나 정체될 때 촛불을 들어서 저항하거나 이를 돌파하기도 했다. 대표적으로 2016년 말 부패한 권력자가 공적으로 위임한 권력을 사유한 사실이 드러나자 이듬해까지 연인원 1700여 만 명의 시민들이 광장에서 촛불을 들었다. 시민들의 힘으로 부패한 권력자는 탄핵되었고 결국 구속되었다. 이러한 면에서 볼 때 한국 민주주의는 제도적인 안정성과 내적인 역동성을 갖춘 드문 사례다.

하지만 다른 시각에서 보면, 한국 민주주의의 성취 이면의 또 다른 속살을 만나게 된다. 세 번의 정권 교체가 이루어지면서 (최소 정의적 기준에서 볼 때) 민주주의가 공고화되는 동안에도 민주주의 체제를 선호하는 시민들의 비율은 낮을 때는 절반 이하를 기록하기도 했고(KDB 2001, ABS 2nd wave), 가장 높을 때도 70%를 넘지 못했다(69.6%, ABS 1st wave). 더구나 민주주의를 구성하는 핵심적인 제도에 대한 시민들의 신뢰는 더 취약하다. 대표적으로 2000년대 이후 정부 신뢰 수준은 15.14%(ABS 2nd wave, 2003)~29.58%(4th wave, 2015)에 그쳤다. 또한 정치를 운영하는 정치인에 대한 불신도 다르지 않다. 한 조사(매일경제신문·현대경제연구원 2016)에 따르면 100점 만점으로 측정된 부문별 신뢰 점수 조사에서 정치권은 28점을 얻어, 처음 만난 사람에 대한 신뢰 점수(40점)보다 낮았다.*

민주화 이후 30년이 지난 시점에서 한국 민주주의는 권력의 교체 방식을 중심으로 한 민주주의 체제의 안정적 제도화와 민주주의 제도에 대한 시민적 지지 결손(deficit)의 지속이라는 양면적인 모습을 보이고 있다. 이러한 대조적인 결과를 '한국 민주주의의 역설'이라고 부를 수 있을 것이다. 민주주의 제도에 대한 시민적 지지 결손은 왜 중요한가? 이 책의 결론에 해당하는 제8장과 제9장이 보여 주듯이 제도 신뢰 결손은 민주주의의 정당성의 기초라고 할 수 있는 기회 균등에 대한 부정적인 인식으로 이어진다. 나아가 시민들의 삶의 만족도에도 직간접적으로 중요한 영향을 미친다.

민주주의를 경쟁적이고 공정한 민주적 선거를 통한 권력의 교체 방식으로 정의할 때 가까운 장래에 한국의 민주주의가 위기에 처할 가능성은 낮다. 하지만 이 책의 경험 분석이 나타내듯이 민주주의 체제에 대한 한국 시민들의 지지는 수행력에 의존하는 지지의 특성을 나타내고 있다. 그렇다

---

* 2016년 10월 3일 자 『매일경제신문』 「"국회의원? 차라리 처음 본 사람 믿겠다"」 참조.

면 민주주의 체제를 구성하는 핵심적인 제도에 대한 신뢰가 개선되지 않고 민주주의 수행력이 시민들의 기대를 충족시키지 못하는 상황이 지속될 때 한국 민주주의 정당성에 대한 시민들의 믿음은 크게 훼손될 수 있다. 이 경우 한국 민주주의가 위기에 직면할 가능성도 있다. 촛불 항쟁과 함께 민주화 이후 30년이 지나면서 새로운 순환을 시작한 한국 민주주의의 심화를 위해 시민적 지지 기반을 굳건히 하는 다양한 노력이 필요한 이유다.

이 책은 민주화 이후 한국 민주주의의 역설인 제도 신뢰 결손에 대해서 다각도로 분석하고 있다. 제1장~제5장은 민주주의 체제 수준의 지지를 분석했다. 제6장과 제7장은 정부 신뢰와 의회 신뢰로 대표되는 제도 신뢰를 다뤘다. 제8장과 제9장은 제도 신뢰 결손의 결과를 규명했다.

각 장의 핵심적인 내용은 다음과 같다. 제1장에서 민주화 이후 민주주의 체제에 대한 지지의 변화 양상을 분석한 결과, 민주주의 체제에 대한 규범적 지지(이념으로서 민주주의에 대한 지지와 민주주의 적합성)와 민주주의 체제에 대한 선호 그리고 민주주의 작동 방식에 대한 만족 수준에 상당한 차이가 있었다. 한국 민주주의의 성취에 대한 국제적인 평가와는 달리 민주주의 체제에 대한 시민적 지지 기반은 (상대적으로) 취약했다.

제2장은 경제적 불평등에 대한 인식을 중심으로 민주적 지지 결정 요인을 분석했다. 분석 결과 소득 분배 공정성에 대한 인식으로 측정된 경제적 불평등에 대한 부정적 인식은 민주주의 체제에 대한 선호와 민주주의 체제의 효능성에 긍정적인 영향을 미쳤다. 이 결과는 제1장에서 확인된 민주주의 수행력에 대한 비판적 인식에도 불구하고 한국 시민들은 여전히 민주주의 체제를 신뢰하고 있다는 것을 시사한다. 하지만 민주주의 체제에 대한 지지가 정치적인 배경에 의해서도 영향을 받는다는 제2장의 분석 결과는 여전히 한국 민주주의에 대한 시민들의 지지가 (정치적 수행력이든 경제적 수행력이든) 체제의 수행력에 의존하는 조건적인 성격

을 가진다는 것을 의미한다.

제3장은 한국 사회의 화두로 부상한 공정성에 대한 시민들의 평가가 시민들의 민주적 지지에 미치는 영향을 경험 분석했다. 경험 분석 결과 분배 공정성, 절차적 공정성, 그리고 사후 공정성에 대한 인식을 포괄하는 다차원적인 개념으로 측정된 공정성에 대한 인식이 민주주의 만족, 정부에 대한 신뢰, 의회에 대한 신뢰와 같은 민주적 지지를 결정하는 중요한 변수로 확인되었다. 또한 이 장의 분석을 통해서 세 가지 차원의 공정성에 대한 인식이 민주적 지지의 각 층위에 미치는 공통적인 영향력과 차별적인 영향력이 확인되었다. 절차적 공정성에 대한 인식과 사후 공정성에 대한 인식은 민주주의 만족, 중앙정부에 대한 신뢰, 국회에 대한 신뢰에 공통적으로 영향을 미쳤다. 하지만 분배 공정성에 대한 인식은 중앙정부에 대한 신뢰 결정 요인으로서 중요한 변수로 나타나지 않았다.

제4장은 이명박 정부를 사례로 하여 한국 민주주의를 분석하는 분석틀로서 부분 체제 접근법의 유용성을 규명하였다. 권력 교체 방식으로서 민주적 선거는 한국 사회에서 유일한 게임의 룰이 되었다. 하지만 민주주의 체제는 선거 체제, 법의 지배(the rule of the law), 수직적 책임성(vertical accountability), 수평적 책임성(horizontal accountability), 시민권(civil right)과 같은 다양한 부분 체제로 구성된다. 이명박 정부의 사례가 잘 보여 주듯이 선거 체제는 두 번의 정권 교체를 통과하여 (최소적인 정의의 기준에서 볼 때) 공고화되었다고 평가할 수 있을지 모르겠지만 다른 부분 체제는 후퇴할 수 있다. 또한 제5장에서는 경험적으로 확인한 것처럼 민주주의 후퇴에 대한 시민들의 비판적인 인식이 민주주의 체제에 대한 지지에 부정적인 영향을 미쳤음을 분석했다.

제6장과 제7장은 민주주의를 구성하는 핵심적인 제도인 정부와 의회에 대한 신뢰를 다뤘다. 먼저 제6장은 앞선 논의에 기초를 두어 도출된

다섯 가지 모델(문화적 모델, 비판적 시민 모델, 절차적 모델, 정부의 수행력 모델, 민주적 정치 과정 모델)이 정부 신뢰에 미치는 영향을 분석했다. 그 결과 정부 신뢰 결정 요인은 다차원적이었다. 사회 신뢰 모델의 영향력을 통해서 확인한 것처럼 정부 신뢰의 사회적 기반이 일차적으로 중요한 요인이었다. 또한 절차적 모델을 통해서 확인할 수 있는 사실은 한국의 절차적 수준의 민주주의는 안정적으로 발전했지만 시민들의 시각에서 볼 때 여전히 보완되어야 할 점이 많다는 사실이었다. 앞선 논의와 달리 이 장의 분석은 정부 수행력을 측정하는 변수로서 정부의 능력 요인(문제 해결 능력, 반응성, 부패에 대한 대처)에 주목했다. 이 장의 분석 결과는 시민들의 요구에 반응하는 정부의 문제 해결 능력이 정부 신뢰를 결정하는 중요한 요인이라는 것이다. 또한 이 장의 분석은 정부와 입법부와의 관계(수평적 책임성)와 집권 기간 동안 시민들의 정부에 대한 견제(수직적 책임성) 등의 변수가 정부 신뢰에 어떠한 영향을 미치는지를 확인했다.

제7장은 동아시아 민주주의 국가를 대상으로 의회 신뢰 결정 요인을 분석했다. 분석 결과 동아시아 국가에서 의회 신뢰에 영향을 미치는 중요한 요인으로는 교육, 대인 신뢰와 같이 앞선 논의에서 많이 거론되었던 요인 이외에도 절차적 변수(선거의 공정성)와 의회의 수행력에 대한 평가(국회의 정부 견제)가 중요한 요인으로 확인되었다. 한국에서도 대인 신뢰 변수의 중요성은 확인되었지만 절차적 변수는 중요한 영향을 미치지 않았다. 의회의 수행력 변수는 동아시아를 대상으로 한 모델에서와 마찬가지로 중요한 영향변수로 나타났다. 제6장과 제7장의 분석을 통해서 제도 신뢰 결정 요인으로서 정치 과정 변수의 중요성을 확인했다.

제8장과 제9장은 제도 신뢰의 결과를 분석했다. 먼저 제8장은 앞선 논의에 기반을 두어 도출된 세 가지 모델(사회적 지위 모델, 정치 이념 모델, 비판적 시민 모델)에 더하여 제도 신뢰가 한국 시민들의 기회 균등(교육 기회 균등, 취

업 기회 균등, 고용 기회 균등) 인식에 미치는 영향을 분석했다. 분석 결과 한국 시민들의 기회 균등 인식에는 이해 중심의 사회적 지위 모델보다는 정치 이념과 제도 신뢰 같은 이념과 가치 중심 모델이 중요한 영향을 미쳤다. 이 장의 분석 결과는 민주주의 체제를 구성하는 중심 제도에 대한 신뢰가 증진되지 않고서는 기회 균등 인식을 제고하기 어렵다는 것을 시사한다. 한국 시민들은 한국 사회의 화두로 떠오른 공정성 이슈를 경쟁의 기회가 균등하게 보장되지 않는 제도의 문제로 바라보고 있었다.

제9장은 앞선 연구에 기반을 두어 도출된 사회적 지위 모델, 사회 이동성 모델에 더하여 제도 신뢰 모델의 영향력에 주목하여 삶의 만족도 결정 요인을 분석했다. 분석 결과 한국 사람들의 삶의 만족도 결정 요인은 다차원적이었다. 사회적 지위 모델, 사회 이동성 모델, 제도 신뢰 모델 모두 한국 사람들의 삶의 만족도 결정에 유의미한 영향을 미쳤다. 다차원적인 삶의 만족도 결정 요인은 한국 사회의 발전 경로를 반영하는 결과이다. 한국은 세계 10위권의 경제대국으로 성장했지만 그 과정에서 소득 불평등과 자산 불평등이 매우 커졌다. 고도성장 시기 계층 상승이 가능한 열린 사회였던 한국 사회는 부와 학력이 대물림되는 사회로 변모하였다. 민주주의가 안정적으로 제도화되는 동안 민주주의의 핵심 기둥인 제도에 대한 신뢰는 나아지지 않았다. 이 장의 분석 결과는 한국 사회의 역동적인 변화 과정이 한국 사람들의 삶의 만족도 인식에 녹아 들어가 있다는 것을 시사한다.

이 책의 아홉 개 장 중에서 제3장, 제4장, 제5장, 제8장, 제9장은 이미 발표된 논문을 이 책의 구성에 맞게 대폭 수정한 것이다.*

---

* 제3장은 「한국 민주주의에서 공정성에 대한 인식과 민주적 지지」(『한국과 국제정치』 제33권 3호), 제4장은 「이명박 정부와 한국 민주주의의 질: 부분체제 접근법을 중심으로」(『경제와 사회』 통권 104호), 제5장은 「민주주의에 대한 불만족 결정요인에 대한 연구: 이명박 정부의 사례」(『한국정당학회보』 제12권 3호), 제8장은 「무엇이 기회균등인식을 결정하는가?」(『한국정당학회보』 제19권 2호), 제9장은 「무엇이 삶의 만족도를 결정하는가?」(『정치정보연구』 제23권 2호)에 기반을 두어 재구성되었다.

이 책은 경북대학교 사회과학연구원의 사회과학총서로 기획되었다. 필자의 개인적인 사정으로 원래 계획보다 출간이 늦어져 죄송하다는 말씀을 전한다. 이 책을 만드는 과정에서 많은 사람들에게 도움을 받았다. 먼저, 경북대학교 사회과학연구원 이채문 원장님께 감사를 드린다. 또한 책의 교정과 편집 과정에서 여러 가지로 큰 도움을 주신 경북대학교출판부 편집진 선생님들께 감사의 말씀을 전한다. 이와 함께 이 책의 초고를 교정하는 데 도움을 준 정치외교학과 박사 과정 박인술에게도 고마움을 전한다. 또한 항상 배려해 주시는 경북대학교 정치외교학과 교수님들께도 깊은 감사의 말씀을 드린다. 지면상 이곳에 다 밝히지는 못하였지만 여러 사람들로부터 많은 자극과 도움을 받았다. 학생들과 동료 선후배 학자들께도 감사의 말을 전한다.

필자는 평소 연구실에서 많은 시간을 보내면서 가족으로서의 역할을 다하지 못한 적이 많았다. 부족한 결과물이지만 이 책을 출간하기까지 가족들의 지지가 큰 힘이 되었다. 부모님의 헌신과 사랑 그리고 가르침이 필자가 연구와 교육의 길을 선택하고 지속할 수 있는 가장 큰 원동력이었다. 또한 어느덧 건장한 청소년이 되어서 민주주의 위기 시대에 민주주의의 중요성에 대해서 아버지와 같이 대화할 수 있게 된 아들 지우와 아내 옥선의 지지와 사랑은 항상 삶의 큰 버팀목이 된다.

2021년 1월

강우진

C O N T E N T S

제❶장

민주주의 체제 수준의 지지

이 장의 목적은 한국 민주주의 체제에 대한 시민들의 지지를 영역별로 분석하는 것이다. 두루 알듯이 한국 민주주의는 1987년 유월항쟁을 통해서 민주화를 이루었다. 한국은 20세기 민주화의 세 번째 큰 흐름이었던 제3의 물결을 통해서 민주화를 이룬 국가군에 속한다. 세계사적 시간으로 볼 때 한국은 그다지 빨리 민주화의 세계적인 물결에 동참한 것은 아니었다. 하지만 한국은 제3의 물결을 통해서 민주화를 이룬 나라 중에서 민주주의를 성공적으로 제도화한 소수의 사례에 속한다.

한국은 민주주의로의 이행 과정에서 대규모 유혈 사태와 같은 많은 비용을 지불하지 않았다. 한국의 민주화 과정은 유월항쟁으로 대표되는 일련의 격렬한 민주화 운동에 의해서 추동되었다. 하지만 민주적 개방 이후 민주주의 제도화 과정은 권위주의 집권 세력과 민주화 운동을 이끌었던 야당의 타협에 의해서 일사천리로 진행되었다. 또한 민주주의로 이행한 이후 한국의 민주주의는 1990년대 중반 동남아시아로부터 시작된 외환 위기와, 노무현 대통령 탄핵 소추 그리고 박근혜 대통령 탄핵과 구속이라는 내부로부터의 심각한 도전에도 불구하고 단절 없이 발전했다. 시민들은 제도 정치권의 병목 현상이 발생했을 때 촛불을 들어 저항하거나 2016~2017년 국정 농단 사태와 같이 직접 돌파하기도 했다. 이처럼 한국 민주주의는 제도적인 안정성과 시민사회의 역동성을 동시에 가진 드문 사례에 속한다.

한국 민주주의는 제도적 안정성과 역동성에도 불구하고 민주화 이후 30년이 지나 새로운 순환을 시작한 현재 많은 도전에 직면하고 있다. 이 장에서 주목하는 도전은 한국 민주주의에 대한 시민들의 굳건하지 않은 지지 기반이다. 이 장은 현재 접근 가능한 여론조사 자료를 중심으로 민주화 이후 한국 민주주의에 대한 시민들의 지지 변화를 살펴본다. 민주주의에 대한 체제 수준의 지지는 민주주의에 대한 호감도(desirability), 적합성(suitability), 효능성(efficacy), 선호(preferability), 우선순위(priority) 등 다섯 가지 차원으로 측정되었다. 이에 더하여, 민주주의의 실제에 대한 만족(현재 민주주의의 작동 방식에 대한 만족satisfaction with democracy the way democracy works)의 변화 양상도 살펴본다.

이념으로서 민주주의 체제에 대한 지지(support for democracy as idea)

한국의 시민들은 이념으로서 민주주의를 얼마나 지지하는가? 이념으로서의 민주주의에 대한 지지를 논의할 때 주의할 점이 있다. 제3의 물결을 통한 민주화라는 세계사적 시간이 도래한 이후 민주주의는 시대정신(sprit of the times, Zeitgeist)이 되었다(Linz and Stephan 1996). 물론 민주주의에 대한 정의는 민주주의 앞에 붙는 형용사만큼이나 다양하다(Collier and Levitsky 1997). 하지만 자유 민주주의 국가이든 권위주의 국가이든 민주주의 체제의 규범적 정당성을 수용하는 것은 자연스러운 현상이 되었다. 이런 면에서 이념으로서 민주주의에 대한 지지 그 자체를 민주주의 원칙과 실제에 대한 지지와 동일시할 수는 없다.

한국 민주주의 바로미터(Korea Democracy Barometer, KDB) 2004년 조사에, 민주주의 체제하에서 사는 것의 중요성에 대해 시민들의 의견을 묻는 문항('민주주의에서 사는 것이 얼마나 중요하다고 생각하십니까?')이 포함되었다. 이 질문에 거의 모든 응답자(95.12%)가 민주주의 체제하에서 사는 것이 중요하다고 답했다. 응답자 중에서 매우 중요하다고 답한 응답자의 비율도 전체 응답자의 절반을 훨씬 넘는 61.89%였다('다소 중요하다' 33.23%). 또한 '이념으로서 민주주의'에 대한 지지도 문항이 포함된 네 번의 KDB 조사(1998, 1999, 2001, 2004)에서 모두 90%를 웃도는 지지도를 보였다. 구체적으로 1998년 조사에서는 '매우 지지'(36.64%)와 '약간 지지'(57.31%)를 합하여 93.95%의 지지도를 보였다. 이듬해 실시된 KDB 1999년 조사에서도

1998년과 거의 동일한 93.79%의 지지도를 보였다. 1999년 조사에서는 '매우 지지'가 42.57%로 상승했다('약간 지지' 51.22%). 2001년 조사에서도 이전 조사와 비슷한 92.16%('매우 지지' 46.6%, '약간 지지' 45.56%)를 나타냈다. 2004년 조사에서는 지지율이 미세하게 하락하였으나 90% 선(90.86%)을 유지했다.

위 분석을 통해서, 압도적으로 많은 한국 시민들이 이념으로서 민주주의를 지지하고 있다는 것을 알 수 있다.

민주주의 적합성(suitability of democracy)

비록 압도적인 다수의 시민들이 이념으로서 민주주의 체제를 지지한다고 하더라도 이러한 인식이 민주주의 적합성에 대한 지지로 직접 연결될 수는 없다. 한국은 정부 수립 이후 지금까지 그 기간의 절반이 넘는 38년 동안 권위주의 통치를 경험한 바 있다. 또한 권위주의 통치 기간 동안 한국형 분단국가를 건설하고 급격한 산업화를 이루었다. 특히 위로부터의 권위주의적 동원에 의해 급속한 산업화를 이룩한 박정희 모델은 한국 사회에 여전히 짙은 그림자를 드리우고 있다. 박정희식 권위주의적 경제 발전 모델에 대한 향수를 의미하는 '박정희 노스탤지어'는 여전히 잦아들지 않고 있다(강우진 2019b).

고도성장 시기를 이미 지난 한국에서 경제 침체를 겪거나 민주주의 정착 과정에서 불가피하게 나타나는 사회 갈등 격화 현상을 겪을 때 우리는 종종 '민주주의가 밥 먹여 주냐', '경제에 역행하는 민주주의', '민주주의 과잉'과 같은 저항에 직면하곤 했다. 그렇다면, 한국 사회의 민주주의 적합성에 대한 시민들의 평가는 어떻게 변해 왔나?

〈그림 1-1〉은 한국 민주주의 바로비터(KDB) 조사가 처음 실시된 1996년부터, 아시아 바로미터 서베이(Asian Barometer Survey, ABS)의 가

그림 1-1 한국 시민들의 민주주의 적합성에 대한 평가 변화(1996~2015)

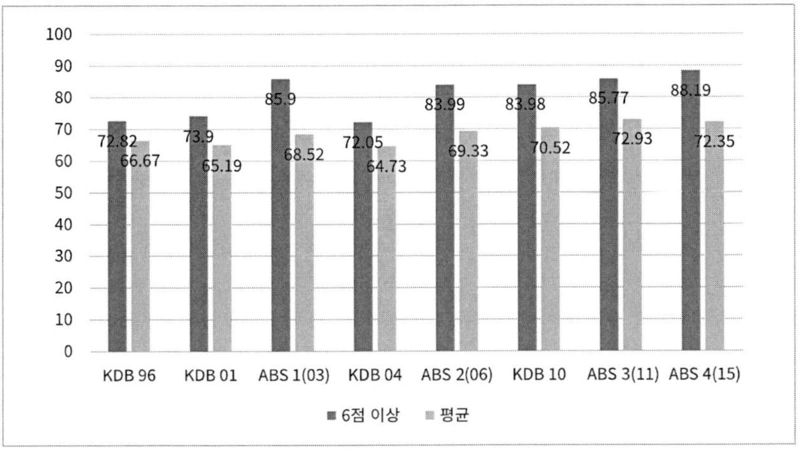

출처: 한국 민주주의 바로미터(KDB) 1998, 1999, 2001, 2004, 2010; 아시아 바로미터 서베이(ABS) 1~4차(2003, 2006, 2011, 2015)

참고: 숫자는 퍼센트를 나타냄, 모름과 무응답은 제외; 원 문항은 "○○님은 우리나라에 민주주의가 어느 정도 적합하다고 생각하십니까? 1은 '완전히 부적합함'을 나타내고 10은 '완전히 적합함'을 나타냅니다."에 기반을 두어 측정되었다. 파란색 막대그래프는 응답자 중에서 6점 이상을 선택한 응답자의 비율을 나타낸다. 또한 오렌지색 그래프가 나타내는 평균은 원래 수치에 10을 곱한 수치이다.

장 최근 조사인 4차 조사(2015)를 이용하여 20년 동안 민주주의 적합성에 대한 시민들의 선호도 변화를 보여 주는 그래프이다. 〈그림 1-1〉에 나타나 있는 것처럼 한국의 시민들은 지난 20년 동안 민주주의 적합성에 높은 지지를 보냈다. 10점 만점에 6점 이상을 준 응답자의 비율은 최저 72.05%(평균 6.473)에서 최고 88.19%(평균 7.235)였다. 더구나 지지율은 ABS 2차 조사(2006) 이후 지속적으로 상승하는 경향을 나타내어 가장 최근 조사인 ABS 4차 조사(2015)에서는 90%에 육박하는 88.19%의 지지율을 기록했다.

위 분석은 앞서 살펴본 것처럼 이념으로서 민주주의에 대한 지지와 같은 수준은 아니지만 민주주의 적합성에 대해서도 한국 시민들이 대체적으로 높은 점수를 주었음을 의미한다. 가장 낮은 수치를 기록한 KDB 2004년 조사에서도 10점 만점에 6점 이상을 준 시민들의 비율은 응답자의 4분의 3에 육박하는 72.05%였다(평균 6.473).

그렇다면 민주주의 적합성에 대해 한국 시민들은 다른 아시아 민주주의 국가와 비교할 때 어느 정도의 수용성(acceptance)을 보이는가? ABS 4차 조사를 바탕으로 분석해 보면 한국 시민들의 민주주의 수용성 수준(평균 7.235)은 일본(평균 7.080)과 대만(7.164)보다 높다.

위의 분석을 요약하면, 한국 시민들의 민주주의에 대한 규범적 지지와 적합성은 매우 높았다. 더구나, 민주주의에 대한 수용성은 민주주의 역사와 함께 점점 높아졌다. 물론 이 분석이 한국 시민들의 민주주의에 대한 굳건한 지지를 의미하는 것은 아니다. 민주주의에 대한 지지는 민주주의와 경쟁하는 체제와의 비교 분석을 통해서 정확히 알 수 있다.

민주주의는 다른 체제보다 더 나은 체제인가?

1987년 민주화 이후 두 번의 보수 정부(노태우 정부, 김영삼 정부)를 거친 후에 1997년 제15대 대통령 선거에서 김대중 후보가 당선됨으로써 한국은 광복 후 최초로 평화적 정권 교체를 이루었다. 하지만 평화적 정권 교체를 통해서 출범한 새로운 '국민의 정부'(1998~2003)는 전례 없는 경제 위기로 도입된 국제통화기금 구제금융 체제 속에서 출범하였다. 전임 정부였던 김영삼 정부(1993~1998)는 공직자 재산 공개, 금융실명제, 하나회 해체, 역사 바로 세우기로 대표되는 개혁을 실시하여 한때 90%에 육박하는 지지를 얻었다. 하지만 김영삼 정부는 집권 5년 차에 발생한 동남아시아발 외환 위기로 인해서 국제통화기금 구제금융 신청으로 내리막길을 걸었다. 문민정부를 자임했던 김영삼 정부하에서 군부의 탈정치화가 이루어져 민주화의 기반이 마련되었다. 하지만 경제 위기로 마감한 문민정부는 역설적으로 박정희 노스탤지어가 확산되는 계기를 제공했다(전재호 2000; 강우진 2019b).

문민정부 5년 차에 발생한 경제 위기로 인해서 한국형 경제 성장 모델이었던 박정희 모델의 파국에 대한 치열한 논쟁이 벌어졌다. 그럼에도 불구하고 개인적 수준의 여론조사를 살펴보면 경제 위기 이후 경제 문제를 해결하는 데 박정희 같은 독재적 지도자가 민주적 지도자보다 더 낫다는 인식이 줄어들지 않았다. 1998년 KDB 조사에서는 박정희 같은 독재적 지도자가 경제 위기 문제를 해결하는 데 더 낫다는 인식이 42.66%인 반면에 민주적 지도자가 더 낫다는 인식은 52.38%였다. 하지만 경제 위기를 공식적으로 극복했다고 보는 2001년의 KDB 조사에서는 각각 37.01%와 38.71%로 나타나 둘 간에 차이가 거의 없었다('둘 다 비슷하다' 19.94%).

최초의 평화적 정권 교체를 이루었던 김대중 정부 이후 한국 시민들의 민주주의에 대한 선호는 어떻게 변화했는가? 〈그림 1-2〉는 KDB 1998~2010과 ABS(한국 조사) 1~4차를 이용하여 1998년 이후 한국 시민들의 민주주의 선호 변화를 그래프로 나타낸 것이다. 김대중 정부 시절 실시된 세 번의 KDB 여론조사(1998, 1999, 2001)에서, 민주주의 체제가 독재 체제보다 낫다는 응답이 전체의 절반 수준이었다. 노무현 정부 초기에 실시된 ABS 1차 조사(2003)에서 시민들의 민주주의에 대한 지지 수준은 응답자의 3분의 2가 넘는 69.6%로 상승하였다. 하지만 이후 실시된 두 번의 조사(KDB 2004, ABS 2차 2006 조사)에서는 민주주의 체제에 대한 지지가 계속 하락하였다. 특히 ABS 2차 조사(2006)에서는 민주주의 체제에 대한 지지가 다시 절반 이하(47.92%)로 하락했다. 한국 민주주의가 민주주의 공고화의 최소 정의 기준을 통과한 두 번의 정권 교체(two turnover)를 달성한 이후 실시된 KDB 2010년 조사에서는 다시 70% 선까지 반등하였다. 가장 최근에 이루어진 ABS 4차(2015) 조사에서는 다소 하락하여

그림 1-2 한국 시민들의 민주주의 선호 변화(1998~2015)

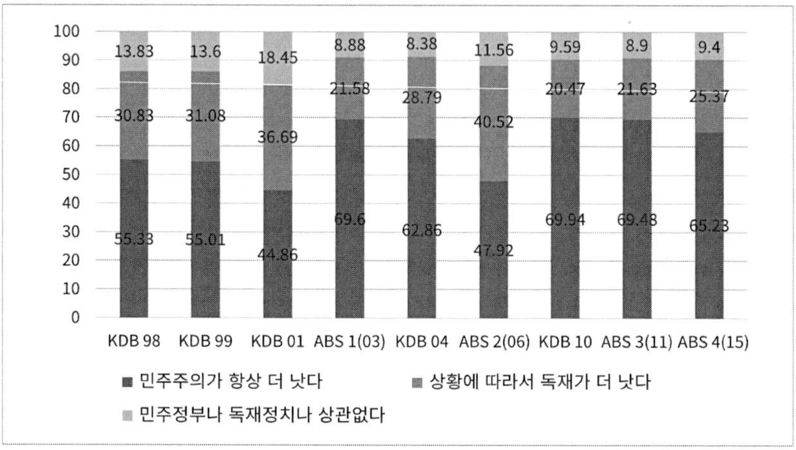

출처: 한국 민주주의 바로미터 1998, 1999, 2001, 2004, 2010; 아시아 바로미터 서베이 1~4차(2003, 2006, 2011, 2015)
참고: 숫자는 퍼센트를 나타냄. 모름과 무응답은 제외

65.23%를 기록했다.

1998년 평화적 정권 교체 이후 한국 시민들의 체제 수준의 민주주의에 대한 지지를 살펴보면 몇 가지 특징이 나타난다. 첫째, 1998년 이후 민주주의 체제에 대한 조건 없는 지지는 조사 시기와 조사 기관에 따라 상당한 차이를 보여 안정적인 수준을 확보하지 못했다. KDB 2001년 조사에서는 가장 낮은 수준의 지지를 나타내어 절반 이하인 44.86%를 기록했다. 2년 후인 2003년에 실시된 ABS 1차 조사에서는 69.6%로 20% 이상 높아졌고, 3년 후인 2004년에 실시된 KDB 조사에서도 ABS 1차 조사 때보다는 낮지만 62.86%(18% 상승)를 기록했다. 둘째, 민주주의의 공고화는 민주주의의 추상적인 원칙을 지지하는 것을 넘어선다. 엘리트와 정당 그리고 대중의 세 수준에서 모두 규범과 행위(norm and behavior)의 차원에서 민주주의를 수용해야 한다(Diamond 1999: 65~69). 하지만 한국의 경우

그림 1-3 동남아시아와 동아시아 민주주의 국가의 민주주의 지지 수준 비교

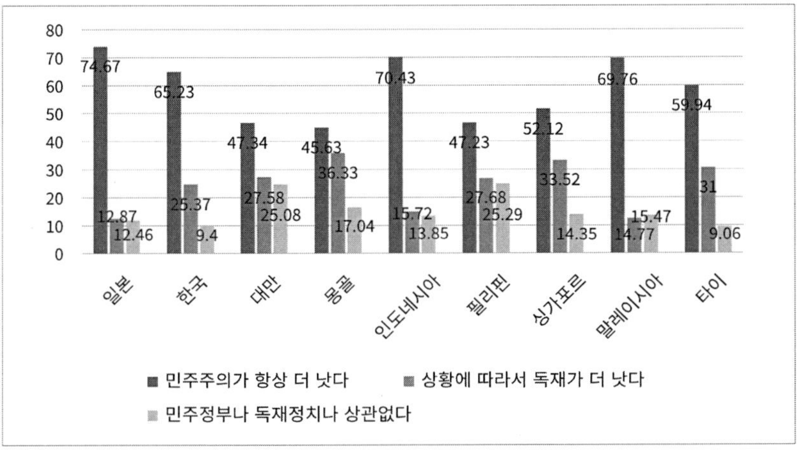

출처: ABS 4차 조사(2015)
참고: 숫자는 퍼센트를 나타냄, 모름과 무응답은 제외

최소한 여론조사에서 나타난 결과를 중심으로 본다면 민주주의의 추상적인 원칙에 대한 시민들의 지지가 70% 선을 넘지 못했다는 사실이 중요하다. 셋째, 그 결과 상황에 따라서 '민주정부나 독재정치나 상관없다'고 대답한 비율이 가장 높을 때(2006년 ABS 2차조사)는 40.52%에 달했으며, 가장 낮을 때(KDB 2010년 조사)도 20%를 넘었다.

민주주의 체제에 대한 한국 시민들의 지지가 안정적이지 않다면 아시아의 다른 민주주의 국가와 비교하면 어떠한가? 〈그림 1-3〉은 ABS 4차 조사(2015)를 활용하여 동남아시아 및 동아시아 9개국의 민주주의에 대한 지지 수준을 그래프로 나타낸 것이다. 9개국 중에서 일본, 한국, 대만은 동아시아와 동남아시아에서 민주주의의 객관적인 성취가 가장 높은 나라이다. 학자들은 아시아 국가 중에서 이 세 나라를 자유 민주주의(liberal democracy)에 가장 근접한 국가로 평가하곤 한다. 몽골, 인도네시아,

필리핀은 선거 민주주의(electoral democracy) 국가로, 싱가포르, 말레이시아, 타이는 선거 권위주의 국가로 분류된다. 한국의 민주주의에 대한 지지 수준(65.23%)은 자유 민주주의 국가 중에서 일본(74.67%)보다 낮고 대만(47.84%)보다 높은 중간에 속했다. 하지만 선거 민주주의 국가군과 선거 권위주의 국가군에서도 한국보다 민주주의에 대한 지지 수준이 높은 나라가 있다. 선거 민주주의 국가 중에서는 인도네시아(70.43%)가, 선거 권위주의 국가 중에서는 말레이시아(69.76%)가 한국 시민들의 지지 수준보다 높았다.

민주주의에 대한 지지 수준을 민주주의 수준별로 살펴보자. 자유 민주주의 국가(일본, 한국, 대만)의 민주주의 지지 수준은 평균 62.41%, 선거 민주주의 국가(몽골, 인도네시아, 필리핀)는 평균 54.43%, 선거 권위주의 국가(싱가포르, 말레이시아, 타이)는 평균 60.6%를 나타냈다. 동남아시아와 동아시아의 경우 자유 민주주의 국가 시민들의 민주주의에 대한 지지는 선거 민주주의 국가보다는 높았지만 선거 권위주의 국가와는 비슷한 수준이었다.

민주주의는 사회의 문제를 해결하는 데 유능한 체제인가?

'민주주의가 우리 사회의 중요한 문제를 해결하는 데 유능한 체제인가?'는 민주주의의 효능성(efficacy of democracy)을 묻는 질문이다. 민주주의 효능성은 민주주의에 대한 지지와 어떠한 관련이 있는가? 앞선 연구에서는 민주주의에 대한 지지의 성격을 둘러싸고, 민주주의에 대한 지지는 고유한 가치(intrinsic values)에 기반을 둔 것인지 아니면 도구적인 계산(instrumental calculation)에 기반을 둔 것인지와 관련해 서로 다른 시각이 제시되었다(Anderson 2009; Bratton and Mattes 2001; Huhe and Tang 2017). 이 연구들의 분석 방법은 민주주의 지지에 대한 결정 요인에 대한 경험 분석이었다. 민주주의의 고유한 가치를 상징하는 정치적 변수가 더 큰 영향력을 행사하는지 아니면 물질적인 필요를 충족시켜 주는 경제적 변수가 더 큰 영향력을 가지는지에 따라서 민주주의에 대한 지지를 고유한 것 또는 도구적인 것으로 해석했다.

앞선 연구에서는 주로 새롭게 등장한 민주주의 국가에서 민주주의에 대한 지지가 도구적인 성격을 가진 것으로 보았다. 공산주의 체제로부터 민주주의로 이행한 동유럽 국가들은 민주화와 경제 개혁을 동시에 달성해야 하는 어려운 도전에 직면했다(Przeworski 1991). 또한 민주주의 이행 이후에도 여전히 경제 번영을 달성하지 못하고 있는 새롭게 등장한 저(低)발전 민주주의 국가도 비슷한 과제를 떠안았다. 새롭게 출범한 민주주의 정부는 민주주의 체제를 안정화하면서도 시민들의 경제 성장에 대한 요구를 만족시켜야 했다.

하지만 이 두 시각은 본질적으로 상호 배제적인 것은 아니다. 이 논쟁과 관련하여 두 가지가 중요하다. 먼저, 민주주의에 대한 정의의 문제이다. 민주주의를 선거 체제가 대표하는 투입(input)을 중심으로 최소주의적으로 이해할 경우와, 공공재의 공급을 포괄하는 산출(output)까지 포함하여 광범위하게 이해할 경우를 구분해야 한다. 두루 알듯이 학계에서는 그동안 민주주의에 대한 정의는 최소주의적 정의가 지배적이었다(Przeworski 1999). 민주주의의 최소적 정의의 핵심적 요소인 선거의 역할에 대해서 논할 때 우리는 선거의 도구적인 기능을 배제할 수 없다(Andrson 2009). 선거가 다수 시민들의 정책으로 실현하는 산출 기능에 취약하다면 민주주의의 고유한 성격은 무엇인가?

둘째, 한 사회에서 가장 중요한 문제가 무엇인지 그리고 그러한 문제에 대해서 해당 국가의 민주주의 체제가 어떻게 대응해 왔는지 여부는 해당 국가의 맥락에 따라서 다르다. 이러한 맥락에서 민주주의의 효능성에 대한 시민들의 인식은 민주주의에 대한 지지의 성격을 분석하는 통로

그림 1-4 민주주의 효능성에 대한 시민들의 지지 변화(2003~2015)

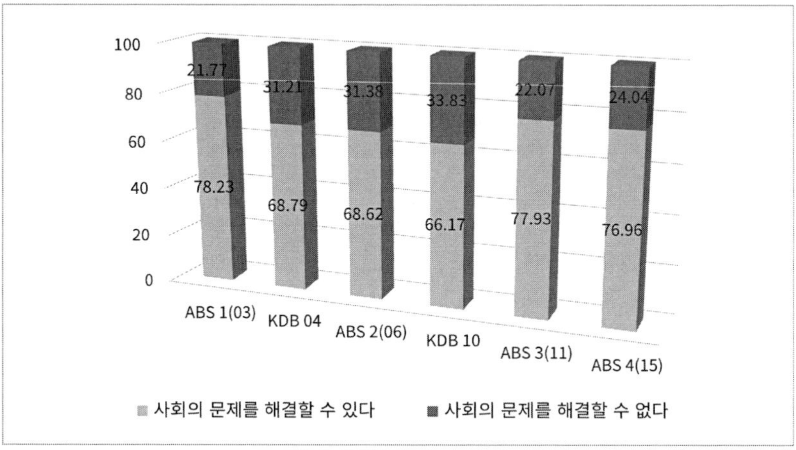

출처: ABS 1~4차 조사(2003, 2006, 2011, 2015), KDB 2004, 2010
참고: 숫자는 퍼센트를 나타냄, 모름과 무응답은 제외

가 될 수 있다.

〈그림 1-4〉는 2003년부터 2015년까지 민주주의 효능성에 대한 시민들의 믿음의 변화를 나타낸다. 민주주의의 효능성('민주주의가 사회의 문제를 해결할 수 있다')에 대한 시민들의 믿음은 66.17%(KDB 2010)부터 78.23%(ABS 1차 2003)까지의 수준을 보였다. 변화의 양상을 살펴본다면 2003년 ABS 1차 조사에서는 응답자의 4분의 3이 넘는 78.23%가 민주주의가 우리 사회의 당면한 문제를 해결할 수 있다고 답해, 가장 높은 수준의 효능성을 기록했다. 이후 지속적으로 하락하여 KDB 2010년 조사에서는 가장 낮은 수준인 66.17%를 기록했다. 그러다 다시 반등하여 ABS 3차 조사(2011)와 ABS 4차 조사(2015)에서 각각 77.93%, 76.96%를 기록했다.

민주주의 체제에 대한 지지와 비교해 볼 때 민주주의 효능성에 대한 지지는 더 높은 수준을 유지했다. 민주주의 체제에 대한 지지와 마찬가

그림 1-5 동남아시아와 동아시아 민주주의 국가의 민주주의 효능성 지지 수준 비교

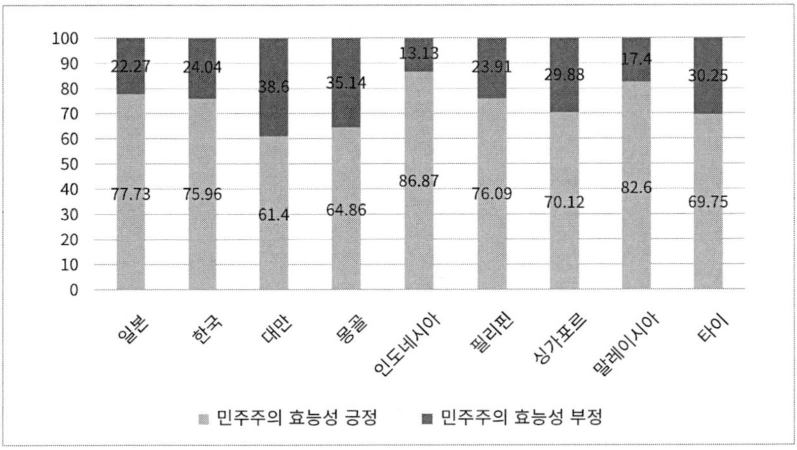

출처: ABS 4차 조사(2015)
참고: 숫자는 퍼센트를 나타냄. 모름과 무응답은 제외

지로 민주주의 효능성에 대한 믿음도 최근 ABS 3차와 4차 조사에서 반등했다는 점을 눈여겨볼 만하다.

민주주의 효능성에 대한 한국 시민들의 지지 수준은 다른 아시아 민주주의 국가와 비교하면 어느 정도인가? 〈그림 1–5〉에 동남아시아와 동아시아 민주주의 국가에서 시민들의 민주주의 효능성 지지 수준을 비교하여 제시하였다. 자유 민주주의 3국 중에서 일본과 한국의 민주주의 효능성 수준은 각각 77.73%, 75.96%로 응답자의 4분의 3 수준으로 비슷했다. 하지만 대만은 그보다 상당히 낮은 61.4%였다. 선거 민주주의 국가군과 선거 권위주의 국가군 중에서 민주주의 효능성 수준이 한국보다 더 높은 나라는 인도네시아(86.87%), 필리핀(76.09%), 말레이시아(82.6%)였다.

민주주의 효능성에 대한 확신 수준을 민주주의 수준별로 살펴보자. 자유 민주주의 국가(일본, 한국, 대만)의 민주주의 효능성에 대한 확신의 수

준은 평균 71.69%, 선거 민주주의 국가(몽골, 인도네시아, 필리핀)의 평균은 75.94%, 선거 권위주의 국가(싱가포르, 말레이시아, 타이)의 평균은 74.15%로 나타났다. 자유 민주주의 3국보다 객관적으로 민주주의 성취가 낮은 선거 민주주의 국가와 선거 권위주의 국가에서 민주주의의 효능성에 대한 믿음의 수준이 높았다.

민주주의는 다른 가치보다 더 우선하는가?

민주주의 체제에 정당성을 부여하고 지지한다는 것은 민주주의가 다른 어떠한 가치보다 우선한다는 것을 의미하는가? 민주주의의 중요성(priority)을 측정하기 위해서 KDB와 ABS에서는 민주주의와 경제 성장 중에서 어떤 것이 더 중요한가를 묻는다. 이 문항을 통해서 민주주의의 상대적 중요성을 도출할 때 다음의 두 가지를 고려해야 한다. 먼저, 이 문항이 민주주의의 보편적 가치와 경제 성장의 보편적 가치의 우선순위를 묻는 문항이 아니라는 것이다. 민주주의와 경제 성장을 비교해서 어떠한 가치가 더 중요하냐는 질문은 해당 시점에서 민주주의의 공급과 경제 성장에 대한 시민들의 요구와 밀접한 관련이 있을 수 있다. 또한 위로부터의 권위주의적 동원에 의해 급속한 경제 성장을 이루었던 박정희 정권의 지배 이념 중 여전히 지속적인 영향력을 행사하고 있는 경제 성장 우선주의가 영향을 미쳤을 수 있다(강우진 2019b). 경제 성장 우선주의가 지배적인 한국 사회에서 민주주의와 경제 성장 중 어느 가치가 더 중요하냐고 물을 때 경제 성장에 대한 시민들의 선호가 부풀려질 수 있다.

〈그림 1-6〉은 KDB 1998, 2001, ABS 1차(2003)~4차(2015) 조사를 활용하여 분석한 경제 성장과 민주주의의 중요성에 대한 시민들의 선호 변화를 나타낸 것이다. IMF 경제 위기의 여파가 극심하던 시점인 1998년에 실시한 KDB 1998년 조사를 살펴보면 경제 성장이 중요하다는 응답

그림 1-6 민주주의의 중요성에 대한 인식(경제 성장과 비교)

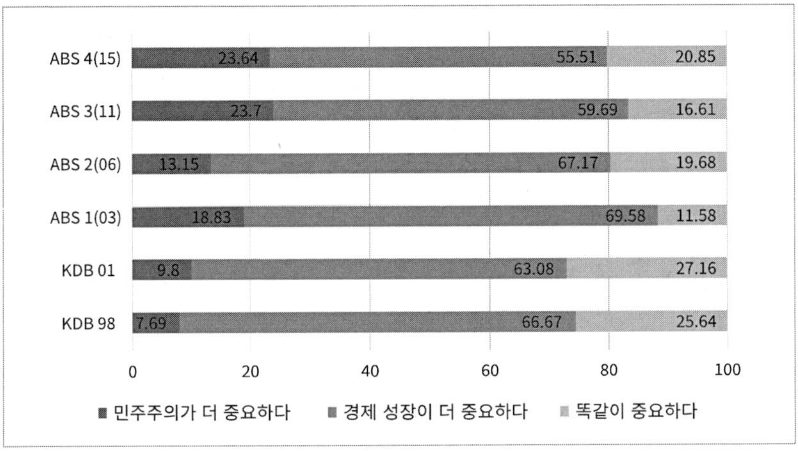

출처: KDB 1998, 2001, ABS 1~4차 조사(2003, 2006, 2011, 2015)
참고: 숫자는 퍼센트를 나타냄, 모름과 무응답은 제외

이 전체의 3분의 2에 달하는 66.67%인 반면에 민주주의가 중요하다는 응답은 7.69%에 지나지 않았다. 응답자의 4분의 1에 해당하는 25.64%가 똑같이 중요하다고 답했다. '국민의 정부'가 경제 위기를 극복했다고 공식 선언한 2001년에 실시된 KDB 조사에서는 민주주의 중요성이 약간 높아져서 9.8%를 기록한 반면에 경제 성장이 중요하다는 응답은 약간 감소하여 63.08%를 기록했다. 하지만 여전히 절반을 훌쩍 넘는 응답자가 민주주의보다 경제 성장이 더 중요하다고 답했다. 참여정부 2년 차(2003)에 실시된 ABS 1차 조사에서는 민주주의가 중요하다는 응답과 경제 성장이 중요하다는 응답이 둘 다 증가하여 각각 18.83%와 69.58%를 기록했다. 참여정부 말기 4년 차인 2006년에 실시된 ABS 2차 조사에서는 민주주의가 중요하다는 응답과 경제 성장이 중요하다는 응답 모두 감소한 반면, 둘 다 중요하다는 응답이 8% 정도 늘었다.

흥미로운 것은 이명박 정부 시기에 실시된 ABS 3차 조사(2011)와 박근혜 정부 시기에 실시된 ABS 4차 조사(2015)에서 민주주의가 중요하다는 응답이 늘고 경제 성장이 중요하다는 응답은 감소했다는 점이다. 둘 다 중요하다는 인식을 포함한다면 민주주의의 중요성 대 경제 성장의 중요성 인식 비율은 ABS 3차에서 대략 4:6이었던 것이 ABS 4차에서는 4.5:5.5로 변화하였다.

요컨대, 먼저 1998년 이후 실시된 여론조사에 대한 분석을 통해서 알 수 있는 사실은 한국 시민들은 민주주의보다 경제 성장에 우선순위를 두어 왔다는 것이다. 둘째, 민주주의에 대한 선호는 점진적으로 증가해 온 반면, 경제 성장에 대한 선호는 점진적으로 감소했다는 것이다.

한국 시민들이 민주주의보다 경제 성장을 더 중요하게 생각하는 것은 민주주의에 우선순위를 부여하지 않기 때문인가, 아니면 민주주의 공급 수준에 대해 만족하기 때문인가? 눈여겨볼 지점은 이명박·박근혜 정부 들어서 민주주의의 중요성에 대한 인식이 증가했다는 사실이다. 이는 같은 기간 동안 발생한 민주주의 후퇴 논란이 반영된 결과라고 평가할 수 있다. 이 시기 경제 수행력에 대한 시민들의 평가가 매우 박했다는 것을 생각하면, 경제 성장에 대한 선호 감소를 경제에 대한 만족의 결과로 볼 수 없다.

〈그림 1-7〉은 ABS 4차 조사(2015)를 바탕으로 동남아시아와 동아시아 민주주의 국가들에서 민주주의의 중요성에 대한 시민들의 인식을 비교한 것이다. 먼저 동아시아에서 민주주의 수준이 가장 높은 일본, 한국, 대만을 비교할 때 한국 시민들의 민주주의 중요성에 인식 수준(23.64%)은 일본(45.29%)보다는 낮고 대만(19.74%)보다는 높았다. 하지만 똑같이 중요하다는 인식을 더할 경우 한국(44.49%)과 일본(49.18%)의 차는 5% 이내로 크게 줄어들었다.

그림 1-7 동남아시아와 동아시아에서 민주주의의 중요성에 대한 인식(경제 성장과 비교)

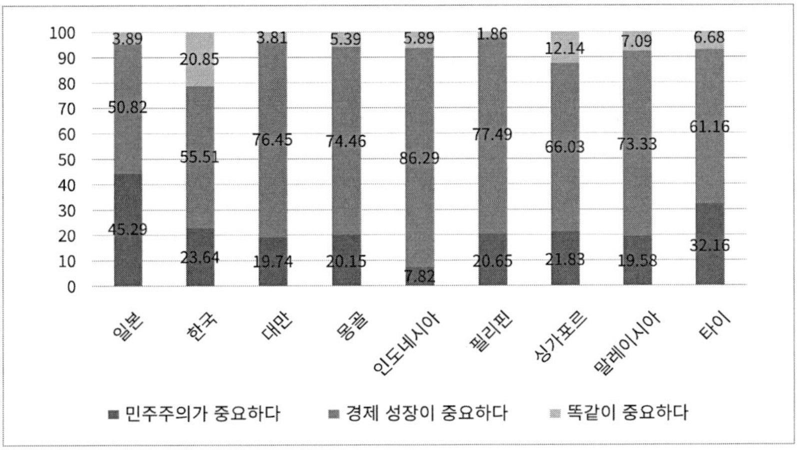

출처: ABS 4차 조사(2015)
참고: 숫자는 퍼센트를 나타냄. 모름과 무응답은 제외

선거 민주주의 국가와 선거 권위주의 국가에서 한국보다 민주주의의 중요성에 대한 선호가 높은 나라는 타이(32.16%)가 유일했다. 하지만 똑같이 중요하다는 인식을 더할 경우(38.84%)에는 한국 시민들의 민주주의 중요성에 대한 인식이 더 높았다.

민주주의 실제에 대한 지지: 현재 민주주의 작동 방식에 대한 만족

민주주의에 대한 지지와 민주주의 효능성에 대한 믿음은 민주주의에 대한 체제 수준의 지지라면, 민주주의 현실(reality)에 대한 지지는 '현재 민주주의 작동 방식'에 대한 만족을 묻는 방식으로 측정된다(Norris 1999, 2011). 〈그림 1-8〉은 ABS 1차(2003)~ABS 4차(2015) 조사에서 나타난 한국 시민들의 민주주의 만족 수준의 변화를 나타낸다.

ABS 1차 조사가 실시되었던 2003년부터 4차 조사가 실시되었던

그림 1-8 현재 민주주의 작동 방식에 대한 만족 수준 변화(2003~2015)

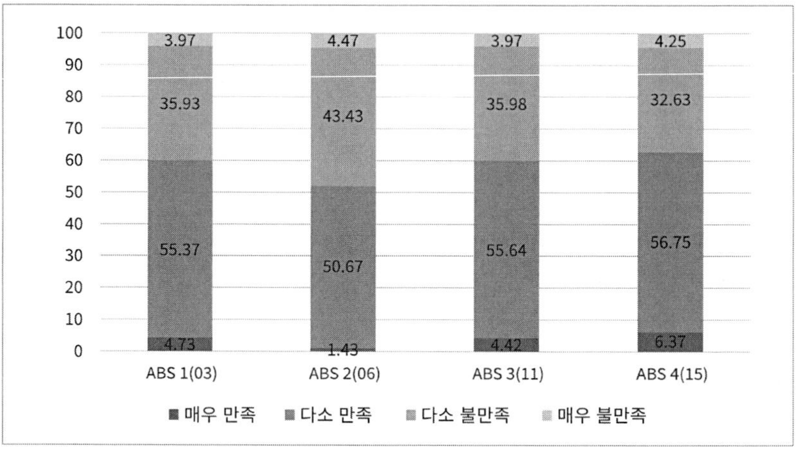

출처: ABS 1~4차 조사(2003, 2006, 2011, 2015)
참고: 숫자는 퍼센트를 나타냄. 모름과 무응답은 제외

2015년까지의 기간 동안 한국 민주주의는 중요한 진전과 함께 도전을 경험하였다. ABS 1차 조사는 노무현 대통령이 이끄는 참여정부가 출범한 지 2년 차인 2003년에 실시되었다. 참여정부의 출범은 민주화 이후 한국 정치를 주도했던 3김(김대중, 김영삼, 김종필) 이후 새로운 시대를 여는 정치적 의미가 있었다. 참여정부 시기 한국 민주주의는 야당 연합(한나라당, 구 여권이었던 새천년민주당, 자유민주연합)에 의한 노무현 대통령 탄핵 소추라는 중요한 도전에 직면하였다. 1997년 외환 위기가 외부로부터 불어닥친 경제적 위기였다면 노무현 대통령 탄핵 소추는 내부로부터 발생한 정치적 위기였다. 야당 연합에 의한 탄핵 소추는 전 국민적 저항에 직면하였고 2004년 4월 15일 제17대 국회의원 선거에서 야당의 참패라는 결과를 낳았다. 이후 2004년 5월 14일 헌법재판소는 탄핵을 각하하였다. 탄핵 소추와 전 국민적 저항, 그리고 탄핵 각하 과정을 겪으면서 온 나라가 정치적 격랑에 휩쓸렸지만 헌정 중단은 발생하지 않았다. 참여정부는 집권 기간 내내 지속된 정치적 소용돌이와 심화된 민생 문제로 인해 정권 재창출에 실패하였다. 제17대 대통령 선거에서 제1 야당인 한나라당의 이명박 후보가 집권당 후보에게 당시로서는 역대 최다인 500만 표 이상의 표 차로 승리하였다. 이명박 후보의 당선은 한국 민주주의가 민주주의 공고화의 최소 정의적 기준인 두 번의 정권 교체 시험(two turnover test)을 통과했다는 것을 의미했다(Huntington 1991; Hahm 2008).

이와는 대조적으로 ABS 3차 조사(2011)와 4차 조사(2015)가 실시되었던 시기의 한국 민주주의는 또 다른 중요한 도전에 직면하였다. 이명박 정부의 등장이 한국의 민주주의 공고화를 나타내는 징표라는 학자들의 해석은 민주주의를 선거 체제(electoral regimes)를 중심으로 이해했기 때문에 가능한 것이다. 선거 체제가 민주주의를 구성하는 핵심 요소임에는 틀림없지만 민주주의는 선거 체제, 수직적 책임성(vertical accountability), 수평적 책임성(horizontal accountability), 법의 지배(rule of the law)와 같은 다양한 부분 체제(partial regimes)로 구성된다. 이명박 정부 집권 기간(2008~2013) 동안 민주주의를 구성하는 다양한 부분 체제에서 나타난 민주주의 질적 후퇴 논란이 컸다(강우진·강문구 2014).

또한 이명박 정부 5년 차(2012)에 치러진 제18대 대통령 선거에서는 국가정보원을 중심으로 한 국가 기관의 대통령 선거 개입 사태(국정원 사태)가 발생하였다. 국정원 사태는 한국 민주주의의 공고화와 관련하여 매우 큰 상징적 함의를 가진다. 이 사건은 일부 정치화된 개인 혹은 집단에 의한 일탈 행위로 치부할 수 없는 매우 조직적인 사건이다.[1] 국가 기관의 정

1 이 사건은 2012년 제18대 대통령 선거를 불과 일주일여 앞두고 당시 제1 야당인 민주통합당 소속 국회의원들이 국정원 여직원의 댓글 의혹을 제기하면서 역삼동 소재 오피스텔을 찾아가 대치하면서 시작되었다. 경찰은 대통령 선거 직전인 12월 16일, 댓글 흔적이 없다는 중간 수사 결과를 발표하였다. 이후 야당에 의한 고소·고발과 수사에 윗선이 개입되었다는 폭로 등 우여곡절이 많았다. 서울 고등법원은 2015

치 개입은 국정원만이 아니었다. 군 사이버사령부 창설과 함께 단장으로 부임한 이 모 씨는 대선 전후 소속 부대원과 함께 인터넷상에 특정 정당과 정치인을 비난하고 지지하는 댓글을 1만여 건 넘게 올린 혐의를 받아서 군형법상 정치 관여와 형법상 직권 남용으로 기소되었다. 2015년 5월 15일 서울 지방법원은 이 모 단장에서 징역 2년의 유죄 판결을 내리고 법정 구속하였다(2015년 5월 15일 자 『한국일보』).[2]

이로써 국가의 정보기관과 군이 대통령 선거에 조직적으로 개입했다는 사실이 드러났다. 국정원 사태는 민주주의 공고화와 관련하여 적어도 두 가지 차원에서 매우 중요한 상징적인 사건이다. 먼저, 이 사건은 한국 민주주의의 주요 행위자인 국가 기관과 이 기관을 운용하는 핵심적인 엘리트가 민주주의를 내면화했는지 의구심을 들게 하는 매우 중요한 사건이다. 선거 체제의 제도화에서 중요한 것은 주요 행위자들이 민주적 선거 과정의 비결정성(uncertainty)을 완전히 수용하는지 여부이다. 이 사건은 진영 간 대립으로 치열하게 전개되었던 제18대 대선 과정에서 국가권력을 장악하고 있던 보수 엘리트들이 국가 기관을 동원하여 민주적 선거 과정의 비결정성을 우회하고 선거 결과에 영향을 미치려고 했던 사건이다. 선거 제도의 수립·집행·운용의 모든 과정에서 민주적 선거 과정의 비결정성이 확보되지 않을 경우 민주적 선거의 정당성은 크게 훼손된다. 이러한 면에서 국정원 사태는 한국의 집권 엘리트들과 국가 기관이 민주적 이념과 원칙을 내면화하고 민주적 원칙에 따라서 국가 기관을 운용했는가에 대해서 의문을 제기하기에 충분한 사건이다.

또한 국정원 사태는 민주주의에서 선거 체제 공고화의 중요한 요소라

년 2월 19일, 공직선거법과 국정원법 위반 혐의로 기소된 원세훈 전 국정원장과 이종명 전 국정원 3차장 그리고 민병주 전 국정원 심리전단장에게 선거법 위반 혐의와 국정원법상 정치관여죄 위반 혐의에 대해서 유죄 판결을 내렸다. 원세훈 전 국정원장은 징역 3년에 자격 정지 3년을 선고받고 법정 구속되었다.

2 http://www.hankookilbo.com/v/53779e5994c745faba60cfc80bbba552(2019년 3월 2일 검색).

고 할 수 있는 선거의 완결성(electoral integrity)을 훼손하는 중요한 사건이다(강우진·강문구 2014). 신흥 민주주의 체제가 공고화되기 위해서는 민주적 선거의 정당성에 대한 광범위한 인식이 존재해야 한다. 민주적 선거의 정당성은 선거 결과에 대한 패자의 동의에 의존한다. 그렇다면 패자는 왜 자신들의 이해에 반하는 선거 결과에 동의하는가? 패자는 선거 과정이 민주적 규범과 절차에 따라서 공정하게 진행되었다면 비록 선거에서 패배했지만 선거 결과를 수용할 수 있다. 즉 민주적인 선거 과정이 결과를 정당화한다(Schlozman, Verba and Brady 2013: 100).

이와 같이 ABS 1차 조사(2003) 때부터 4차 조사(2015) 때까지 한국 민주주의는 굴곡을 경험했다. 한국의 시민들은 이 시기 한국 민주주의의 현실에 대해서 어떻게 평가했는가? 민주주의 현실에 대한 시민들의 만족 수준은 52.1%(ABS 2차)~63.12%(ABS 4차) 범위를 나타냈다. 이러한 수치를 통해서 확인할 수 있는 사실은 한국 민주주의의 객관적인 성취 또는 퇴보와 크게 관계없이 민주주의 현실에 대한 시민들의 만족 수준이 높지 않다는 점이다.

민주주의 현실에 대한 한국 시민들의 불만은 동아시아 민주주의 국가의 시민들과 비교해 볼 때 어느 정도 수준인가? 〈그림 1-9〉는 ABS 4차 조사를 이용하여 동남아시아와 동아시아 민주주의 국가 시민들의 민주주의 현실에 대한 만족 수준을 보여 준다. 자유 민주주의 국가의 경우 시민들의 만족 수준은 세 나라 모두 비슷하게 나타났다. 응답자의 3분의 2에 약간 못 미치는 시민들이 민주주의 작동 방식에 대해서 대체적으로 만족을 나타냈다. 선거 민주주의 국가군에서는 인도네시아가 한국보다 약간 높은 66.03%를 기록했다. 선거 권위주의 3개국은 모두 한국보다 6%(말레이시아)에서 25%(싱가포르) 높은 만족 수준을 나타냈다.

자유 민주주의 국가(일본, 한국, 대만)의 현재 민주주의 작동 방식에 대한

그림 1-9 동남아시아와 동아시아 국가에서 현재 민주주의 작동 방식에 대한 만족 수준 비교

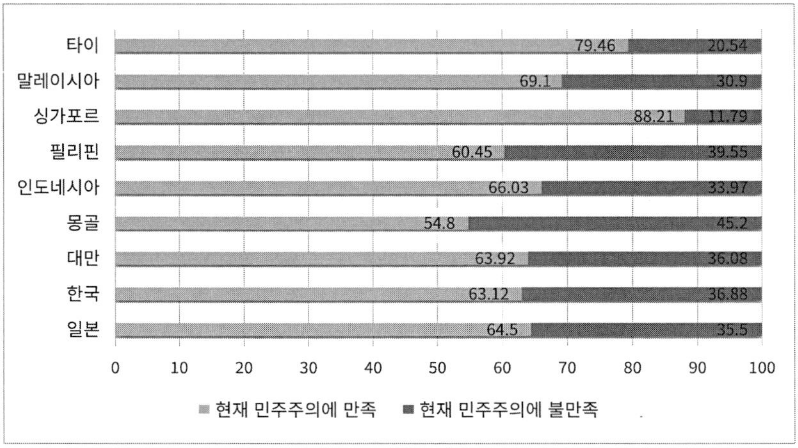

출처: ABS 4차 조사(2015)
참고: 숫자는 퍼센트를 나타냄, 모름과 무응답은 제외

만족 수준은 평균 63.84%로 나타났다. 응답자의 3분의 2에 약간 못 미치는 시민들이 민주주의 실제에 대해서 만족을 나타냈다. 선거 민주주의 국가(몽골, 인도네시아, 필리핀)의 평균은 60.42%로, 자유 민주주의 국가보다 낮았지만 그 차이는 크지 않았다(3.42%). 흥미로운 사실은 선거 권위주의 국가(싱가포르, 말레이시아, 타이)의 민주주의 실제에 대한 만족 수준이 다른 두 범주의 국가들 평균보다 월등히 높은 78.92%로 나타났다는 점이다.

이 장은 민주화 이후 민주주의 체제에 대한 지지의 변화 양상을 살펴보았다. 이 장의 분석 결과 민주화 이후 한국 시민들의 민주주의 체제에 대한 지지는 몇 가지 중요한 특징을 보였다. 먼저, 민주주의 체제에 대한 규범적인 지지는 매우 높은 수준을 유지했다. 이념으로서 민주주의에 대한 지지는 1998~2004년의 KDB 조사에서 모두 90%를 웃도는 것으

로 나타났다. 민주주의 체제의 적합성(suitability)에 대한 지지 역시 KDB 1998~ABS 2015 기간 동안 이념으로서 민주주의에 대한 지지만큼은 아니지만 10점 만점에 7.2~8.81점 수준으로 나타났다.

둘째, 체제 간 비교를 통해서 측정해 본 민주주의 체제에 대한 지지를 살펴보면 다른 양상이 나타난다. 한국 민주주의가 최초의 평화적 정권 교체를 달성하고 두 번의 정권 교체를 안정적으로 이루어 내는 동안 한국 시민들의 민주주의 체제에 대한 조건 없는 지지는 굳건하지 않았다. 민주주의 체제에 대한 지지는 44.86%(KDB 2001)에서 69.94%(KDB 2010) 범위로 조사 시기에 따라 큰 격차(25.08%)를 보였다. 민주주의 효능성에 대한 시민들의 지지는 70%대를 넘나들어 민주주의 체제에 대한 지지보다 다소 높은 수준을 나타냈다.

셋째, 현재 민주주의 작동 방식에 대한 만족으로 측정되는 민주주의 실재에 대한 지지는 52.10%(ABS 2006)~63.12%(ABS 2015) 선에 머물렀다. 민주주의 실재에 대한 지지는 민주주의 체제에 대한 지지보다는 조사 시기에 따른 편차가 크지 않았지만 지지의 수준은 높지 않았다.

이처럼 한국 민주주의의 성공적인 제도화에 대한 국제적 평가와 달리 민주주의 체제에 대한 시민적 지지 기반은 취약하다. 왜 이러한 차이를 보이는 것일까? 1987년 민주화를 통해 새롭게 들어선 민주주의 체제의 다양한 차원에 대한 시민들의 지지를 결정하는 요인을 구체적으로 분석해 보면 이 문제에 대한 답을 찾을 수 있다.

제2장

체제 수준의 민주적 지지 결정 요인

: 경제적 불평등 인식

이 장은 한국 민주주의 체제 수준의 지지 결정 요인으로서 경제적 불평등의 영향력을 분석한다. 민주주의에 대한 지지가 민주주의의 수행력에 대한 기대와 평가의 함수라는 것을 기억한다면 한국 민주주의에서 가장 중요한 화두로 부상한 이슈에 대한 시민들의 평가가 한국 민주주의 정당성의 원천이 될 수 있다. 이 장에서 주목하는 것은 경제적 불평등에 대한 인식의 정치적 영향이다.

민주적 지지에 관한 이론적 분석틀[3]

이 절에서는 앞선 연구를 중심으로 민주적 지지(democratic support)에 관한 이론적 분석틀을 검토한다. 민주적 지지와 관련된 이론들을 논의하기 전에 먼저 많은 논의들이 출발점으로 삼고 있는 이스턴(Easton 1965, 1975)의 '정치적 지지(political support)' 개념을 간단히 살펴볼 필요가 있다. 이스턴은 정치적 대상(political objects)에 대한 지지 수준을 가장 구체적 지지(specific support)부터 가장 광범위한 지지(diffuse support)까지로 구분하였다(1975: 436~437). 정치적 지지의 대상에는 구체적인 지지 대상으로서 정치적 권위(political authority), 중간 단계의 정치적 레짐(political regime), 가장 광범위한 지지 대상으로서 정치적 공동체(political community)가 있다. 정치적 권위는 구체적으로 정치인과 같은 정치적 행위자를 나타낸다. 정치적 레짐은 정치적 권위 구조 및 그것의 원칙과 규범 등을 의미한다. 정치적 공동체는 좁은 의미로는 지역 공동체와 인종적 공동체를 뜻하고, 넓은 의미로는 크게 국가까지 확대될 수 있다.

정치적 지지에 관한 이스턴의 고전적 개념화는 이후 많은 연구의 출발점이 되었고 학자들에 의해서 확대 발전하였다. 특히 노리스(Norris 1999:

---

3 이 절과 다음 절(경제적 불평등에 대한 인식)은 강우진(2012)에 의존하고 있다.

그림 2-1 민주주의에 대한 지지 수준

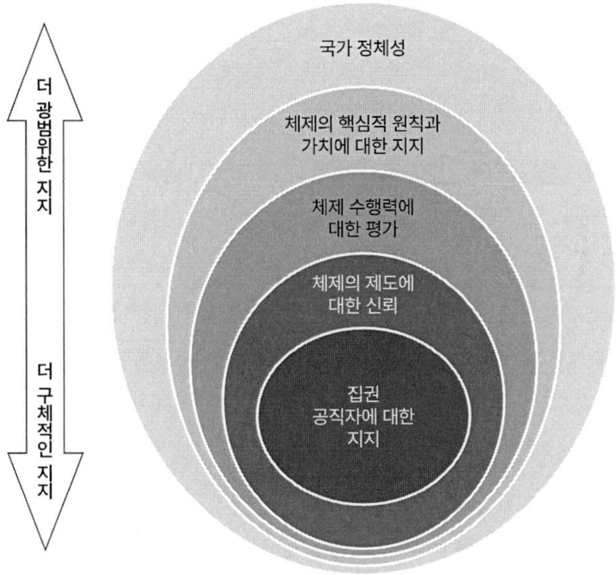

출처: 노리스(Norris 2011: 21)

9~12, 〈그림 1-2〉, 2011: 21, 그림 〈2-1〉)는 이를 다섯 가지 수준으로 세분화하여 연속선상에 위치시켰다.

〈그림 2-1〉이 나타내는 바와 같이 민주적 지지는 다섯 가지 수준으로 구분될 수 있다. 가장 광범위한 지지는 국가 정체성에 대한 지지로, 국가에 대한 자부심과 애국심으로 표현될 수 있다. 두 번째 수준은 체제의 원칙과 규범에 대한 지지를 나타낸다. 구체적으로는 민주주의 원칙과 규범을 수용하고 민주주의 체제를 지지하는가, 여전히 권위주의 체제에 대한 지지를 보유하는가 여부로 나타낼 수 있다. 세 번째 수준은 체제의 수행력(performance of the regime)에 대한 평가를 나타낸다. 이 수준은 민주주

의의 작동 방식에 대한 만족의 수준으로 표현될 수 있다. 구체적으로 '현재 우리나라의 민주주의에 전반적으로 얼마나 만족하십니까?'라는 질문을 통해서 측정된다(Klingemann 1999). 네 번째 수준은 제도에 대한 신뢰, 즉 행정부, 입법부, 정당과 같이 민주주의 체제를 구성하는 다양한 하위 제도에 대한 신뢰로 나타낼 수 있다. 다섯 번째 수준은 가장 구체적인 수준의 지지로서, 집권 세력을 포함한 정치적 행위자에 대한 신뢰로 표현될 수 있다.

그렇다면 기존 연구에 따르면 민주주의에 대한 시민들의 지지를 설명하는 데 어떠한 이론들이 있는가? 민주주의에 대한 시민들의 지지를 설명하는 이론적 모델은 수요 중심의 이론적 분석틀(demand side framework)과 공급 중심의 이론적 분석틀(supply side framework)이 있다(Norris 2011). 수요 중심의 이론적 분석틀은 문화적 접근법(cultural approach)이 대표적이다. 알몬드와 버바의 고전적 저작(Almond and Verba 1963)이 이 접근법에 큰 영향을 미쳤다. 이 이론에 따르면 정치적 태도는 (해당 국가의) 문화적인 특질(cultural traits)로서, 정치 사회화의 장기적인 과정에 영향을 크게 받는다. 따라서 민주적 지지와 같은 정치적 태도는 정치 과정 밖의 외생적인 변수에 의해서 영향을 받는다(Putnam 1993; Fukuyama 1995). 문화 이론은 일차적 관계를 넘어서는 대인 신뢰(interpersonal Trust)의 역할을 강조한다. 잘 알려진 바와 같이 토크빌(Alexis de Tocqueville)은 그의 고전적인 저작『미국의 민주주의』에서 미국 민주주의 기초로서 호혜적 관계에 기반을 둔 타운 자치 제도를 꼽았다. 또한 이 분야의 대가인 퍼트넘(Putnam 1993)은 대인 신뢰를 민주주의가 제대로 작동하기 위해 반드시 필요한 조건으로 보았다. 신뢰와 경제적 번영의 관계를 분석한 후쿠야마(Fukuyama 1996)는 저신뢰 사회(low trust society)와 고신뢰 사회(high trust society)를 구분하였다. 저신뢰 사회의 대표적인 예는 중국, 남이탈리아, 프랑스인데, 이러한 사회는 가족주의적 경향이 강하며 국가와 가족 구조를 매개하는 중간 조직이 부재하다. 따라서 가족 구조를 넘어서는 대인 신뢰의 수준이 낮다. 반면에 독일, 일본, 미국은 대표적인 고신뢰 사회이다. 고신뢰 사회는 저신뢰 사회와는 달리 가족 구조를 넘어서는 자발적 공동체성(spontanesous sociability)이 강하며, 이러한 특성이 경제적 번영의 기반이 되었다.

문화적 접근법에 따르면 대인 신뢰는 정치 제도에 대한 신뢰, 나아가 민주주의에 대한 지지 기반이 된다. 이러한 관계를 강화할 수 있는 구체적 경로로 시민적 사회 활동이 강조되었다(Almond and Verba 1963). 왜냐하면 이러한 활동을 통해서 내적인 효능감(internal efficacy)과 외적인 효능감(external efficacy)이 증진될 수 있기 때문이다(Putnam 1993). 이후 많은 문헌들이 신뢰와 민주적 지지 사이의 인과 관계를 경험적으로 확인하였다. 하지만 이 모델의 적실성에 관해서는 변수의 측정, 변수 간의 상호 관계, 구체적인 경험적 효과 등 많은 측면에서 논쟁이 진행되고 있다.

문화적 접근과 관련하여 이 연구의 문제의식과 관련된 중요한 저작 몇 가지를 소개하면 다음과 같다. 먼저 팩스톤(Paxton 1999)은 미국을 대상으로 한 연구에서 그룹 내(in-group) 신뢰가 높고 그룹 간(out-group) 신뢰가 낮을 때 민주주의에 대한 부정적 효과가 있음을 제시하였다. 또한 도울리와 실버(Dowley and Silver 2002)는 동구 신생 민주주의 국가에서 대인 신뢰가 민주적 지지에 긍정적 영향을 미친다는 사실을 제시하였다. 하지만 흥미롭게도 인종적으로 이질적인 사회에서는 사회조직에 대한 참여가 민주주의에 대한 지지로 이어지지 않을 수 있다는 사실 또한 밝혀냈다. 아시아적 맥락에서도 리와 글래저(Lee and Glasure 2011)의 연구에 따르면, 동아시아에서 사회적 집단의 멤버십을 중심으로 측정한 사회자본이 민주주의적 지지에 단지 약한 영향력만을 행사하고 있음을 확인하였다. 마지막으로 미쉴러와 로스(Mishler and Rose 2005)는 구조방정식을 통해 러시아 데이터를 분석하여 대인 신뢰는 민주주의에 대한 정치적 지지에 미미한 영향만을 미친다는 사실을 확인하였다. 그들의 분석은 단지 정치 제도에 대한 신뢰만이 정치에 대한 관심과 개입을 증가시키고 민주주의에 대한 지지를 증가시킬 수 있다는 것을 보여 주었다. 이와 같이 대인 신뢰와 민주주의에 대한 정치적 지지 간 관계에 관한 기존 논의는 여전히 상충되는 경험적 결과를 제시하고 있다.

수요 중심의 분석틀의 또 다른 갈래는 사회 근대화 이론(societal modernization theories)이다. 잉글하트와 웰젤(Inglehart and Welzel 2005)이 제시하는 인간 개발 시각(human development approach) 이론은 외적인 구속이나 지도자의 영향력으로부터 자유로운 자신만의 선호를 중시하는 '자기표현의 가치(self-expressive value)'에 주목했다. 이들의 주장에 따르면 사회경제적 발전은 해방적 가치(emancipative values) 보편화를 가져온다. 후기 산업사회에 이르러 생존적인 가치는 정치적 자유와 시민 권력을 강조하는 자기표현적 가치로 변모하게 된다. 이러한 주장이 옳다면 선진 산업사회의 교육 수준이 높고 젊은 시민들은 민주주의를 더 강력히 지지할 것이다(Norris 2011).

한편, 공급 중심의 이론적 분석틀도 있다. 민주적 지지가 수요와 공급의 함수라고 할 때 민주주의 체제의 수행력(공급)에 초점을 맞추는 분석틀이다(Mishler and Rose 2001). 이 분석틀은 합리적 선택 이론의 시각에서 정치 체제의 수행력이 시민들의 기대에 못 미치면 해당 정권에 대한 정치적 지지가 하락할 것으로 예측한다. 그리고 이러한 상태가 일정 기간 지속되면 정치 체제 전반에 대한 불신으로까지 이어질 수 있다(Dalton 2004).

공급 중심의 분석틀은 과정 중심의 시각(process centered approach)과 정책 수행력 중심의 시각(policy performance centered approach)으로 구분할 수 있다. 과정 중심의 시각은 주로 해당 국가의 민주주의 작동 방식에 초점을 맞춘다. 그동안 민주주의에 대한 정의가 많았지만 선거 체제를 중심으로 한 최소주의적 접근법(Przeworski 1999; Schumpeter 1942)이 다수였다. 과정 중심의 시각은 상대적으로 젊은 민주주의 국가를 대상으로 한 연구에서 주로 나타났다. 이러한 연구에서 주목했던 변수는 선거의 공정성(fairness of election), 수직적 책임성(vertical accountability), 법의 지배(rule of the law) 등이다. 과정 중심의 접근법은 종종 정치적 수행력 중심의 접근법으로 불리곤 했다. 에반스와 화이트필드(Evans and Whitefield 1995)는 경제적 변수를 중심으로 한 논의를 제1세대로 명명하고, 정치적 변수를 중심으로 한 논의를 제2세대로 명명하였다.

몇몇 대표적인 문헌을 살펴보자. 41개국을 포함하는 CSES(Comparative Study of Electoral Systems) 데이터를 이용한 다층 수준 분석에서 황, 창과 추(Huang, Chang and Chu 2008)는 민주주의의 정당성에 대한 원천은 협애한 '효용 극대화'에 기반을 둔 수행력이 아니라 자유와 책임성 그리고 정치적 대표를 포괄하는 보다 광범위한 정치적 수행력에 더 많이 의존하고 있다고 주장하였다. 이러한 주장은 다양한 지역별 연구에서도 그 설명력이 확인되었다. 구체적으로 동구 신생 민주주의 8개국에서 민주주의 규범에 대한 시민들의 태도 결정 요인을 경험적으로 분석했더니 경제적 조건—특히 시장 개혁—에 대한 경험은 간접적이고 매우 미약한 효과를 나타낸 반면, 민주주의의 실제에 대한 평가는 중요한 변수로 나타났다. 한편 브래튼과 매티스(Bratton and Mattes 2001)는 아프리카의 맥락에서도 민주주의에 대한 지지를 결정하는 변수로 경제적 수행력과 정치적 수행력 모두 중요하지만, 정치적 변수가 더욱 일관되게 중요함을 밝혀냈다.

정치적 변수의 중요성은 아시아의 사례에서도 확인되었다. 한국 사례에 대한 로스 등(Rose and Shin et al. 1999)의 개척적 연구에 따르면, 민주주의에 대한 지지와 민주주의의 이상과 현실 사이의 갭(gap)은 경제적 변수에 의한 것이라기보다는 정치적 가치, 정치적 수행력, 그리고 과거로부터의 유산과 같은 정치적 변수에 의해서 결정되었다. 요컨대 기존 논의에 따르면, 경제적 수행력에 대한 논의는 상충적인 결과를 나타낸 반면, 정치적 수행력에 대한 논의는 좀 더 광범위한 지역에서 지지를 받았다고 할 수 있다.

반면에 정책 중심의 시각은 공공재와 서비스(public goods and service), 경제 정책의 결과와 같은 정책적 수행력(policy performance)의 영향력에 초점을 맞춘다. 정책 중심의 시각은 선진 민주주의 국가와 젊은 민주주의 국가에서 서로 다른 이유로 지지를 얻었다. 먼저, 민주주의 제도가 안정적으로 정착된 서구 민주주의 국가에서는 시민들이 정치 과정보다는 민주주의 체제의 정치경제적 결과에 더 주목하는 경향이 나타났다. 잘 알려진 것처럼 선진 민주주의 국가에서 민주적 책임성(democratic accountability)을 측정하는 가장 뚜렷한 기준으로 경제의 중요성에 대한 다수의 논의가 존재한다.[4]

한편, 젊은 민주주의 국가에서 정책 중심의 시각은 주로 공산주의로부터 자본주의로 이행하는 과정에서 경제적 혼란을 경험한 동구 신생 민주주의 국가를 사례로 발전하였고 이후 다른 지역으로까지 확대되었다. 제3의 물결을 통한 민주주의로의 이행 이후 지구화 경향이 가속화되었다. 이로 인해서 남미를 비롯한 다수의 신생 민주주의 국가들이 이른바 신자유주의적 경제 개혁(neo-liberal economic reform)을 추진하였다. 민주화로의 이행 이후에도 경제적 불평등이 완화되지 않고 오히려 심화되는 조

4 에이큰과 바텔스(Achen and Bartels 2016)는 민주정치의 핵심적인 주장인 인민 이론(folk-thoery)의 예측과는 달리, 선거가 인민들의 선호에 조응하는 정부를 만들어 내지 않는다는 사실을 미국 정치를 사례로 설득력 있게 증명하였다. 그들의 분석에 따르면 회고적 투표를 통한 시민들의 민주적 통제 또한 작동하지 않았다.

건에서 신생 민주주의 국가 시민들의 민주주의에 대한 지지는 경제적 수행력에 의해서 더 큰 영향을 받게 된다. 또한 2008년 세계 경제의 대침체 이후 그리스, 스페인, 포르투갈 같은 제3의 물결 민주주의 국가군을 포함한 나라들이 경제 위기를 겪었으며 유럽안정화기구(European Stability Mechanism)와 국제통화기금(International Monetary Fund)의 프로그램 체제를 경험했다.

앞선 연구에 따르면 경제적 수행력에 대한 경험적 분석 결과는 서로 상충된다. 대표적으로 미쉴러와 로스(Mishler and Rose 1997)는 동구 신생 민주주의 국가의 경우 시장경제로의 이행 과정에서 경제적 조건이 악화되었고, 이에 따라 경제적 변수가 민주주의에 대한 시민들의 태도를 결정하는 중요한 변수가 되었음을 보여 주었다. 코치안(Kotzian 2010)은 36개국을 대상으로 한 다층 수준 분석에서 경제적 수행력에 대한 집합적인 수준의 지표가 체제 수준의 정치적 지지를 설명하는 가장 중요한 변수임을 밝혀냈다. 강우진(Kang 2012)은 노무현 정부 시기 한국의 사례를 분석하여 불평등에 대한 인식과 복지 체제에 대한 불만이 민주주의에 대한 불만을 결정하는 중요한 변수였음을 제시하였다. 이러한 분석들과는 대조적으로 불가리아의 사례를 대상으로 한 바실레프(Vassilev 2004)의 분석에 따르면, 낮은 경제적 수행력이 정당성의 위기나 민주주의에 대한 거부로까지 나아가지는 않는다. 또한 비슷한 맥락에서 남미 사례에 대한 그라함과 수크탄카(Graham and Sukhtankar 2004)의 분석은 경제적 위기 속에서도 민주주의에 대한 지지가 상승했다는 사실을 제시하였다. 다시 말하면, 경제 위기 자체가 민주주의 불만족의 직접적인 원인은 아니었다는 것이다.

이러한 상반된 경험적 분석을 어떻게 해석할 것인가? 본 연구의 중심 문제의식에 따르면, 일반적으로 사용되는 변수인 경제적 조건에 대한 인식—대표적으로 경제 투표—이 해당 정권의 수행력을 평가하는 데 적절한 변수일지 모르나 민주주의 체제에 대한 시민들의 태도를 분석하는 데는 그다지 적절하지 않을 수 있다는 것이다. 민주주의 체제에 대한 시민들의 평가는 경제적 조건이 일정 기간 장기적으로 지속되는 경우가 아니라면 체제의 수행력과 보다 직접적으로 연관 있는 변수를 통해서 분석되어야 할 것이다.

경제적 불평등에 대한 인식

한국 민주주의는 이명박 정부의 등장과 함께 헌팅턴(Huntington 1991)이 말하는 이른바 '두 번의 정권 교체 시험(two turnover test)'을 통과함으로써 일련의 학자들에게 '경이로운(Miraculous) 민주주의'라고까지 칭송받았다(Hahm 2008). 하지만 IMF 경제 위기를 기점으로 악화된 경제적 불평등은 민주정부 10년을 거치면서 심화되었다. 따라서 민주화 이후의 민주정부가 경제적 불평등과 같은 중심적인 사회경제적 의제를 다루는 데 매우 취약했다는 측면은 한국 민주주의의 또 다른 중요한 특징이 되었다(김순영 2008; 최장집 2005a). 기업 친화적인(business-friendly) 정책을 천명한 이명박 정부와, 이명박 정부의 정책을 계승한 박근혜 정부에 들어서 경제적 불평등이 더욱 심화되었음은 이론(異論)의 여지가 없다.

흥미로운 것은 많은 문헌들이 민주화 이후 한국 사회의 경제적 불평등과 양극화 심화를 지적하면서도 경제적 불평등 심화의 정치적 효과를 다룬 연구는 그다지 많지 않다는 것이다.[5] 이러한 경향은 비교적인 관점에

5 예외적으로 다음과 같은 연구가 있다. 권혁용과 지은주(2016)는 대만과 한국을 비교 연구하여 불평등이 정치적 신뢰를 감소시킬 수 있음을 경험적으로 확인하였다. 그리고 장승진(2011)은 보다 광범위한 맥락에서 불평등에 대한 인식이 삶의 만족도에 영향을 미칠 수 있음을 보여 주었다. 강우진(2011)은 아시아 바로미터 서베이(ABS)를 원용하여 불평등에 대한 인식이 민주주의 공급(민주주의에 대한 지지와 민주주의 정도)에 대한 부정적인 인식으로 귀결됨을 제시하였다.

서 볼 때 한국만의 문제는 아니다. 미국 정치학회의 보고서(APSA 2004)는 미국 사회의 경제적 불평등의 문제점을 지적하면서, 급속하게 증가하는 경제적 불평등과 시민들의 정치 행위 간의 관계에 대한 연구가 거의 존재하지 않음을 지적하였다.

민주주의가 경제적 불평등을 완화해야 한다는 규범적인 명제는 차치하더라도, 민주주의 국가에서 민주화 이후 민주주의와 경제적 불평등 간의 경험적 인과 관계에 대해 많은 논의가 이루어졌으며 이와 관련된 논쟁은 현재 진행형이다.[6] 이 장은 한국적 맥락에서 민주주의와 경제적 불평등 사이의 인과 관계에 대한 경험적인 분석을 목적으로 하지 않는다. 이 장의 문제의식에서 볼 때 오히려 보다 중요한 문제는 민주화 이후 30여 년이 지난 현 시점에서 민주주의가 경제적 불평등이라는 핵심적인 사회경제적 의제를 다루는 데 취약할 경우 어떠한 정치적 결과를 초래할 수 있느냐이다.

이러한 문제의식에 기반을 두어 ABS 4차 조사(2015)를 활용하여 경제적 불평등에 대한 인식이 어떠한 정치적 결과를 낳는지를 분석하고자 한다. 구체적으로 이 연구는 경제적 불평등에 대한 (부정적인) 인식이 민주주의 현실에 대한 시민들의 불만을 결정하는 변수임을 경험적으로 제시하고자 한다.

민주화와 경제적 불평등의 증가

1960년대 이후 급격한 경제 성장을 이룬 한국 사회는 다른 동아시아

---

6 이에 대한 문헌들이 많다. 민주주의와 불평등 사이의 관계를 연구한 주요 저작들 가운데 남미 사례를 기반으로 한 리뷰는 카우프만(Kaufman 2010)을 참조하라. 그의 리뷰에 따르면 남미의 경우 일반적인 주장과는 달리 지속적인 경제적 불평등이 해당 국가의 민주주의의 생존에 크게 영향을 미치지 않을 것으로 나타났다. 또한 경제적으로 하위의 계급들이 부자 증세와 같은 더 적극적인 복지 정책을 항상 요구하는 것은 아니며, 경제적 불평등이 반드시 집권 여당의 정치적 패배로 귀결되지도 않는다. 카우프만은 결과적으로 불평등과 좌파에 대한 투표 사이에는 인과적인 연관성이 없다는 흥미로운 주장을 하고 있다.

의 고성장 국가들과 함께 경제 성장과 분배적 평등(the equity with growth)을 이룬 예외적인 국가로 칭송받아 왔다(Birdsall, Rose and Sabot 1995). 하지만 이러한 경향은 IMF 경제 위기를 겪으면서 반전되었다. 이제 한국도 경제적 불평등의 증가라는 글로벌한 추세에서 예외적인 국가가 아닌 것이다.[7] 이러한 경제적 불평등의 증가가 보수적인 한국 민주주의 과정의 특성에 기인하는 것인지, 한국의 불평등 증가의 패턴과 정도가 다른 민주주의 국가와 비교해 볼 때 예외적인 것인지 등등 많은 중요한 이론적·경험적 논쟁이 가능하다. 하지만 분명한 사실은 한국 민주주의의 심화 과정을 통해서 경제적 불평등이 증가되었고 한국 민주주의는 이러한 가장 중요한 사회경제적 의제를 다루는 데 매우 취약했다는 것이다. 따라서 이러한 한국 민주주의의 사회경제적 취약성은 한국 민주주의의 중요한 특징이 되었다(최장집 2005a). 실제로 IMF 경제 위기 이후 2010년까지 한국은 거의 모든 지표에서 경제적 불평등이 악화되었다. 가장 많이 사용되는 지표인 지니계수(도시가구 2인 이상)는 1999년에 0.320까지 상승했다가 다시 완화되었으나, 2004년에 0.310에 달한 이후 지속적으로 증가하여 2009년에는 0.319에 이르렀다. 전국의 농가를 포함하면 0.345까지 확대된다(통계청). 또 다른 불평등 지수라고 할 수 있는 5분위 배율 또한 악화일로에 있다. 시장소득을 기준으로 한 5분위 배율은 1990년 3.93을 기록하였으나 2000년에 4.40으로 상승하였고 가장 최근 자료인 2010년에는 6.02로 가파르게 상승하였다(통계청).

이러한 자료는 한국 사회에서 경제적 불평등이 악화일로에 있다는 사실을 잘 보여 준다. 하지만 이러한 자료는 소득에만 기초하고 있다는 커다란 한계가 있다. 최근 들어 여러 연구들이 한국 사회에서 소득 이외의

7 한 연구는 동아시아에서 성장과 균등한 분배의 병행(the growth with equity)이라는 예외적인 현상은 이제 종식되고 있다고 분석하였다(Feng 2011).

여러 가지 다른 형태의 부를 포함한 '자산'의 개념을 통한 불평등 문제를 제기해 왔다(황현일 2009). 실제로 자산의 불평등을 나타내는 '자산 불평등 계수'는 0.7069(2007년 기준)에 달해 소득 불평등에 비해서 두 배 이상 격차를 보였다(2009년 9월 2일 자 『프레시안』). 또한 통계청이 발표한 '2010년 가계금융조사'에 따르면 상위 20%의 순자산이 하위 20% 순자산의 무려 474배에 달했다(2010년 12월 29일 자 『한국일보』).

그렇다면 한국의 민주주의는 이러한 경제적 불평등 악화에 어떻게 대응해 왔나? 한국의 민주화 과정의 보수적인 특성이 민주화 이후 악화된 경제적 불평등의 원인인지는 여전히 논쟁의 여지가 있다. 하지만 본 연구의 중심 변수인 민주주의 효능감에 대한 시민들의 인식을 분석하기 위해서는 실제로 한국의 민주주의가 경제적 불평등 완화에 어떠한 역할을 했는지가 중요한 질문이 될 수 있다.

IMF 경제 위기를 겪는 중 집권에 성공한 '국민의 정부'는 '민주주의와 시장경제의 병행 발전'이라는 국정 철학의 기조하에 '생산적 복지'의 개념을 내세웠다. 국민의 정부의 경우 민주화 이후 최초로 한국 복지 국가의 방향을 제시했다는 점에서 의의가 있다. 하지만 생산적 복지는 실제적인 내용에 있어서는 일자리 창출을 최고의 정책 방향으로 이해한다는 점에서 노동 유연화와 일맥상통하는 개념으로 이해되어 왔다(고세훈 2007). 국민의 정부를 이어받은 참여정부는 국민의 정부 시절 IMF 경제 위기 극복 과정을 통해 심화된 경제적 불평등과 양극화 문제를 해결하기 위해 복지 문제에 적극적으로 대처하고자 하였다. 이에 따라서 근로 장려 세제, 사회적 일자리 창출, 사회 투자 국가 등과 같은 프로그램을 추진하였다. 참여정부하에서는 복지 지출이 지속적으로 증대되었음에도 불구하고 정책적 중심이 복지 재정 분권화와 일자리 창출을 통한 복지 증대였다는 점을 감안할 때 참여정부가 새로운 복지국가 모형을 창출하는 데는 성공적이지 못했다고 평가할 수 있다(조영훈 2009). 전체적으로 참여정부의 '참여복지' 역시 근로를 통한 탈빈곤을 주요 방향으로 삼음으로써 국민의 정부의 '생산적 복지'의 연장선상에 있었다고 할 수 있다(김순영 2011).

한편, 10년의 민주정부 이후 탄생한 이명박 정부는 인수위원회 과정부터 친기업 정부로서 탈규제와 감세를 기반으로 한 작은 정부를 정책적 방향으로 내세웠다. 이명박 정부하에서도 복지 지출은 지속적으로 증가해 왔다. 하지만 핵심적인 정책 구호였던 '능동적 복지'는 일을 통한 복지, 경제 성장을 통한 복지 그리고 민간 주도의 복지라는 특징을 지닌다(김순영 2011). 많은 문헌들에서 이명박 정부 시절 사회 정책의 특성에 대해 논의해 왔으나 대체적인 논의는 "공공성보다는 시장을 통한 효율성을, 국가의 역할보다는 영리 부문까지 포함한 민간의 역할을, 보편적 복지보다는 선별적·잔여적인 복지를" 강조하는 신자유주의적 정책 특성을 띤다고 본다(참여연대 2008).

그렇다면 이른바 민주화 이후 이명박 정부까지 한국 복지국가의 취약한 기반을 수치를 통해서 구체적으로 확인해 볼 필요가 있다.

표 2-1 국민소득 1만 달러 달성 시점의 주요 국가의 사회복지 지출 비교

한국(2001)	미국(1978)	일본(1984)	독일(1979)	평균(22개국)
8.7%	13.49%	23.96%	22.52%	20.04%

자료: 보건복지부(2005)

[표 2-1]은 국민소득 1만 달러 달성 시점에 주요 국가의 사회복지 지출을 비교한 결과이다. 표에서 볼 수 있듯이, 해당 시점 한국의 사회복지 지출은 일본과 독일에 비해서 훨씬 낮으며, 가장 시장 중심적인 복지국가라고 할 수 있는 미국(13.49%)과 비교해도 낮은 수치인 8.7%를 기록하

였다. 국민의 정부와 참여정부를 지나면서 복지 지출이 지속적으로 증가하였으나 여전히 OECD 국가 중에서 최하위권에 머물렀다. 구체적으로 참여정부 말기인 2008년 한국의 공공복지 지출은 GDP 대비 8.3%를 기록하였다. 이 수치는 OECD 평균(20.6%)의 절반에도 미치지 못할뿐더러 멕시코(7.6%)를 제외하면 가장 낮다(2010년 2월 12일 자 『한겨레』).

비교적 관점에서 볼 때 여전히 매우 낮은 복지 지출보다 더 중요한 문제는 이러한 복지 지출이 민주화 이후 한국 사회의 중심 문제로 부상한 경제적 불평등 해결에 어느 정도 정책적 효과를 발휘했느냐이다. 한 연구(고경환 2011)에 따르면 총 사회복지 지출이 추계된 1990년 이후 한국의 복지 지출은 연 17.5%의 증가율을 보여 왔으며, 최근 증가율 또한 OECD 국가 중에서 가장 높은 수준을 기록하였다. 하지만 공적 이전과 조세 부담을 통한 빈곤 개선 효과는 2009년 기준으로 13.9%에 그치고 있다. 이 수치는 OECD 평균인 149%의 10분의 1 수준이다.

복지 지출의 빈곤 개선 효과가 미미한 것은 앞서 지적한 대로 국민의 정부와 참여정부 같은 민주정부에서조차도 '성장을 통한 복지 증진'이라는 생산주의적 복지 레짐의 기본 기조가 유지되어 온 데 근본적인 원인이 있다고 하겠다.[8] 이러한 기조는 신자유주의 국정 철학에 기반을 둔 이명박 정부의 등장을 통해서 극대화되었다. 구체적으로 이명박 정부는 90조 원에 달하는 부자 감세를 단행하였고, 그 결과 취약 계층 지원을 위한 서민 복지 예산은 축소되었다. 그에 따라 이명박 정부에서는 경제적 불평등을 나타내는 거의 모든 지표가 악화되었으며, 빈곤층이 증가하고 중산

8 최장집의 지적에 따르면, 권위주의 관치경제부터 민주화 이후 신자유의적인 세계화에 이르기까지 경제 영역만큼 정책의 연속성이 유지되어 온 분야는 없다(최장집 2005b: 22). 즉 민주화 이후에도 성장 중심 정책이 경제 정책의 중심 과제였다는 것이다. 따라서 사회복지 정책은 시장 중심의 성장 정책에 종속되어 잔여적이고 주변적이었다고 해도 지나치지 않을 것이다.

층이 몰락하는 결과가 초래되었다.[9]

요약하자면 한국의 민주주의는 IMF 경제 위기 이후 한국 사회에서 가파르게 상승한 경제적 불평등을 개선하는 능력이 대단히 취약했다고 할 수 있다. 한국 민주주의는 성공적인 제도화에도 불구하고 한국 사회의 중심 문제로 부상한 경제적 불평등을 해결하는 데 정책적으로 취약했다. 그렇다면 이러한 배경에서 경제적 불평등에 대한 시민들의 인식은 민주주의 능력에 대한 인식에 어떠한 영향을 미쳤는가? 다음 절에서 경험 분석을 통해서 이를 확인해 보고자 한다.

연구 설계

이 절의 핵심적인 주장을 경험적으로 분석하기 위해서 최근에 조사된 ABS 4차(2015) 자료를 사용한다. 이 자료는 가장 최근에 시행된 여론조사로서, 민주주의에 관한 포괄적인 문항을 포함하고 있다는 중요한 장점이 있다.

이 절의 종속변수는 민주주의의 지지를 측정하는 세 차원이다. 먼저, 민주주의와 권위주의 체제에 대한 선호를 측정하는 변수이다. 이 변수는 "다음 진술 중에서 ○○님 자신의 의견에 가까운 것은?"이라는 문항을 통해 측정되었다. 그에 대한 응답은 "① 민주주의는 다른 어떠한 형태의 정부보다 항상 더 낫다. ② 어떠한 상황에서는, 권위주의 정부가 민주주의 정부보다 더 낫다. ③ 나 같은 사람에게는 민주주의 체제이든 비민주주의 체제이든 상관없다."로 도출되었다. 둘째, 민주주의의 효능성을 측정하는 변수이다. 이 변수는 "○○님은 민주주의가 우리 사회 문제를

9 통계청 자료에 따르면 외환 위기 이후 줄어든 중산층이 이명박 정부 들어 지속적으로 줄고 빈곤층은 늘었다. 월 소득 160만~ 480만 원 수준인 중산층 비율이 2000년 71.7%에서 2010년 67.5%로 줄었는데, 같은 기간 월 소득 160만 원 미만인 빈곤층 비율은 9.2%에서 12.5%로 증가했다(2012년 1월 5일 자 『중앙일보』).

해결할 수 있다고 생각하십니까? 혹은 해결할 수 없다고 생각하십니까?" 라는 문항에 기반을 두어 측정되었다. 응답은 "① 문제들을 해결할 수 있다. ② 문제들을 해결할 수 없다."로 도출되었다. 이 문항으로부터 가변수를 도출하여 민주주의가 문제를 해결할 수 있다고 응답한 사람에게는 1점을 부여하고, 해결할 수 없다고 답한 사람에게는 0점을 부여하였다. 셋째, 민주주의의 실제를 측정하는 현재 민주주의 작동 방식에 대한 만족 변수이다. 이 변수는 "○○님은 대체적으로 ○○님의 국가의 민주주의 작동 방식에 대해서 만족하십니까? 만족하지 않으십니까?"라는 문항을 통해 측정되었다. 응답 변수는 4점 척도로서 "1점(매우 만족한다)~4점(전혀 만족하지 않는다)"의 범주로 도출되었다. 여기서는 다른 두 변수와 방향성을 통일하기 위해서 거꾸로 코딩하였다.

이 절에서 주목하는 독립변수는 경제적 불평등 변수로 "○○님은 소득분배가 얼마나 공정하다고 생각하십니까?"라는 문항을 통해서 측정되었다. 이 변수는 4점 척도로서 "1점(매우 공정함)~4점(매우 불공정함)"으로 코딩되었다.

경제적 수행력 모델은 두 가지 차원으로 측정되었다. 첫째, 국가경제 조건에 대한 주관적인 인식은 국가경제의 두 차원에 대한 시민들의 평가—회고적 평가와 현재 경제에 대한 평가—를 묻는 변수를 사용하였다. 회고적 평가 변수는 "지난 몇 년간 우리나라 경제 상황의 변화를 어떻게 보십니까?"라는 문항을 기반으로 측정되었다. 이 변수는 5점 척도로 코딩되었으며, "1점(매우 좋음), 3점(보통), 5점(매우 나쁨)"으로 구성되어 있다. 현재 경제에 대한 평가는 "현재 우리나라의 전반적인 경제 상황을 어떻게 평가하십니까?"라는 문항을 기반으로 측정되었다. 이 변수도 5점 척도로 코딩되었으며, "1점(훨씬 좋아짐), 3점(거의 같음), 5점(더 나빠짐)"으로 구성되어 있다. 둘째, 기본적 필요 제공에 대한 평가 변수이다. 이 변수는

"○○님은 사람들이 음식, 의복, 주거지와 같은 기본적인 필요를 제공받는다고 생각하십니까?"라는 문항을 통해서 측정되었다. 응답 변수는 4점 척도로서 "1점(매우 동의)~4점(매우 반대)"으로 코딩되었다.

정치적 수행력 모델은 선거의 공정성과 선거가 실질적 선택을 제공하는지 여부를 묻는 두 가지 변수를 통해서 측정되었다. 선거의 공정성은 일반적으로 정치적 수행력을 측정하는 데 사용하는 변수이다. 선거의 공정성은 "전체적으로, 지난 전국 선거가 자유롭고 공정했다고 말할 수 있습니까?"라는 문항을 기반으로 측정되었다. 이 변수는 4점 척도로 코딩되었으며, 응답은 "1점(완전히 공정함)~4점(자유롭지도 공정하지도 않음)"으로 구성되었다. 한국은 제3의 물결을 통해 민주화를 이룬 국가 중에서 대표적인 성공 사례로 평가되기 때문에 선거의 공정성만으로는 정치적 수행력을 측정하기 불충분하다고 판단했다. 따라서 선거의 실질적인 기능을 측정하는 추가적인 변수를 포함시켰다. 실질적 선택(real choice)은 "우리의 선거가 다른 정당/후보자들 사이에서 유권자에게 실질적인 선택을 제공한다고 생각하십니까?"라는 문항을 기반으로 측정되었다. 두 변수는 4점 척도로서 "1점(강하게 동의함)~4(매우 동의하지 않음)"으로 측정되었다.

문화적 모델은 대인 신뢰(people's trustworthiness), 타인의 이타성(people's selfishness), 접촉하는 사람 수(number of contacts) 등 세 가지 변수를 기반으로 측정되었다. 먼저, 대인 신뢰는 "대부분의 사람들을 신뢰할 수 있나요?"라는 문항으로 측정되었다. 이 변수는 4점 척도로서 "1점(강하게 동의)~4점(강하게 비동의)"으로 구성되었다. 둘째, 타인의 이타성 변수는 "대부분의 사람들이 기회만 있으면 당신을 이용하려 한다고 생각하거나 아니면 공정하게 대하려 한다고 생각하십니까?"라는 문항으로 측정되었다. 원자료는 응답지가 "이용하려 한다."는 1점으로, "대부분의 사람들이 공정하게 대하려 한다."는 2점으로 코딩되어 있었다. 이 글의 분석에서는 "항상 이용하려 한다."라고 응답한 사람에게는 1점을 부여했고, 그 외에는 0점을 부여하여 가변수를 도출했다. 셋째, 접촉하는 사람의 수는 "보통 평일에 몇 명과 접촉합니까?"라는 문항을 기반으로 측정되었다. 원자료에서 이 변수는 5점 척도로서, "0~4명"이라 응답한 사람은 1점으로 코딩되었고, "50명 이상"이라 응답한 사람은 5점으로 코딩되었다. 다른 두 변수와의 일관성을 위해서 역으로 코딩했다(50명 이상 1점, 0~4명 5점).

아시아 가치는 다차원적인 개념이다. 이 절의 분석은 종속변수가 민주적 지지라는 면에서 권위에 대한 순응(conformity to authority) 차원에 주목한다. 이 차원은 가장으로서의 지도자, 도덕적 지도자 결정이라는 두 변수로 측정되었다. 가장으로서의 지도자는 "정부 지도자는 가장과 같아서 우리 모두 그들의 결정을 따라야 한다.", 도덕적 지도자 결정은 "만약에 우리 지도자가 도덕적으로 올바르다면 우리는 그들에게 모든 결정을 하도록 해야 한다."라는 문항에 기반을 두어 측정되었다. 두 변수 모두 응답 변수는 4점 척도로서 "1점(매우 동의)~4점(매우 반대)"으로 코딩되었다.

경험 분석과 결과

본격적인 통계 분석에 앞서 먼저 경제적 불평등과 사회적 양극화에 대한 시민들의 인식을 간단히 살펴보기로 하자. 앞에서 집합 자료를 중심으로 살펴본 대로 IMF 경제 위기 이후 한국의 경제적 불평등은 급속히 악화되었다. 개인적 수준에서 경제적 불평등에 대한 인식과 민주주의의 능력에 대한 인식 간의 인과 관계를 탐색하는 것이 이 절의 목적이기 때문에 시민들이 경제적 불평등이나 양극화를 어떻게 생각하는지를 살펴

그림 2-2 경제적 불평등에 대한 인식의 변화

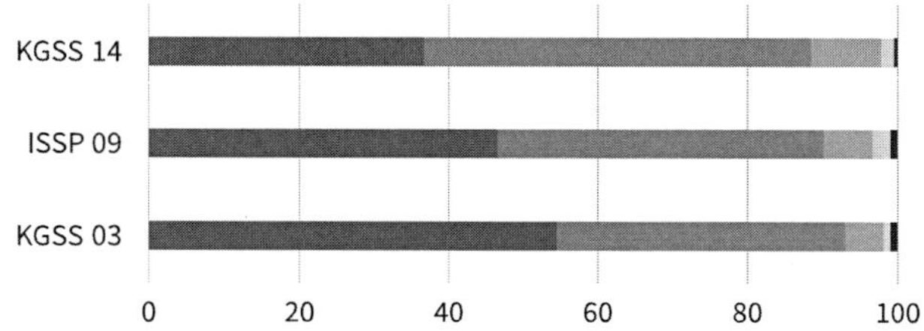

	KGSS 03	ISSP 09	KGSS 14
■ 매우 찬성	54.56	46.51	36.89
■ 다소 찬성	38.52	43.74	51.67
■ 찬성도 반대도 아님	5.05	6.29	9.34
■ 다소 반대	0.89	2.45	1.79
■ 매우 반대	0.9	1.01	0.31

■ 매우 찬성 ■ 다소 찬성 ■ 찬성도 반대도 아님 ■ 다소 반대 ■ 매우 반대

출처: 한국종합사회조사(KGSS) 2003, 2014, 국제사회조사프로그램(ISSP) 2009
참고: 숫자는 퍼센트를 나타냄, 모름과 무응답은 제외; 문항은 "한국은 소득의 차이가 너무 크다."이다.

보는 것은 꼭 필요한 예비 분석이다.

〈그림 2–2〉는 2003년부터 2014년까지 소득의 차이에 대한 한국 국민들의 인식 변화를 나타내고 있다. 한국종합사회조사가 시작된 2003년 조사에서 거의 모든 응답자(93.08%)가 "한국은 소득의 차이가 너무 크다."라는 문항에 찬성했다. 특히 "매우 찬성"을 선택한 비율이 응답자의 절반이 넘는 54.56%였다. 국제사회조사프로그램(ISSP) 2009년 자료에서는 "매우 찬성" 비율이 다소 줄긴 했지만 "다소 찬성" 비율이 늘어서 소득 차이가 너무 크다고 인식하는 국민의 비율은 90% 선(90.25%)을 유지했다. 한국종합사회조사 2014년 자료에서는 이전 조사 때보다 찬성 의견이 약간 감소했다. 하지만 여전히 90%에 가까운 88.56%의 국민들이 한국 사

회의 소득 차이가 너무 크다고 답했다.

또한 한국의 경제적 불평등이 민주화 이후 심화되었지만 아프리카나 라틴 아메리카 같은 신생 민주주의 국가에 비해 여전히 낮은 수준을 유지하고 있다는 사실을 감안할 때, 한국 국민들이 경제적 불평등을 객관적 수치에 비해서 훨씬 심각하게 인식하고 있음을 알 수 있다. 이와 연관하여 흥미로운 것은 동아시아 국가의 국민들에 비해서 한국 국민들이 훨씬 더 경제적 평등의 문제를 민주주의의 중요한 차원 중 하나로 인식하고 있다는 사실이다. 신과 조(Shin and Cho 2010)의 비교 분석에 따르면 한국 국민들은 경제적 평등을 다른 정치적 차원보다 민주주의의 더 중요한 차원으로 인식하고 있다.[10]

그렇다면 민주주의에 대한 지지가 공급과 수요의 함수라는 점에서 한국 민주주의의 사회경제적 취약성을 감안할 때 민주주의의 효능성에 대한 한국 국민들의 지지가 감소했을 수 있다는 추론이 가능하다.

실제로 이 변수가 KDB 조사에 처음 추가된 2004년 조사와 2010년 조사 결과를 비교해 보면, 본 연구의 종속변수인 민주주의의 효능에 대한 부정적인 인식이 증가하였다. 2004년 조사에서는 민주주의가 사회 문제를 해결할 수 있다는 질문에 부정적으로 답한 사람의 비율이 26.68%였으나 6년이 지난 2010년 조사에서는 29.28%로 증가하였다. 이후 조사에서는 개선되었지만 ABS 3차 조사(22.07%), ABS 4차 조사(23.04%)에서도 20% 이상이 한국 민주주의의 효능성에 대해서 의문을 표시했다. 한국 민주주의가 제도적으로 안정화되는 과정에서도 민주주의 효능성에 대한 국민들의 믿음은 하락하거나, 개선되지 않았다.

---

10 흥미로운 것은 이 수치(36%)는 정치적 자유(15%)보다 훨씬 크며 선거의 공정성(35%)보다 근소하게 크다는 점이다. 비교적 관점에서 볼 때 경제적 평등에 대한 동아시아 다른 국가의 평균(14.8%)보다도 두 배 이상 큰 수치이다.

표 2-2 소득 불평등에 대한 인식과 민주적 지지

변수	모델 1 (민주주의 체제에 대한 선호)		모델 2 (민주주의의 효능성)		모델 3 (민주주의에 대한 만족)	
	계수(표준오차)	승산비	계수(표준오차)	승산비	계수(표준오차)	승산비
소득 분배의 공정성	0.299(0.110)**	1.349	0.493(0.124)***	1.637	−0.623(0.109)	0.536
현재 국가경제 조건 평가	−0.139(0.105)	0.870	−0.111(0.116)	0.894	−0.060(0.100)	0.941
회고적 국가경제 평가	0.271(0.095)**	1.312	0.117(0.106)	1.125	−0.338(0.092)***	0.713
의식주 기본적 필요	−0.358(0.101)***	0.698	−0.390(0.112)***	0.676	−0.204(0.094)**	0.815
선거의 공정성	−0.197(0.095)**	0.820	−0.287(0.103)**	0.750	−0.387(0.090)***	0.678
선거에서의 실질적 선택	−0.232(0.091)**	0.792	0.088(0.100)	1.092	−0.351(0.088)***	0.703
대인 신뢰	−0.053(0.117)	0.947	−0.201(0.130)	0.817	−0.035(0.111)***	0.694
타인의 이타성	−0.014(0.149)	0.985	0.125(0.166)	1.138	0.009(0.140)	1.009
접촉하는 사람 수	−0.172(0.087)**	0.841	−0.142(0.098)	0.867	−0.064(0.080)	0.937
가장으로서의 지도자	0.270(0.093)**	1.310	0.084(0.110)	1.087	−0.252(0.095)**	0.776
도덕적 지도자 결정	0.138(0.093)	1.148	0.093(0.104)	1.104	0.022(0.086)	1.022
정부의 부패 근절 노력	0.067(0.114)	1.069	−0.312(0.127)**	0.731	−0.582(0.109)***	0.558
정치적 관심	0.192(0.093)**	1.212	0.140(0.105)	1.150	−0.011(0.088)	0.988
외적 효능감	−0.128(0.087)	0.879	−0.083(0.096)	0.919	0.021(0.083)	1.021
연령	0.013(0.006)**	1.014	0.003(0.006)	1.003	0.006(0.005)	1.006
교육	0.221(0.054)***	1.247	0.157(0.059)**	1.170	−0.089(0.053)	0.914
성별(여성)	0.257(0.140)	1.293	−0.053(0.157)	0.948	−0.186(0.133)	0.830
소득	−0.101(0.060)	0.903	−0.034(0.067)	0.965	0.008(0.057)	1.008
상수	−1.444(1.024)	0.235	1.112(1.130)	3.042	---------	----
절단값 1	---------	----	---------	----	−12.998(1.079)	----
절단값 2	---------	----	---------	----	−9.751(1.031)	----
절단값 3	---------	----	---------	----	−5.862(0.998)	----
사례 수	1,020		993		1,029	
Correctly classified (Pseudo R2)	76.23%(0.0599)		76.23%(0.0585)		0.1448	

출처: ABS 4차(2015)
참고: **p≤0.05; ***p≤0.001

이 절의 경험 분석은 한국 민주주의 체제 수준의 시민들의 지지 결정 요인을 규명하는 것을 목적으로 하였다. 앞서 설명한 대로 한국 민주주의 체제 수준의 지지는 민주주의 체제와 권위주의 체제에 대한 선호, 민주주의 효능성, 현재 민주주의의 작동 방식에 대한 만족 등 세 가지 차원으로 측정되었다. 종속변수가 순서형(민주주의에 대한 만족)과 이항 변수(민주주의 체제에 대한 선호와 민주주의 효능성)로 측정되었기 때문에 각각 순서로짓(ordered logit) 모형과 로짓(logit) 모형이 사용되었다.

먼저, 민주주의 선호에 대한 결과를 살펴보자. 흥미롭게도 소득 분배의 공정성에 대해 비판적으로 인식할수록 권위주의 정부보다는 민주주의 정부를 선호할 확률이 높았다. 승산비(odd ratio)의 크기(1.349)를 볼 때 소득 분배 공정성 변수의 영향력이 제일 컸다. 반직관적인 이 결과를 어떻게 해석할 수 있을까? 다음과 같은 가능성을 추론해 볼 수 있다. 소득 분배 공정성에 대해서 비판적인 인식을 가진 시민들이 민주주의 체제의 정당성(legitimacy)에까지 의문을 가지지는 않는다는 것이다.

둘째, 경제적 수행력 모델의 영향력을 살펴보자. 경제적 수행력을 측정한 세 변수 중에서 국가경제에 대한 회고적인 평가와 의식주 기본적 필요 변수가 민주주의 선호에 중요한 영향을 미치는 변수로 나타났다. 흥미로운 것은 두 변수의 영향력의 방향이다. 국가경제의 회고적인 평가가 부정적일수록 민주주의 체제를 선호할 확률이 높았다. 반면에 한국 사회에서 의식주와 같은 기본적인 필요가 충족되지 않는다고 인식할수록 민주주의 체제보다는 권위주의 체제를 선호할 확률이 높았다.

셋째, 정치적 수행력 모델의 영향력을 살펴보자. 정치적 수행력은 선거의 공정성과 선거에서의 실질적인 선택, 두 변수를 통해서 측정되었다. 두 변수 모두 시민들의 체제 선호에 중요한 영향을 미쳤다. 선거가 공정하지 않다고 평가할수록, 선거가 후보자와 정당 사이의 진정한 선택을 제공하지 못한다고 인식할수록 민주주의 체제에 대한 지지를 유보할 확률이 높았다.

넷째, 문화적 모델을 측정한 세 변수 중 대인 신뢰와 타인의 이타성 변수는 민주주의 체제에 대한 선호에 유의미한 영향력을 행사하지 않았다. 한편, 접촉하는 사람 수 변수는 민주주의 체제 선호에 의미 있는 영향변수로 확인되었다. 접촉하는 사람 수가 많을수록 민주주의를 지지할 확률이 높은 반면, 역으로 접촉하는 사람 수가 적을수록 민주주의에 대해 유보적인 태도를 가지거나 권위주의 체제를 선호할 확률이 높았다. 대인 신뢰와 타인의 이타성 변수는 시민들 사이의 관계에 대한 응답자의 태도를 나타낸 반면에, 접촉하는 사람 수 변수는 응답자의 사회적 자본을 객관적으로 나타내 주었다. 문화적 모델의 중요한 차원인 사회적 자본이 민주적 정당성의 원천으로서 지지를 얻었다.

다섯째, 아시아 가치 모델 중 권위에 대한 순응의 영향력 또한 확인되었다. 지도자가 가장과 같아서 그들의 결정에 따라야 한다는 데에 동의하지 않을수록 민주주의 체제에 대해서 지지를 보낼 확률이 높았다. 반면에, 이에 동의할수록 민주주의 체제에 대해서 유보적인 태도를 보이거나 권위주의 체제를 지지할 확률이 높았다.

여섯째, 통제변수 중에서 정치적 관심, 연령, 교육 변수가 민주주의 체제의 지지에 중요한 영향을 미쳤다. 흥미로운 것은 정치적 관심 변수의 영향력의 방향이다. 이 변수의 코딩(1점: 매우 관심~4점: 전혀 관심 없다)을 고려할 때 정치적으로 관심이 없을수록 민주주의 체제를 지지한 것으로 나타났다. 이 결과는 민주주의 체제를 선호하면서도 현실 정치에 대해서 비판적이거나 나아가 무관심한 시민 집단의 영향력을 추정해 볼 수 있다. 다시 말하면 민주주의에 대한 선호가 정치적 관심에 영향력을 행사한 역(逆)인과 관계를 추정해 볼 수 있다. 연령의 효과 또한 흥미롭다. 연령이 낮을수록 민주주의 체제에 대한 지지를 유보할 확률이 높은 것으로 나타났다. 실제로, 민주주의에 대한 선호를 연령대별로 살펴보면 연령이 낮은 20대와 30대의 선호 비율이 각각 57.78%, 59.22%로 나타나 60대(65.50%)와 70대 이상(64.33%) 집단의 선호 비율보다 낮았다. 또한 뚜렷한 교육의 효과를 확인할 수 있었는데, 교육을 적게 받은 응답자에 비해서 교육을 많이 받은 응답자가 민주주의 체제에 대한 지지를 나타낼 확률이 높았다. 일반적으로 연령과 교육은 음의 상관관계가 있다(위 분석에서 -0.3546). 이 두 변수의 분석 결과는 서로 상쇄하는 작용을 한다고 볼 수 있다.

체제 수준의 민주주의에 대한 지지를 측정하는 두 번째 차원은 민주주의 효능성이다. 민주주의 효능성에 대한 태도를 결정하는 영향 요인을 분석한 결과를 살펴보자. 먼저, 민주주의 체제 선호 결정 요인과 마찬가지로 소득 분배의 공정성에 대해서 부정적인 인식을 가질수록 민주주의가 우리 사회의 문제를 해결할 수 있다고 믿을 확률이 높았다.

경제적 수행력 모델을 측정한 세 변수 중에서는 의식주 기본적 필요 변수가 민주주의 효능성에 대한 시민들의 믿음을 결정하는 중요한 영향변수로 나타났다. 민주주의 체제에 대한 지지와 마찬가지로 한국 민주주의에서 의식주와 같이 기본적 필요가 공급되고 있다고 판단할수록 민주주의 효능성에 대해서 신뢰를 가질 확률이 높았다. 역으로 기본적 필요가 공급되지 않는다고 판단할수록 민주주의 효능성에 대해 의문을 가질 확률이 높았다.

정치적 모델을 측정한 선거의 공정성과 선거의 실질적 선택 변수 중에서 선거의 공정성 변수가 민주주의 효능성에 중요한 영향을 미치는 변수로 확인되었다. 선거의 공정성에 대해서 부정적인 의견을 가질수록 민주주의 효능성에 대해서도 회의를 가질 확률이 높았다.

문화적 모델과 아시아 가치 모델은 민주주의 효능성에 중요한 영향을 미치지 않는 것으로 나타났다.

통제변수 중에서는 정부의 부패 근절 노력에 대한 시민들의 평가와 교육이 민주주의 효능성에 대한 시민들의 평가에 중요한 영향을 미치는 것으로 나타났다. 정부의 부패 근절 노력에 대해 부정적 의견을 가질수록 민주주의 효능성에도 부정적인 것으로 나타났다. 또한 민주주의 체제에 대한 선호에서와 마찬가지로 교육적 성취가 높을수록 민주주의 효능성에 대한 확신이 높은 것으로 확인되었다.

〈모델 1〉과 〈모델 2〉는 체제의 원칙 수준의 민주주의에 대한 지지를 분석한 결과였다. 〈모델 3〉은 체제의 수행력을 나타내는 민주주의의 현실(현재 민주주의 작동 방식)에 대한 만족 결정을 경험 분석한 것이다. 〈모델 1〉과 〈모델 2〉의 경험 분석을 통해서 확인한 체제 수준의 지지 결정 요인과 〈모델 3〉의 분석 결과는 흥미로운 공통점과 차이점이 있다. 먼저, 이 절이 주목했던 소득 분배의 공정성이 민주주의 실제에 대한 만족에 미치는 영향은 체제의 원칙에 대한 지지에 미치는 영향과 반대 방향이었다(음의 관계). 소득 분배가 불공평하다고 인식할수록 한국 민주주의 작동 방식에 불만을 가질 확률이 높았다.

경제적 수행력 모델을 측정한 변수 중에서는 국가경제에 대한 회고적 평가와 의식주 같은 기본 필요의 공급 변수가 한국 민주주의 작동 방식에 중요한 영향변수로 확인되었다. 흥미로운 것은 회고적 평가 변수의 영향력의 방향이다. 〈모델 1〉과는 반대로 회고적인 평가가 부정적일수록 민주주의 현실에 불만을 가질 확률이 높았다. 이 결과는 경제적 수행력에 대한 다수의 앞선 연구 결과와 일맥상통한다. 의식주와 같은 기본 필요 충족에 대한 평가 변수는 〈모델 1〉, 〈모델 2〉와 같이 응답자가 기본적인 필요에 대해 부정적일수록 민주주의의 현실에 불만을 나타내는 것으로 확인되었다.

정치적 수행력 모델을 측정한 선거의 공정성 변수와 선거에서 실질적 선택 변수는 모두 한국 시민들의 민주주의 만족에 중요한 영향을 미친 것으로 확인되었다. 지난 선거의 공정성에 의문을 제기할수록, 선거가 제공하는 선택에 불만을 가질수록 한국 민주주의의 현실에 대해 불만을 나타낼 확률이 높았다.

문화적 모델을 측정한 세 변수 중에서는 대인 신뢰가 민주주의 만족에 유의미한 영향을 미쳤다. '대부분의 사람들은 믿을 만한다.'라고 생각하지 않을수록 현재 한국 민주주의 작동 방식에 불만을 가지는 것으로 나타났다. 아시아 가치 모델을 측정한 두 변수 중에서는 지도자가 가장의 역할을 하기 때문에 지도자의 결정에 따라야 한다는 생각에 동의할수록 민주주의 현실에 만족하는 것으로 나타났다. 이는 〈모델 1〉의 민주주의 체제 지지 결정 요인에 대한 분석과는 반대되는 결과이다.

통제변수 중에서는 〈모델 2〉의 분석 결과와 같이 정부의 부패 근절 노력에 대한 평가가 시민들의 민주주의 현실 평가와 중요하게 연관되어 있었다. 정부의 부패 근절 노력에 부정적일수록 민주주의 현실에도 불만족을 나타냈다.

이 장은 소득 분배의 공정성에 대한 인식을 중심으로 민주주의 체제에 대한 지지를 결정하는 요인을 분석하였다. ABS 4차 조사를 활용한 분석 결과, 한국 시민들은 소득 분배 공정성에 대해서 부정적인 인식이 매우 높은 수준이었지만 이러한 부정적인 평가가 민주주의 체제에 대한 회의로까지 이어지지는 않았다. 오히려 민주주의 체제에 대한 지지와 민주주의 효능성에 대한 믿음에 중요한 영향을 미쳤다. 이러한 결과는 여전히 민주주의 체제를 통해서 소득 분배를 향상시킬 수 있다고 믿는 것으로 해석할 수 있다.

민주주의 체제에 대한 지지를 결정하는 세 가지 모델을 관통하여 일관된 영향력을 행사한 변수는 경제적 수행력 모델에서 의식주 기본적 필요의 공급에 대한 인식 변수였다. 집권당이 아니라 민주주의 체제 수준의 지지는 다양한 변수에 의해서 영향을 받을 수 있는 경제적 조건에 대한 인식보다는 의식주 공급과 같은 보다 기본적인 필요의 충족에 대한 시민들의 평가였다. 또한 정치적 수행력 모델에서는 선거의 공정성에 대한 인식 변수였다. 이 결과는 ABS 4차 조사가 시행된 시점의 정치적 배경에 영향을 받은 것으로 추정할 수 있다. 앞서 제4장과 제5장에서 다룬 것처럼 제18대 대통령 선거에 대한 국가기관의 선거 개입은 선거의 완결성에 의문을 제기하기 충분한 사건이었다.

이 장의 분석은 민주주의 지지와 관련하여 두 가지 중요한 함의를 제시한다. 먼저, 소득 분배 공정성에 대한 부정적인 인식이 민주주의 체제에 대한 선호와 효능성에 대한 믿음에 영향을 주었다는 결과는 민주주의 체제의 능력에 대한 시민들의 믿음이 여전하다는 것을 시사한다. 또한 민주주의 체제에 대한 선호가 정치적인 배경에 의해서도 영향을 받는다는 결과는 여전히 한국 민주주의에 대한 시민들의 지지가 (정치적 수행력이든 경제적 수행력이든) 체제의 수행력에 의존하는 조건적인 성격을 가진다는 것을 의미하기도 한다. 민주주의 체제의 수행력이 시민들의 기대를 충족시키지 못할 때 시민들의 지지는 더 약화될 수 있다.

제3장

체제 수준의 민주적 지지 결정 요인

: 공정성에 대한 인식

2016년 10월 말 박근혜·최순실 게이트가 촉발된 이후 연인원 1700여 만 명의 시민들이 광장에서 촛불을 들었고 헌정 사상 최초로 현직 대통령의 탄핵을 이끌어 냈다. 공적으로 위임된 권력을 사유화한 신가산제(neo-patrimonialism)의 속살을 목도한 국민들은 분노했고 "이게 나라냐?"라고 외쳤다. 박근혜·최순실 게이트로 폭발한 시민들의 분노는 무능하고 타락한 권력자 개인에 대한 분노로 그치지 않았다. 한국 민주주의의 불공정성에 대한 누적된 불만이 박근혜·최순실 게이트라는 사건사적 국면을 통해서 폭발한 것이다. 실제로 박근혜 대통령에 대한 국회 탄핵 소추안 통과 직전에 실시된 여론조사에 따르면 시민들은 한국 사회가 추구해야 할 최우선 가치로 공정성(17.9%)과 민주주의(16.4%)를 꼽았다. 또한 응답자의 절반에 가까운 47.8%가 최순실 사태의 가장 중요한 원인으로 상류층과 고위 공직자의 부패를 들었다(2016년 12월 8일 자『국민일보』).

한국 민주주의의 공정성에 대한 시민들의 분노는 이번 사태에 국한된 것이 아니다. 청년들 사이에서 유행하는 '헬조선'과 '수저 담론'은 이를 상징적으로 나타낸다. 한국 사회의 청년들은 3포, 5포를 넘어서 너무나 많은 것을 포기해야 하기에 'n포 세대'라 불린다. 또한 그들은 한국 사회를 '헬조선'이라고 부른다. 하지만 모든 이들에게 한국 사회가 헬조선은 아니다. 헬조선은 계급사회를 표상한다. 청년들은 다이아몬드 수저, 금수저, 은수저, 동수저, 흙수저 등 자신의 출신 성분을 나타내는 수저의 재료로 자신의 계급을 정의한다.[11]

11 온라인 커뮤니티와 SNS상에서 회자되는 이야기에 따르면, 다이아몬드 수저는 자산 30억 원 이상 또는 가구 연수입 3억 원 이상, 금수저는 자산 20억 원 이상 또는 가구 연수입 2억 원 이상, 은수저는 자산 10억 원 이상 또는 가구 연수입 8000만 원 이상, 동수저는 자산 5억 원 이상 또는 가구 연수입 5500만 원 이상, 흙수저는 자산 5000만 원 이상 또는 가구 연수입 2000만 원 미만을 가리킨다(2015년 10월 15일 자『뉴스1』).

청년들 사이에 유행하는 헬조선이라는 말과 수저 담론은 한국 민주주의의 공정성에 대한 비관적인 인식을 표징하고 있다. 한국의 압도적 다수의 시민들은 아무리 노력해도 계층 상승이 어렵다고 생각한다. 현대경제연구원의 '계층 상승 사다리에 대한 국민 인식 설문조사(2017)'에 따르면 개인이 열심히 노력하더라도 계층 상승 가능성이 낮다고 생각하는 응답자의 비율이 전체의 5분 4가 넘는 83.4%에 달했다. 중요한 사실은 이러한 인식이 2013년 이후 지속적으로 증가했다는 점이다. 그와 같이 답한 응답자의 비율은 2013년에는 75.2%, 2015년에는 81.0%, 2017년에는 83.4%로 증가했다(현대경제연구원 2017).

한국 민주주의의 공정성에 대한 인식은 비교적 관점에서 볼 때도 심각하다. 아시아 바로미터 서베이(ABS) 4차 조사(2015)에 따르면, 자신과 가족들의 노력에 비해서 자신과 가족이 받는 수입이 공정하다고 생각하는지를 묻는 문항과 세대 간 이동성('부모의 세대에 비해서 자신의 세대가 더 많은 기회를 가지고 있는가?')을 묻는 문항에서 한국은 대만, 심지어 몽골보다도 공정성 수준이 낮게 나타났다. 같은 조사에서 수입의 공정성에 대한 부정적인 인식과 세대 간 이동성에 대한 부정적인 인식은 각각 응답자의 43.25%와 27.75%로 나타나 대만과 몽골의 같은 항목에 대한 부정적인 인식(각각 34.2%와 9.35%, 43.23%와 10.02%)보다 높았다.[12] 한국 사회의 화두로 부상한 공정성에 대한 부정적인 인식이 왜 중요한가? 공정성에 대한 부정적인 인식은 매우 광범위한 영향을 미친다. 특히 공정성에 대한 부정적인 인식이 민주적 지지(democratic support)에 미치는 영향은 매우 중요하다. 다차원적인 개념인 민주적 지지는 한국과 같은 젊은 민주주의 국

12 이 수치는 각각 '매우 불공정하다'와 '불공정하다'(수입의 공정성) 그리고 '매우 적다'와 '적다'(세대 간 이동성)를 합한 것이다.

가에서 민주주의 체제의 정당성(legitimacy)에 매우 중요한 요소이다.[13] 한국 사회의 분배적·절차적·사후 공정성에 대한 부정적인 인식이 지속될 때 한국 민주주의에 대한 지지는 약화될 것이며, 나아가 체제 정당성에 대한 회의로까지 이어질 수 있다. 실제로 한국은 민주적 지지의 핵심적인 차원인 제도 신뢰가 낮은 나라이다. 갤럽의 국제 여론조사를 바탕으로 한 OECD 보고서(2016)에 따르면 한국의 정부 신뢰도는 26%(0.26) 수준으로서, OECD 평균인 0.46의 56% 수준에 머물렀다. 한국의 순위는 조사 대상 34개국 중에서 29위였다.

한국 민주주의에서 확산된 공정성에 대한 부정적인 인식이 민주적 지지에 부정적인 영향을 미쳤는가? 최근에 공정성의 효과에 대한 연구들이 점차 늘어나고 있지만 공정성이 민주적 지지에 미치는 영향을 본격적으로 분석한 연구는 아직 없다. 이 장은 이러한 한계를 극복하려는 시도이다. 이 장에서 필자는 한 사회의 공정성에 대한 부정적인 인식이 해당 사회의 민주적 지지에 부정적인 영향을 미친다고 주장한다. 특히 이 장은 공정성의 다차원성에 주목하여 분배적·절차적·사후 공정성으로 측정된 공정성에 대한 인식이 민주적 지지의 다양한 차원에 어떻게 공통적인 또는 차별적인 영향을 미쳤는지를 분석한다.

경험 분석을 위해 필자가 사용한 자료는 2014년 한국종합사회조사(Korean General Social Survey)이다. 2014년 한국종합사회조사는 이 장에서 주목하고 있는 공정성에 대한 다양한 설문 문항과 민주적 지지에 대한 문항을 포함하고 있어서 이 장의 분석 목적에 가장 적합한 설문조사이다.

---

13 민주적 지지는 민주주의 체제의 정당성뿐만 아니라 한국과 같은 젊은 민주주의 국가의 민주주의 공고화(consolidation)에도 매우 중요한 요소이다. 한국이 민주화 30년을 맞이하는 이 시점에서 한국의 민주주의가 공고화되었는지는 분석틀에 따라서 여전히 논쟁적이다. 하지만 최소주의적 기준에서 볼 때 한국의 민주주의는 선거 체제의 안정성의 관점에서 공고화되었다고 할 수 있다. 두 번의 정권 교체를 안정적으로 이루었고 최근에는 대통령 탄핵이라는 정치적 위기를 제도적으로 해결하였다.

공정성에 대한 이론적 분석틀

앞에서 살펴본 것처럼 단기간의 경제 침체 자체는 체제 수준의 민주적 지지 결정 요인으로서 설득력 있는 것이라고 할 수 없다. 최근에는 공정성이 민주주의 체제에 대한 지지의 중요한 영향 요인으로 부상하였다. 전 세계적으로 공정성의 문제가 대두된 것은 글로벌리제이션 심화와 함께 시장우선주의를 내용으로 하는 신자유주의 확산을 배경으로 하고 있다. 제3의 물결을 통한 민주주의 확산 이후 다소간의 역진적 상황은 있었으나 민주주의가 지배적인 패러다임이 되었다. 하지만 민주주의의 확산이 경제적 불평등과 시장에서의 불공정성 심화를 완화시키지는 못하였다. 이에 따라 미국에서도 금권자본주의(plutocracy)와 새로운 계급사회 시대(New Giled Age)의 도래를 우려하는 시각이 확산되었다(Fraser 2015; Freeland 2012).

공정성은 사전적인 의미로 볼 때 공평을 나타내는 'fairness'나 정의를 나타내는 'justice'로 번역된다. 공정성은 공평하고 정의로운 상태를 나타내는 것으로서, 정의론의 핵심적인 개념이라고 할 수 있다(황혜신 2011: 15).

공정성에 대한 논의의 기원은 고대 그리스의 아리스토텔레스까지 거슬러 올라갈 수 있다. 아리스토텔레스는 『니코마코스 윤리학』(제5권, 1999)에서 사람들 사이의 교환과 분배에 관련된 정의의 개념을 제시하였다. 아리스토텔레스는 한 사람이 다른 사람에 비해 동등하지 않은 몫을 가질 때 분배적 정의가 문제가 된다고 보았다. 이러한 맥락에서 아리스토텔레스는 정의의 기준으로 비례성을 제시하였다(1999: 76). 현대에 들어서 공정성 이론은 1960년대 심리학 분야의 애덤스(Adams 1965)와 사회학 분야의 호만스(Homans 1961)에 의해 형평성 이론(equity theory)으로 발전하였다. 형평성 이론은 조직 내에서 한 개인의 노력(투입)과 그에 따른 보상(산출) 간의 형평성을 중심으로 공정성을 평가한다. 이 이론에 따르면 조직의 성과에 개인이 기여한 비율에 따라 개인에게 보상이 주어지면 공정한 분배가 이루어졌다고 할 수 있다. 반면에 개인의 기여분보다 보상이 많은 경우 과대 보상, 보상이 적은 경우 과소 보상이 이루어진 것이다.

애덤스와 호만스 이후 다양한 연구들이 초기 형평성 이론을 발전시켰다. 하지만 이 이론은 보상이 개인의 투입과 직접적인 관련이 없는 귀속자원(ascribed status)에 의해서 결정될 수 있다는 점을 간과하였다. 또한 결과에만 초점을 맞추었기 때문에 보상이 결정되는 과정의 역할을 제대로 분석하지 못했다. 이후 논의는 보상 이외에 공정성 인식에 영향을 미치는 선행 요인들과 공정성 인식을 결정하는 원칙에 대한 탐색으로 이어졌다(박효민·김석호 2015: 229~231).

초기 형평성 이론에 이어서 티부와 워커(Tibaut and Walker 1975), 레벤탈(Leventhal 1980), 린드와 타일러(Lind and Tyler 1988) 등에 의해서 절차적 공정성에 대한 연구가 발전되었다. 티부와 워커(Tibaut and Walker 1975)는 법적인 분쟁에서 소송의 두 당사자와 조정자인 제3자 간의 관계 속에서 절차적 공정성을 파악하였다. 3자 간의 관계에서 해당 당사자의 이해관계가 영향을 받는 과정과 결과를 어떻게 통제할 수 있느냐가 결국 절차적 공정성의 핵심 요인이었다. 또한 레벤탈와 그의 동료(Leventhal 1980; Leventhal, Karuza and Fry 1980)들은 분배 공정성의 전제 조건으로서 절차적 공정성의 여섯 가지 기준을 제시하였다. 첫째, 정보의 정확성(accuracy), 둘째, 수정 가능성(correctability), 셋째, 대표성(representativeness), 넷째, 일관성(consistency), 다섯째, 도덕성(ethicality), 여섯째, 편견억제(bias suppression)이다.

절차의 공정성에 대한 논의는 1980년대 들어서 상호작용 공정성(interactional justice)으로 발전하였다. 상호작용 공정성은 제도적 절차와 대인 관계에서의 상호작용에 주목하였다(Bies and Moag 1986). 바이스와 모아그(Bies and Moag 1986)는 조직의 의사 결정 과정에서 구성원이 받는 처우의 질(quality of treatment)이 조직 공정성의 인식에 중요한 영향을 준다고 주장하였다. 의사 결정 과정과 대인 관계뿐만 아니라 의사 결정 과정 이후 결정 과정의 문제점을 보완하려는 추가적인 조치도 공정성 인식에 중요한 영향을 미칠 수 있다. 예를 들어 조직 내의 인사 정책과 관련된 의사 결정은 사후적인 조치에 따라서 구성원의 공정성 인식에 영향을 준다(장상수 외 2015: 184).

공정성에 대한 많은 연구들이 제시되었지만 공정성 인식의 정치적 효과에 관한 논의는 상대적으로 매우 적다. 그나마 한국적 맥락에서 존재하는 소수의 선행 연구는 정부 신뢰에 미치는 영향에 집중되어 있다(박종민·배정현 2007, 2011; 신상준·이숙종 2016). 아래에서 공정성 인식의 효과에 대한 관련 선행 연구를 간단히 살펴본다.

린드(Linde 2002)는 탈공산주의 사회를 대상으로 한 분석에서 절차적 공정성(procedural justice)과 공무원들의 부패에 대한 인식이 새로운 민주 체제의 수행력 평가에 중요한 영향을 미치는 변수라는 것을 확인하였다. 또한 클루겔과 메이슨(Kluegel and Mason 2004)은 탈공산주의 신생 민주주의 국가에서 절차적이고 분배적인 경제정의가 정부에 대한 신뢰와 정치 체제에 대한 만족에 중요한 영향을 미치는 요인임을 밝혀냈다. 자본주의로의 이행 과정에서 심화된 경제정의에 대한 비판적인 평가가 제도 신뢰에 부정적인 영향을 미쳤던 것이다.

공정성에 대한 인식이 젊은 민주주의 국가에서 민주적 지지에 중요한 영향을 미치는 변수라면 선진 민주주의 국가는 어떠한가? 관련 문헌은 매우 적지만 린드와 어린그손(Linde and Erlingsson 2013)의 스웨덴 사례에 대한 연구가 시사점을 제공한다. 린드와 어린그손의 연구에 따르면 스웨덴 시민들은 강력한 권한을 가지고 있는 지방 공무원들의 부패가 다른 스칸디나비아 국가들보다 심하다고 판단하고 있고, 부패에 대한 시민들의 인식이 스웨덴 민주주의의 만족에 대해 부정적인 영향을 미쳤다. 스웨덴과 같은 선진 민주주의 국가에서는 민주주의 수행력에 대한 불만족이 체제의 정당성에 대한 회의로 곧바로 이어지지는 않는다. 하지만 소수의 선행 연구는 공정성에 대한 부정적인 인식이 젊은 민주주의 국가나 선진 민주주의 국가 모두에서 민주주의 수행력에 부정적인 영향을 미친다는 것을 제시했다.

박종민·배정현(2007, 2011)은 정부 정책의 결과·과정·산출이 정부 신뢰에 미치는 영향에 대해서 분석하였다. 그들은 정부 신뢰의 영향 요인을 정책 결과적 접근법과 정책 과정 접근법으로 나누어 분석하였다. 정책 결과적 접근법은 분배의 공정성을, 정책 과정 접근법은 절차적 공정성을 강조한다. 그들의 연구 결과에 따르면 정부의 대우 공정성과 정책 과정의 절차적 공정성이 정부 신뢰에 중요한 영향을 미치는 변수로 확인되었다. 하지만 정책 수혜의 절대적 수준은 정부 신뢰에 영향을 미치지 않는 것으로 드러났다. 그들의 분석 결과는 정부가 무엇을 생산하느냐보다 정부가 어떻게 일을 처리하느냐가 정부 신뢰에 중요한 영향을 미치는 변수임을 시사한다.

신상준·이숙종(2016)은 정부에 대한 공정성 인식이 정부 신뢰에 미치는 영향을 정부 성과 만족도의 매개 효과를 중심으로 분석하였다. 그들은 정부의 공정성을 분배 공정성, 절차적 공정성, 상호작용 공정성으로 나누어 정부 신뢰와 정부 성과 만족도의 관계를 살펴보았다. 그들의 구조방정식 분석 결과 정부 신뢰에 가장 큰 영향을 미치는 공정성 차원은 상호작용 공정성과 정부 성과 만족도였다. 반면에 매개 변수인 정부 성과에는 절차적 공정성(0.283), 분배 공정성(0.280), 상호작용 공정성(0.102) 순으로 영향을 미쳤다(2016: 21). 그들의 분석 결과는 최근 화두가 되고 있는 분배 공정성은 정부 신뢰에 직접적인 영향을 미치지는 않지만 정부 성과를 통해 간접적으로 정부 신뢰를 증진시킬 수 있음을 시사한다.

여기서 제기되는 문제는 공정성에 대한 인식의 정치적 영향이 다차원적인 개념인 민주적 지지(democratic support)의 어떠한 수준과 관련이 있느냐이다. 이와 관련하여 선행 연구는 주로 정부 신뢰에 초점을 맞추었다. 하지만 정부 신뢰가 정부를 운영하는 특정한 정권에 대한 신뢰를 의미하는지, 아니면 정부의 시스템에 대한 신뢰를 의미하는지 불분명하다. 한 사회의 공정성에 대한 인식은 특정한 정책에 관한 만족이나 불만족을 나타내는 것으로 볼 수 없다. 오히려 이는 편향된 정책이 일정 기간 누적될 때 나타나는 효과에 대한 인식으로 볼 수 있다. 따라서 공정성에 대한 인식의 정치적 효과를 분석할 때 정부 신뢰를 포함한 정치 제도 수준뿐만 아니라 정치 체제 수준의 효과도 함께 분석해야 한다.

연구 설계

이 장이 경험 분석을 위해서 사용하는 자료는 2014년 한국종합사회조사이다. 한국종합사회조사는 2003년에 시작한 한국판 종합사회조사(General Social Survey)로서, 높은 대표성과 반복성으로 인해 한국의 대표적인 여론조사로 자리 잡았다. 특히 2014년 조사는 특별 모듈로서 한국 사회의 공정성, 불평등과 관련한 다수의 문항이 포함되어 있다. 따라서 이 장의 분석 목적에 가장 적합한 여론조사 자료이다. 2014년 한국종합사회조사는 전국의 18세 이상 성인 남녀를 대상으로 한 다단계 지역 확률 표집(multiple-stage area probability sampling) 방법을 사용하였다. 전체 샘플 수는 2,500명이다.

이 장의 종속변수는 민주적 지지(democratic support)이다. 앞선 논의에 기반을 두어 다차원적인 민주적 지지 중에서 민주주의에 대한 만족과 제도 신뢰 두 가지 차원으로 민주적 지지를 측정하였다. 첫 번째, 민주주의에 대한 만족은 민주주의가 현재 어느 정도 실현되고 있는지 응답자의 인식을 묻는 민주적 수행력(democratic performance) 평가를 통해서 측정하였다. 민주적 수행력은 11점 척도로 측정되었다(0점: 매우 잘 실현되고 있다~10점: 거의 실현되지 않고 있다). 분석의 용이성을 위하여 이 변수를 5점 척도로 다시 코딩하였다.[14] 두 번째, 제도 신뢰는 한 사회의 공정성과 가장 높은 관련이 있는 제도 신뢰라고 할 수 있는 중앙정부와 국회에 대한 신뢰를 측정하였다. 공정성이 신장되기 위해서는 국회에서 관련 법안(예를 들어 복지 지출 증대)을 입법화하고 중앙정부가 제대로 집행해야 한다. 이 변수는 3점 척도로 측정되었다(1점: 매우 신뢰~3점: 거의 신뢰하지 않는다).

이 연구의 핵심적인 독립변수는 한국 사회의 공정성에 대한 인식이다. 공정성에 대한 인식은 세 가지 차원에서 측정되었다. 분배 공정성을 나타내는 응답자 자신이 받는 공정한 대우에 대한 인식과 절차적 공정성에 대한 인식, 그리고 사후 공정성에 대한 인식이 그것이다. 먼저, 공정한 대우는 응답자에게 자신의 능력(두뇌)과 노력, 학력에 비해서 공정한 대우를 받고 있는지를 물었다. 또한 절차적 공정성에 대해서는 한국 사회의 중요한 정책 결정이 (혈연, 지연, 학연과 같은 연고, 외부 압력이나 백과 같은) 외부 영향력으로부터 자유롭고 공정한지 물었다. 또한 결정에 의해서 영향을 받는 대부분의 의견이 반영되는지 여부를 측정하였다. 사후 공정성은 중요한 결정 후 이루어지는 정책적 대응을 중심으로 측정하였다(장상수 외 2015). 즉, 결정 과정을 사람들에게 알려 주는지, 결정된 내용을 사람들에게 알려 주는지, 그리고 불이익을 당할 사람들을 위해 보완책을 마련하는지 여부에 대한 평가를 측정하였다. 세 차원 모두 5점 척도로 측정되

---

14 재코딩을 통해서 5점 척도로 변환되었다(원자료 0~1점=5점, 2~3점=4점, 4~6점=3점, 7~8점=2점, 9~10점=1점). 또 다른 종속변수와 일치시키기 위해 수치가 커질수록 부정적인 인식을 나타내는 변수로 재코딩하였다.

었다. 점수가 높을수록 공정성에 대한 부정적인 인식이 높아진다. 경험 분석에서는 공정성에 대한 세 차원이 다수의 변수들로 구성되어 있기 때문에 각 변수들의 평균을 구하여 세 차원의 공정성 인식 변수를 도출하였다.

둘째, 정치적 수행력에 대한 인식이 민주적 지지에 영향을 미치는 변수군으로 포함되었다. 정치적 수행력에 대한 인식은 여론조사가 이루어졌던 시기(2014)에 실시된 제6회 지방선거에서 선거의 공정성과 선거운동 기회의 공정성 두 가지 변수로 측정되었다. 이 변수들도 5점 척도로 측정되었다. 점수가 높을수록 불공정했다는 평가를 나타낸다.[15]

셋째, 민주적 지지에 대한 결정 요인으로서 정치적 수행력과 함께 많이 논의되어 온 경제적 수행력도 변수군으로 포함되었다. 경제적 수행력 변수군은 지난 수년간 가정경제 상태 변화에 대한 평가와 향후 10년간 가정경제 상태에 대한 전망으로 구성되었다. 이 변수들은 5점 척도로서, 점수가 높을수록 부정적인 평가와 부정적인 전망을 나타낸다.

넷째, 문화적인 접근법에 따르면 민주적 지지는 한 사회의 신뢰 수준에 영향을 받는다. 한 사회의 신뢰 수준은 다른 사람의 이타성에 대한 인식과 대인 신뢰에 대한 인식을 통해서 측정되었다. 이 변수를 대상으로 이타성과 대인 신뢰에 대한 가변수를 도출하였다(다른 사람의 이기성에 대한 인식, 대인 신뢰에 대한 부정적 인식).

다섯째, 이 외에도 민주적 지지에 영향을 미칠 수 있는 중요한 변수는 부패에 대한 인식이다. 이 연구에서는 중앙 행정 기관에 만연해 있는 부패에 대한 인식을 경험 분석에 포함시켰다. 이 변수는 5점 척도로 측정되

---

15 정치적 수행력을 측정하는 변수는 선거의 공정성과 선거운동의 공정성에 국한되지 않는다. 하지만 2014년 종합사회조사에서는 정치적 수행력을 다양하게 측정할 수 있는 설문 문항이 없다. 또한 2012년 대선 과정에 제기되었던 국가권력에 의한 선거 개입 이후 한국 민주주의에서 선거의 완결성(electoral integrity) 문제가 이슈가 되었다. 이러한 면에서 선거의 완결성과 선거운동의 공정성을 중심으로 한 정치적 수행력 평가는 현실적인 대안이 될 수 있다.

었다(1점: 부패한 사람이 거의 없다~5점: 거의 모든 사람이 부패해 있다).

여섯째, 정당 일체감, 정치적 이념, 정치적 효능감, 교육, 소득, 연령과 같은 다수의 통제변수들이 경험 분석에 포함되었다. 정당 일체감은 어느 정당도 지지하지 않는다고 답한 응답자(무당파)를 대상으로 가변수를 도출하였다. 정치적 효능감은 4점 척도로 측정되었다. 점수가 높을수록 부정적인 태도를 나타낸다. 정치적 이념은 11점 척도로서, 점수가 높을수록 보수적인 이념을 나타낸다.

표 3-1 주요 변수들의 설문 문항과 측정

변수		설문 문항	측정
종속 변수	민주주의에 대한 만족	전반적으로 볼 때, 귀하는 우리나라에서 민주주의가 어느 정도 잘 실현되고 있다고 생각하십니까? "거의 실현되지 않고 있다"에 0점을 주고, "매우 잘 실현되고 있다"에 10점을 준다면 몇 점을 주시겠습니까?	0: 거의 실현되지 않고 있다 ~10: 매우 잘 실현되고 있다 (1: 매우 잘 실현되고 있다 ~5: 거의 실현되지 않고 있다로 다시 코딩)
	제도 신뢰	다음은 우리나라의 주요 사회 기관들입니다. 귀하는 이 기관들을 이끌어 가는 사람들을 어느 정도 신뢰하는지 말씀해 주십시오(청와대/국회).	1: 매우 신뢰~3: 거의 신뢰하지 않는다
분배 공정성	두뇌(능력)/노력/학력에 비해	한국 사회로부터 귀하가 받는 대우는 다음 사항들에 비하여 어느 정도 공정 또는 불공정하다고 느끼십니까?	1: 매우 공정~5: 매우 불공정
절차적 공정성	외부 압력이나 '백'에 의해 영향을 받는다	한국 사회에서 중요한 결정을 내릴 때 다음과 같은 사항들이 일어나는 것이 어느 정도 사실이라고 생각하십니까?	1: 매우 그렇다~5: 전혀 그렇지 않다 (1: 전혀 그렇지 않다~5: 매우 그렇다로 다시 코딩)
	혈연, 지연, 학연 등 연고가 작용한다		
사후 공정성	결정 과정을 사람들에게 알려 준다	한국 사회에서 중요한 결정을 내린 후에 다음과 같은 조치들을 취하는 것이 어느 정도 사실이라고 생각하십니까?	1: 매우 그렇다~5: 전혀 그렇지 않다
	결정된 내용을 사람들에게 알려 준다		
	불이익을 당할 사람들을 위해 보완책을 마련한다		
한국 행정 기관의 부패		한국 행정 기관의 부패가 어느 정도 만연되어 있다고 생각하십니까?	1: 부패한 사람이 거의 없다~5: 거의 모든 사람이 부패해 있다
가정경제에 대한 평가		지난 몇 년 동안 귀댁의 경제 상태는 어느 정도 좋아졌다고 또는 나빠졌다고 생각하십니까?	1: 상당히 좋아졌다~5: 상당히 나빠졌다

변수	설문 문항	측정
가정경제에 대한 전망	앞으로 10년 이내에 귀댁의 경제 상태는 어느 정도 좋아지거나 또는 나빠질 것이라고 생각하십니까?	1: 상당히 좋아질 것이다 ~5: 상당히 나빠질 것이다
선거의 공정성	올해 6월 4일에 있었던 전국 동시 지방 선거 때 투표의 집계와 결과 발표가 어느 정도 투명했다고 생각하십니까?	1: 매우 투명했다~5: 매우 불투명했다
선거운동 기회의 공정성	올해 6월 4일에 있었던 전국 동시 지방선거 때 후보자와 정당의 선거운동 기회는 어느 정도 공정했다고 생각하십니까?	1: 매우 공정했다~5: 매우 불공정했다
대인 신뢰	귀하는 대부분의 사람들을 대체로 신뢰할 수 있다고 생각하십니까, 아니면 신뢰할 수 없다고 생각하십니까?	1: 항상 신뢰할 수 있다 ~4: 항상 조심해야 한다 (1: 신뢰할 수 없다, 0: 그 외로 다시 코딩)
타인 이기심	사람들은 기회만 있으면 귀하를 이용하려 든다고 생각하십니까, 아니면 귀하를 공정하게 대하려 한다고 생각하십니까?	1: 항상 이용하려고 한다 ~4: 항상 공정하게 대하려고 한다 (1: 항상 이용하려고 한다, 0: 그 외로 다시 코딩)
정당 일체감	귀하는 어느 정당을 지지하십니까?	1: 무당파 0: 그 외
정치적 이념	사람들은 정치적으로 좌파 혹은 우파가 되기도 합니다. 좌파에 0점을 주고 우파에 10점을 준다면 귀하 자신에게는 몇 점을 주시겠습니까?	0: 좌파~10: 우파
정치적 효능감	정부는 나 같은 사람들의 의견에 관심이 없다고 생각하십니까?	1: 매우 그렇다~5: 전혀 그렇지 않다 (1: 전혀 그렇지 않다~5: 매우 그렇다로 다시 코딩)
교육	귀하는 학교를 어디까지 다녔습니까?	1: 초등학교~7: 대학원 (박사 과정)
가구 소득	귀하의 월평균 가구 소득은 얼마입니까?	0: 없음~21: 1000만 원 이상

분석 결과

기술통계와 상관관계 분석

표 3-2 주요 변수의 기술통계

	사례 수	평균	표준편차	최댓값	최솟값
공정성-능력	1,370	2.858	0.883	1	5
공정성-노력	1,370	2.886	0.921	1	5
공정성-학력	1,370	2.958	0.902	1	5
분배 공정성(평균)	**1,370**	**2.936**	**0.781**	**1**	**5**

	사례 수	평균	표준편차	최댓값	최솟값
절차적 공정성-연고 작용	1,370	4.270	0.773	1	5
절차적 공정성-외부 압력, 백	1,369	4.149	0.826	1	5
절차적 공정성-사람들의 의견	1,370	3.551	0.916	1	5
절차적 공정성(평균)	**1,370**	**3.990**	**0.636**	**1**	**5**
사후 공정성-결정 과정	1,369	3.392	0.990	1	5
사후 공정성-결정 내용	1,370	2.888	0.993	1	5
사후 공정성-보완책	1,369	3.603	1.035	1	5
사후 공정성(평균)	**1,370**	**3.293**	**0.830**	**1**	**5**
행정 기관의 부패	1,366	3.262	0.944	1	5
가정경제 회고 평가	1,370	2.982	0.883	1	5
가정경제 전망	1,368	2.588	0.886	1	5
선거의 공정성	1,362	2.382	0.972	1	5
선거운동의 공정한 기회	1,362	2.572	0.906	1	5
대인 신뢰	1,370	0.201	0.401	0	1
타인 이타성 평가	1,370	0.266	0.442	0	1
정치 이념	1,363	5.411	1.844	0	10
무당파	1,370	0.380	0.485	0	1
정치적 효능감	1,367	2.333	1.059	1	5

[표 3-2]는 주요 변수에 대한 기술통계를 제시하고 있다. 이 장의 중심적인 독립변수인 공정성 변수를 살펴보면 분배 공정성에 대한 인식의 평균은 보통(2.936)에 근접하였다. 반면에 사후 공정성에 대한 인식은 부정적인 인식이 긍정적인 인식을 넘어섰는데(평균 3.293), 결정 과정에 대한 보완책, 결정 과정, 결정 내용 순으로 부정적 인식이 높았다. 공정성 중에서 부정적인 인식이 가장 높은 차원은 절차적 공정성이었다(평균 3.990). 구체적으로 보면 혈연·지연·학연 등 연고가 작용하는지(4.270), 외부 압력이나 백에 의해서 영향을 받는지(4.149), 결정에 영향을 받는 사람들의 의견이 결정 과정에 반영되는지(평균 3.551) 순으로 부정적인 인식이 높았

다.[16] 기초 통계에 대한 분석을 통해서 한국의 시민들은 한국 사회의 공정성 일반보다는 사후 공정성, 특히 절차적 공정성에 대해 더 부정적인 인식을 가지고 있는 것을 알 수 있다.

표 3-3 독립변수와 종속변수 간의 상관관계

	민주주의에 대한 만족	청와대 신뢰	국회 신뢰
분배 공정성	0.1371***	0.1267***	0.1123***
절차적 공정성	0.1594***	0.1201***	0.1297***
사후 공정성	0.2289***	0.2373***	0.1717***

참고: ***p≤0.001

[표 3-3]은 본격적인 통계 분석에 앞서서 각각 세 차원으로 측정된 공정성과 민주적 지지 간의 피어슨 상관관계 결과를 보여 준다. 분석 결과 세 차원의 공정성은 민주적 지지와 통계적으로 유의미한 관계에 있었다. 구체적으로 보면 민주주의에 대한 만족과 세 차원의 공정성 간에는 사후 공정성과 민주주의에 대한 만족 간의 상관관계가 가장 높게 나타났다(0.2289). 청와대 신뢰와 공정성 간의 관계에서도 사후 공정성과 청와대 신뢰가 가장 높은 상관관계를 가진 것으로 나타났다(0.2373). 마찬가지로 국회 신뢰와 공정성 간의 관계에서도 사후 공정성과 국회 신뢰가 가장 높은 상관관계를 가진 것으로 나타났다(0.1717).

민주적 지지 결정 요인에 대한 통계 분석

[표 3-4]는 민주적 지지 결정 요인에 대한 순서로짓(ordered logit) 분석 결과를 제시하고 있다. 경험 분석 결과, 다양한 공정성에 대한 인식이 민

16 중요한 결정 과정에서 혈연·지연·학연 등 연고가 작용한다고 답한 응답자가 87%에 달했다(매우 그렇다 43.28%, 다소 그렇다 43.72%). 또한 결정 과정이 외부 압력이나 백에 의해 영향을 받는다는 문항에도 비슷한 수준인 84.08%가 '그렇다'고 답했다(매우 그렇다 36.38%, 다소 그렇다 47.70%).

표 3-4 민주적 지지 결정 요인에 대한 순서로짓 분석 결과: 공정성에 대한 인식의 효과를 중심으로

	민주주의에 대한 만족		중앙정부 신뢰		국회 신뢰	
	계수(표준오차)	승산비	계수(표준오차)	승산비	계수(표준오차)	승산비
분배 공정성(평균)	0.190(0.072)**	1.215	0.083(0.078)	1.089	0.218(0.091)**	1.244
절차적 공정성(평균)	0.251(0.089)***	1.280	0.291(0.095)**	1.358	0.300(0.108)**	1.350
사후 공정성(평균)	0.229(0.071)***	1.258	0.311(0.076)***	1.370	0.349(0.085)***	1.417
행정 기관 부패 인식	0.411(0.059)***	1.513	0.305(0.063)***	1.335	0.307(0.074)***	1.359
가정경제 회고 평가	0.003(0.066)	1.002	−0.025(0.071)	0.975	0.053(0.080)	1.036
가정경제 전망	0.096(0.066)	1.100	0.005(0.071)	1.005	0.042(0.082)	1.043
선거의 공정성	0.286(0.070)***	1.332	0.139(0.076)	1.153	0.038(0.088)	1.038
선거운동의 공정한 기회	0.311(0.073)***	1.364	0.206(0.080)**	1.229	0.100(0.091)	1.105
대인 신뢰	0.016(0.142)	1.014	0.157(0.156)	1.176	−0.029(0.178)	0.970
타인 이타성 평가	−0.005(0.128)	0.993	0.096(0.139)	1.104	0.385(0.166)	1.469
정치 이념	−0.127(0.031)***	0.880	−0.132(0.033)***	0.875	−0.039(0.037)	0.961
무당파	−0.005(0.114)	0.990	0.136(0.123)	1.142	0.417(0.145)**	1.518
정치적 효능감	0.065(0.053)	1.071	0.121(0.057)**	1.127	0.107(0.065)	1.114
교육	0.076(0.047)	1.078	0.071(0.051)	1.075	0.176(0.058)**	1.192
소득	−0.020(0.010)	0.979	0.005(0.011)	1.005	0.039(0.014)**	1.040
연령	−0.009(0.003)**	0.990	−0.014(0.004)**	0.992	0.002(0.004)	1.002
남자	−0.149(0.103)	0.887	0.103(0.119)	1.112	0.335(0.137)**	1.398
/cut1	1.074(0.602)		/0.940(0.633)		/2.368(0.748)	
/cut2	3.801(0.599)		/3.832(0.638)		/5.099(0.748)	
/cut3	6.725(0.622)		----------		----------	
/cut4	8.734(0.651)		----------		----------	
사례 수	1,339		1,334		1,341	
Cragg−UhlerR2	0.202		0.230		0.148	

출처: 한국종합사회조사(2014)
참고: **p≤0.05; ***p≤0.001

주적 지지에 중요한 영향을 미치는 것으로 나타나 이 연구의 중심적인 주장을 뒷받침해 준다. 선행 연구에서 확인된 민주적 지지 결정 요인에 대한 경쟁 가설을 통제한 후에도 공정성의 세 가지 차원에 대한 시민들의 부정적인 평가가 민주적 지지를 결정하는 중요한 변수로 확인되었다. 아래에서 세 차원으로 측정된 공정성에 대한 인식이 민주적 지지에 어떠한 영향을 미치는지 보다 구체적으로 살펴본다.

먼저, 체제 수준의 민주적 지지를 측정하는 민주주의에 대한 만족을 결정하는 요인을 살펴보자. 민주주의에 대한 만족은 앞서 논의한 대로 정치적 공동체(political community), 레짐 원칙(regime principle)에 이어서 레짐 수행력(regime performance)을 측정하는 대표적인 지표이다(Norris 1999).

첫째, 분배 공정성에 대한 부정적인 인식은 민주주의에 대한 만족에 부정적인 영향을 미치는 변수로 확인되었다. 구체적으로 다른 조건이 동일할 때 응답자가 자신의 능력, 노력, 학력에 비하여 받는 대우가 불공정하다고 응답할수록 한국 민주주의가 실현되지 않고 있다고 대답할 확률이 높았다. 이는 최근 한국 사회의 가장 중요한 이슈로 부상한 공정성의 중요성과 정치적 영향을 확인할 수 있는 결과이다. 2016년 한국 사회를 뒤흔들었던 최순실 국정 농단 사태 이후 실시된 한 여론조사에서 한국인이 추구해야 할 가치 1위로 공정성(17.9%)이 꼽혔다.

둘째, 절차적 공정성에 대한 부정적인 인식 또한 민주주의에 대한 만족에 부정적인 영향을 미치는 변수로 확인되었다. 분배 공정성과는 달리 절차적인 공정성은 의사 결정이 도출되는 과정의 공정성을 나타내는 개념이다(Fowler and Konovsky 1989). 구체적으로, 다른 조건이 동의할 때 응답자가 한국 사회에서 중요한 결정이 내려질 때 혈연·지연·학연 등 연고가 작용한다고 믿을수록, 외부 압력이나 백에 의해서 영향을 받는다고 인식할수록, 결정에 영향을 받는 사람들 대부분의 의견이 결정 과정에 반영되지 않는다고 믿을수록 민주주의가 실현되지 않고 있다고 판단할 확률이 높았다.

셋째, 사후 공정성 또한 민주주의에 대한 만족에 영향을 미치는 중요한 변수로 나타났다. 구체적으로 다른 조건이 동일할 때 응답자가 한국 사회에서 중요한 결정을 내린 후에 결정 과정과 결정된 내용을 사람들에게 알려 주지 않는다고 판단할수록 민주주의의 현실에 부정적인 평가를 내릴 확률이 높았다. 또한 중요한 결정이 내려지면 불이익을 당할 사람들을 위한 보완책이 마련되지 않는다고 판단할수록 한국 사회의 민주주의 현실에 부정적인 평가를 내릴 확률이 높았다.

위의 결과가 나타내는 것은 민주적 지지 결정 요인으로서 기존의 정치·경제적 수행력 중심의 논의가 보완되어야 한다는 것이다. 시민들이 민주주의 체제에서 기대하는 것은 단순히 경제적 성장이나 정치적 민주주의의 달성에만 국한되지 않는다. 시민들이 주목하는 것은 공정한 절차와 그에 따른 정당한 결과, 중요한 정책을 결정하는 과정에서의 응답성 같은 사후적인 조치이다.

넷째, 민주적 지지에 대한 경쟁 가설들 중에서 정치적 수행력 변수군만이 중요한 변수로 나타났다. 가정경제 조건에 대한 회고적 평가와 가정경제에 대한 전망적 평가는 민주적 지지에 대한 중요한 영향변수로 나타나지 않았다. 반면에 지방선거(2014년 6월 4일)에서의 투표 집계와 발표의 투명성에 대한 부정적인 인식이 커질수록, 후보자와 정당의 선거운동 기회가 공정하지 않았다고 평가할수록 민주주의 현실에 부정적인 인식을 가질 확률이 높았다. 전체적으로 볼 때 선거 투표의 집계와 개표에 대한 긍정적인 인식(59.03%)이 부정적인 인식(13.07%)보다 훨씬 높았다. 선거운동 과정에서의 기회의 공정성에 대한 평가도 비슷한 비율로 나타났다(긍정적인 인식 52.86% 대 부정적 인식 13.88%). 하지만 부정적인 인식보다 긍정적인 인식의 비율이 훨씬 높았다고 하더라도 부정적 인식이 민주주의 수행력에 대한 비판적인 평가에 중요한 영향을 미쳤다는 분석 결과는 중요한 의미를 가진다. 이 결과는 앞서 논의한 대로 제18대 대통령 선거에서 한국 선거의 완결성(electoral integrity)에 대한 의문이 제기된 후 이 이슈가 해소되지 않았다는 것을 시사한다.

문화적 접근법을 측정하는 대인 신뢰에 대한 평가와 타인의 이기성에 대한 평가는 민주적 지지에 대한 중요한 영향변수로 나타나지 않았다. 이러한 결과는 한국 사회의 신뢰와 민주적 지지 사이의 인과적 관계에 대한 기존의 연구 일부와 맥을 같이한다(강우진 2013). 그러나 사회 신뢰가 정부 신뢰를 포함해서 제도 신뢰에 미치는 영향에 대한 선행 연구 결과와는 여전히 상충된다(박희봉 외 2003; 박희봉·이영란 2012; Park and Shin 2005).

다섯째, 행정 기관의 부패에 대한 인식이 민주주의에 대한 만족에 부정적인 영향을 미치는 중요한 변수로 나타났다. 선행 연구에 따르면 젊은 민주주의 국가에서 부패는 체제의 정당성을 약화시키는 중요한 요인이다(Seligson 2002). 한국 사회에서도 민주화 이후 가장 진전이 없는 영역 중 하나가 부패의 문제이다. 위 분석 결과는 부패의 정치적 중요성을 다시 한번 확인시켜 준다.[17]

여섯째, 통제변수들 중에서는 이념, 정치적 효능감, 연령이 민주적 지지에 영향을 미치는 중요한 변수로 나타나났다. 응답자가 자신의 정치적 이념이 보수적이라고 답할수록 한국 민주주의의 현실에 대해서 만족할 확률이 컸다. 또한 연령이 높을수록 민주주의 현실에 만족할 확률이 더 높았다. 반면에 대외적 효능감이 낮을수록 민주주의의 현실에 불만을 가

---

17 국제투명성기구(Transparency International, TI)의 발표에 따르면, 이 장에서 사용하는 종합사회조사가 이루어진 시점인 2014년도의 한국의 부패 지수는 55점(100점 만점)으로서, 조사 대상 175개국 중 43위에 그쳤다. 부패 지수가 70점을 넘어야 전반적으로 투명한 사회로 평가한다. 50점은 절대 부패의 수준을 겨우 벗어난 상태를 의미한다(2017년 1월 25일 자 「한겨레」).

질 확률이 높았다.

다음으로 레짐 제도(regime institution)/정치적 행위자(political actors)적인 수준의 민주적 지지 결정 요인을 살펴보자. 공정성에 대한 인식에 영향을 미칠 수 있는 중요한 제도와 행위자로는 중앙정부와 국회를 꼽을 수 있다.

첫째, 국회 신뢰에는 세 차원의 공정성 인식 모두가 중요한 영향을 미치는 것으로 나타났다. 중앙정부 신뢰에는 절차적 공정성과 사후 공정성이 중요한 영향변수로 확인되었지만 분배 공정성은 대통령에 대한 신뢰에 중요한 영향을 미치지 못하였다. 이 분석 결과는 분배 공정성은 정부 신뢰에 유의미한 영향을 미치지 못했지만 절차적 공정성은 부정적인 영향을 미쳤다는 최근의 연구 결과(신상준·이숙종 2016)와 맥을 같이한다.

둘째, 제도 신뢰에 대한 경쟁 가설 중에서 경제적 수행력 모델은 대통령에 대한 신뢰와 국회 신뢰에 유의미한 영향을 미치는 영향변수로 나타나지 않았다. 민주주의 만족에 대한 위의 분석에서와 마찬가지로 2014년 한국종합사회조사에서 경제적 수행력은 가정경제 변수로 측정되었다는 사실에 기인했을 가능성이 크다. 정치적 수행력을 측정하는 변수인 선거의 공정성과 선거운동의 공정 기회 중에서 선거운동의 공정 기회 변수만이 중앙정부에 대한 신뢰에 중요한 영향을 미치는 것으로 나타났다. 이러한 결과는 두 변수가 2014년 전국 동시 지방선거를 대상으로 하여 측정된 데 영향을 받은 것으로 추정된다. 2014년 지방선거는 세월호 참사의 여파 속에서 실시되었고 세월호 참사에 대한 정부의 책임론이 선거 쟁점이 되었다(이현우 2015). 세월호 참사와 관련해서 언론의 공정한 보도와 정부의 은폐가 쟁점이 되었다.

셋째, 문화적 접근법이 제도 신뢰에 미치는 영향은 확인되지 않았다. 선행 연구에서 사회 신뢰와 제도 신뢰의 관계는 여전히 논쟁적이다(박종민 2003; 장수찬 2002; 박희봉·이희창·조연상 2003). 이 장의 분석이 제시하는 것은 사회 신뢰가 중앙정부와 국회에 대한 신뢰에 직접적인 영향을 미치지는 않는다는 점이다.

넷째, 민주주의 만족에 대한 결과와 마찬가지로 행정 기관의 부패에 대한 인식이 중앙정부와 국회에 대한 부정적인 인식에 유의미한 영향을 미치는 변수로 확인되었다. 이 장에서는 자료상의 한계로 행정 기관의 부패가 개인적 일탈인지 아니면 체제 수준의 문제인지를 검증하지 못하였다. 하지만 이 장의 분석을 통해서 확인할 수 있는 것은 부패에 대한 인식이 민주적 지지에 부정적인 영향을 미친다는 점이다.

다섯째, 통제변수 중에서 정치 이념은 중앙정부에 대한 신뢰에만 유의미한 영향을 미쳤다. 보수적인 응답자일수록 중앙정부에 대한 신뢰가 높은 것으로 나타났다. 연령도 중앙정부에 대한 신뢰에만 영향을 미친 것으로 나타났다. 이념과 연령의 효과를 같이 고려할 때, 다른 조건이 같다면 나이가 많을수록 보수적일 확률이 높고 중앙정부에 대한 신뢰가 높을 확률이 크다고 할 수 있다. 정치적 효능감은 중앙정부에 대한 신뢰에만 영향을 미치는 것으로 나타났다. 정치적 효능감이 대외적 효능감(external efficacy)으로 측정되었다는 점에서 이 결과는 제도 신뢰가 정부의 반응성(responsiveness)과 긴밀히 연결되어 있음을 시사한다. 무당파는 국회 신뢰에만 중요한 영향을 미친 것으로 나타났다. 이 연구의 경험 분석은 기존 정당에 대한 불신이 국회에 대한 불신으로 이어지고 있다는 점을 확인시켜 주었다.

사회경제적·인구학적 변수가 제도 신뢰에 미치는 영향은 상충적이었다. 위에서 논의한 것처럼 연령은 중앙정부 신뢰에만 유의미한 영향을 미쳤다. 교육과 소득, 성별은 중앙정부 신뢰에는 영향을 미치지 않은 반면에 국회 신뢰에는 유의미한 영향을 미친 것으로 확인되었다. 흥미로운 것은 교육 및 소득 수준이 높을수록 국회에 대해 비판적인 것으로 나타났다는 점이다. 또한 남성일수록 국회에 대해 부정적인 것으로 확인되었다.

표 3-5 민주적 지지에 대한 기대확률 변화

	평균 기대확률		
	민주주의에 대한 만족	중앙정부 신뢰	국회 신뢰
분배 공정성(최소=>최대)	0.062	0.056	0.103
절차적 공정성(최소=>최대)	0.117	0.197	0.162
사후 공정성(최소=>최대)	0.099	0.201	0.173

참고: 기대확률은 [표 3-4]에서 제시된 순서로짓 분석에 기반을 두어 측정됨. 독립변수의 효과는 다른 변수들이 평균으로 고정되어 있는 경우를 상정하고 계산됨.

[표 3-5]에서는 민주적 지지 결정 요인에 대한 순서로짓 분석에 추가하여 다른 변수들이 평균으로 고정되어 있고 공정성에 대한 인식이 최소에서 최대로 변할 때 공정성에 대한 인식이 민주적 지지에 미치는 영향에 대한 평균 기대확률(predicted probabilities) 변화를 계산해 보았다. [표 3-5]가 이 결과를 제시하고 있다. 먼저 민주주의 만족에 대해서는 절차적 공정성이 가장 큰 영향을 미치는 것으로 나타났다. 절차적 공정성에 대한 인식이 긍정에서 부정으로 바뀔 때 한국에서 민주주의가 잘 실현되지 않고 있다고 인식할 가능성이 12%에 달했다. 중앙정부에 대한 신뢰와 관련해서는 사후 공정성과 절차적 공정성에 대한 인식의 영향력이 비슷했다. 두 변수 모두 20% 내외의 영향력을 가진 것으로 확인되었다. 국회 신뢰와 관련해서도 절차적 공정성과 사후 공정성은 비슷한 크기(16~17%)의 영향력을 가진 것으로 나타났다.

이 장은 한국 사회의 화두로 부상한 공정성이 민주적 지지에 미치는 영향을 경험적으로 분석하는 데 목적이 있었다. 그 결과 선생 연구에서 주목하지 않았던 공정성에 대한 인식이 민주적 지지 결정에 중요한 역할을 한다는 것을 확인하였다.

경험 분석 결과 분배 공정성, 절차적 공정성, 그리고 사후 공정성에 대한 인식을 포괄하는 다차원적인 개념으로 측정된 공정성에 대한 인식이 다른 경쟁 모델을 적절히 통제한 이후에도 민주주의에 대한 만족, 정부에 대한 신뢰, 국회에 대한 신뢰와 같은 민주적 지지를 결정하는 중요한 변수임을 확인하였다. 또한 이 장의 분석을 통해서 세 차원의 공정성에 대한 인식이 민주적 지지의 각 층위에 미치는 공통적인 영향력과 차별적인 영향력을 확인할 수 있었다. 절차적 공정성과 사후 공정성에 대한 인식은 민주주의에 대한 만족, 중앙정부에 대한 신뢰, 국회에 대한 신뢰에 공통적으로 영향을 미쳤다. 하지만 분배 공정성에 대한 인식은 중앙정부에 대한 신뢰 결정 요인으로서 중요한 변수로 나타나지 않았다.

분배 공정성(두뇌와 학력에 비해 공정한 대우를 받는지 여부)의 측정을 고려할 때 시민들이 정부에 기대하는 것은 결과적인 공정성보다는 정책 결정 과정의 공정성(절차적 공정성)과 정책 결정 이후 사후적인 조치(사후 공정성)임이 확인된 것이다. 그렇다면 분배 공정성에 대한 인식이 국회 신뢰에 유의미한 영향을 미친 결과는 어떻게 해석할 것인가? 아쉽게도 구체적인 자료가 없어서 추가적인 분석은 불가능했다. 하지만 민주주의에서 국회의 역할을 고려할 때 다음과 같은 추정이 가능하다. 불공정한 대우를 시정하기 위한 입법은 국회를 통해서 가능하고 중앙정부는 이를 집행하는 역할을 한다. 이러한 면에서 분배의 공정성과 관련하여 시민들이 일차적으로 국회의 역할을 강조한 것으로 이해할 수 있다. 민주주의 만족에 대한 분석 결과는 시민들이 절차적이고 사후적인 공정성뿐만 아니라 분배의 공정성을 민주주의 체제의 중요한 요소로 인식하고 있다는 것을 시사한다.

젊은 민주주의 국가에서 체제의 정당성은 민주주의 공고화, 나아가 민주주의의 장래에 매우 중요한 요소이다. 그동안 민주적 지지에 대한 많은 선행 연구들은 경제적 수행력(Clark et al. 1993; Rose and Mishler 1994)이나 정치적 수행력(Evans and Whitfield 1995; Anderson and Guillory 1997; Anderson, C. J. and Tverdova 2003)에 초점을 맞추어 왔다. 하지만 절차적 공정성과 분배 공정성의 역할에 대해서는 큰 관심을 가지지 않았다. 이 연구의 발견은 선행 연구에서 일부 제시되었던 공정성에 대한 인식과 민주적 지지 간의 인과 관계를 밝혔다는 데 의미가 있다(Linde 2012; Seligson 2002).

제❹장

한국 민주주의와 부분 체제

: 이명박 정부하의 한국 민주주의 질

이명박 정부의 등장과 함께 한국의 민주주의는 성공적인 공고화를 이루었다는 평가를 받았다(임혁백 2008; Hahm 2008). 나아가 한국은 제3의 물결을 통해서 민주화에 성공한 많은 신생 민주주의 국가들에서 최근에 나타난 민주주의 후퇴와 역진적 흐름과는 상이하게 자유 민주주의(liberal democracies)를 성취한 국가로 평가받았다(Diamond 2008, 2012; Main waring and Bizzarro 2019).

한편, 이러한 긍정적인 평가와는 반대로 한국 민주주의의 성취에 대한 비판적인 평가도 다수 제시되었다. 비판적인 평가는 주로 한국 민주주의의 사회경제적인 수행력 측면에 집중되어 왔다. 구체적으로 이러한 문헌들은 한국 민주주의의 공고화 과정이 전대미문의 IMF 경제 위기 극복 과정과 중첩되면서 국민의 정부와 참여정부하에서 경제적 불평등이 급속히 확산되었다는 사실에 초점을 맞추었다. 민주화의 공고화 과정에서 심화된 경제적 불평등으로 인해서 사회경제적 양극화가 한국 민주주의의 중요한 특징이 되었다는 것이다(최장집 2005).

한국 민주주의의 공고화 과정과 성취에 대한 상반된 시각 모두 한국 민주주의가 선거 체제(electoral regime) 수준에서는 성공적인 공고화를 이루었다는 점에 동의한다. 즉 선거를 통한 권력 교체라는 측면에서 한국에서 민주주의가 유일한 게임의 룰(the only game in town)이 되었다 사실에는 대체적인 합의가 존재한다.

그렇다면 성공적인 공고화를 이루었다고 평가되는 이명박 정부하에서 민주주의의 후퇴에 대한 논란이 생긴 이유는 무엇인가? 또한 민주주의 현실에 대한 국민들의 불만과 저항이 높아진 이유는 무엇인가? 이러한 논란과 불만은 한국 민주주의 체제의 전반적인 후퇴인가 아니면 부분적인 후퇴인가? 이명박 정부하에서 발생한 민주주의 후퇴에 대한 논란은 한국 민주주의의 공고화 과정과 성취에 대해 새롭고 보다 더 엄밀한 분석이 필요하다는 것을 의미한다.

이 장은 부분 체제(partial regimes)의 분석틀을 사용하여 이명박 정부하에서 발생한 민주주의 후퇴에 대한 논란을 분석하는 데 목적이 있다. 본 연구에서 필자는 한국 민주주의의 공고화 과정과 성취를 정확히 분석하려면 민주주의를 선거 체제(electoral regime), 법의 지배(rule of the law), 수평적 책임성(horizontal accountability)과 수직적 책임성(vertical accountability) 등 부분 체제로 분할하여 접근하는 것이 유용하다고 주장한다. 이러한 분석틀을 통해서 볼 때 한국 민주주의가 예외적으로 성공적인 민주화를 성취했다는 기존의 분석(Hahm 2008)과 달리 이명박 정부하에서 한국 민주주의를 구성하는 중요한 부분 체제들이 질적으로 후퇴하였다고 평가할 수 있다. 다만 선거 체제에 국한해서 평가하면 한국 민주주의가 두 번의 정권교체(two turnover)를 성공적으로 이루어 냄으로써 공고화되었다고 평가할 수 있을지도 모르겠다. 하지만 국가정보원(국정원)을 포함한 국가 기관의 제18대 대통령 선거 개입 사태는 그 자체로 인해서 선거 체제의 안정성이 당장은 위협받지 않는다고 하더라도 선거 체제의 정당성을 위협하는 사건이다.

이명박 정부의 등장은 한국 민주주의의 체제 성격에 대한 많은 논쟁을 촉발하였지만 같은 시기 한국 민주주의의 성격과 성취를 체계적으로 분석한 연구는 찾아보기 힘들다. 이러한 면에서 본 연구의 분석은 한국 민주주의에 대한 학문적 논의에 나름의 기여를 할 수 있을 것으로 보인다.

이명박 정부하의 한국 민주주의에 대한 앞선 연구

대다수의 선행 연구들은 이명박 정부의 등장과 함께 한국 민주주의의 공고화가 완료되었다는 긍정적인 평가를 내렸다(임혁백 2008; Hahm 2008). 대표적으로 함재봉(Hahm 2008)은 「경이로운 한국 민주주의(South Korea's

Miraculous Democracy)」라는 연구에서, 한국 민주주의는 민주정부의 집권을 통해서 이념적 지형이 실질적으로 확대되었고, 전대미문의 경제 위기와 대통령 탄핵이라는 정치 위기를 성공적으로 극복했으며, 이명박 정부의 등장과 함께 공고화되었고 나아가 자유 민주주의(liberal democracy) 수준[18] 까지 발전했다고 평가하였다. 비슷한 맥락에서 임혁백(2008)은 한국이 세계 시간으로 볼 때 비록 상대적으로 늦게 민주화되었으나 2008년 이명박 정부의 등장과 함께 '두 번의 정권 교체 시험(two turnover test)'(Huntington 1991)을 통과함으로써 공과화가 완료되었다고 주장하였다. 또한 박경미 등(2012: 31~39)은 권위주의 시기의 중요 행위자들이 민주적 선거를 통해 재집권에 성공하는, 이른바 '퇴행적 제도화(perverse institutionalization)' 현상이 없었다는 것은 한국의 선거 체제가 안정적으로 공고화되었다는 평가를 가능하게 한다고 주장하였다.

반면에 임혁백은 이후의 논문(2011)에서 몰리노(Morlino 2011)의 분석틀을 원용하여 한국 민주주의의 성취를 평가 분석하면서 한국 민주주의가 공고화되었다는 점은 부인할 수 없지만 책임성과 정치적 부패, 투명성 같은 영역에서는 여전히 OECD 국가들 중 하위권이라고 평가하였다. 비슷한 시각에서 윤성이와 민희(Yun and Min 2012)는 한국의 민주주의는 공고화되었지만 여전히 결함 있는(in deficit) 민주주의라고 평가하였다. 즉 한국 민주주의는 공고화되었지만 시민들의 기대와 요구에 미치지 못하는 수행력을 보이고 있고 그 결과 많은 시민들이 한국의 민주주의에 불만족을 나타내는 상태라는 것이다. 한편 강우진(2013)은 부분 체제의 시각에서 이명박 정부하의 민주주의에 대한 불만족 결정 요인을 경험적으로 분석하였다. 그의 분석에 따르면 이명박 정부하에서 국민들은 법의

18 앞서 언급한 대로 비교적 시각의 선행 연구는 한국을 대만, 일본과 함께 동아시아에서 유일하게 자유 민주주의의 수준에 도달한 나라로 분류한다(Diamond 2008, 2012).

지배, 수직적 책임성, 수평적 책임성, 자유, 반응성 등 민주주의를 구성하는 중요한 부분 체제들이 질적으로 후퇴했다고 인식하였으며, 그와 같은 부분 체제의 성취도에 대한 부정적인 인식이 민주주의 지지에 대한 경쟁적인 모델을 통제한 이후에도 민주주의에 대한 불만족을 결정하는 유의미한 요인들이라고 보았다.

이명박 정부의 등장과 함께 민주주의가 공고화되었다는 앞선 연구에도 불구하고 이명박 정부하에서 한국 민주주의의 현실에 대한 시민들의 불만족은 다양한 형태로 표출되어 왔다. 먼저 한국 바로미터의 가장 최근 조사(KDB 2010)에 따르면, 응답자의 3분의 2가 넘는 사람들(67.6%)이 전반적인 정치 상황이 나쁘거나 매우 나쁘다고 답했다. 민주주의 현실에 대한 시민들의 인식을 살펴보면 2012년 4월 제19대 총선 직후 실시된 조사에 따르면(한국사회과학데이터센터, KSDC) 응답자의 절반이 넘는 53.73%가 한국 민주정치의 현실에 대해 불만을 나타냈다. 특히 민주주의의 공급[19]에 대한 시민들의 평가는 2004년(평균 6.3)과 2006년(평균 6.7) 조사에 비해 2010년(평균 5.8)에 상당히 악화되었다. 요컨대, 국민들은 이전 시기와 비교해 볼 때 이명박 정부에 들어서 민주주의가 상당히 후퇴했다고 평가하였다.

이명박 정부하에서 국민들은 민주주의에 대한 불만을 촛불시위와 같은 직접 행동을 통해 지속적으로 표현해 왔다. 대표적으로 2008년 미국산 쇠고기 수입을 둘러싼 촛불시위로 나타난 시민들의 저항은 한국 민주주의의 대표성과 정당 체제의 위기를 상징적으로 보여 준다. 국민들의 직접 행동은 이명박 정부 내내 여러 가지 사안을 두고 지속적으로 이루어졌으며, 박근혜 정부가 출범한 이후에도 국정원과 군 사이버사령부 등 국

19 이는 "현재는 우리나라가 몇 점 정도에 있다고 생각하십니까?"라는 질문에 기반을 두고 있다. 이 변수는 완전 독재(1점)로부터 완전한 민주주의(10점)까지 10점 척도로 측정되었다.

가 기관의 2012년 대선 개입과 세월호 참사 등을 둘러싸고 지속되었다. 민주주의의 공고화가 민주주의의 정당성에 대한 다수 국민들의 지지를 전제한다고 할 때 촛불시위와 같은 직접 행동으로 나타난 국민들의 불만 증가는 한국 민주주의의 중요한 도전이 되었다.

공고화의 성공 사례로 평가되는 한국 민주주의에서 국민들의 불만과 직접 행동이 증가한 원인은 무엇이며, 이러한 현상을 민주주의론의 관점에서 어떻게 평가할 것인가? 앞서 언급한 바와 같이 이러한 현상을 정확히 분석하려면 한국 민주주의의 공고화 과정을 부분 체제의 관점에서 평가할 필요가 있다. 다음 절에서는 민주주의 공고화와 민주주의 질을 둘러싼 이론적 논의와, 본 연구가 의존하고 있는 부분 체제적 접근법에 대한 개괄적 논의를 진행한다.

이론적인 분석틀: 공고화, 민주주의의 질, 부분 체제

잘 알려져 있듯이 민주화는 민주적 이행(democratic transition)과 민주주의의 공고화(democatic consolidation)로 구분할 수 있다. 일반적으로 민주주의 공고화에 대한 정의는 최대주의적(maximalist) 정의와 최소주의적(minimalist) 정의로 대별된다. 하지만 민주주의의 공고화를 둘러싼 학문적 논의에는 여전히 많은 혼란이 있다(Encarnacion 2000; Munck 2001; Power 2000).

최소주의적인 정의를 옹호하는 학자들은 슘페터식 정의에 기반을 두어 민주주의 공고화를 민주주의가 주어진 체제 내에서 '유일한 게임(the only game in town)'이 된 상태로 정의한다(Linz and Stephen 1996: 159; Przeworski 1991: 26). 이러한 관점을 따를 때 공고화는 민주적 선거 과정이 안정적으로 제도화된 상태를 말한다.

한편, 최대주의적인 정의를 선호하는 학자들에 따르면 민주주의의 공고화는 단순한 선거 제도의 안정성뿐만 아니라 시민사회, 정치사회, 관료, 경제사회와 같은 사회의 다양한 영역을 포괄하는 지속적인 과정으로 이해할 수 있다. 예를 들어 린츠와 스테판(Linz and Stepan 1996: 7~15)의 공고화에 대한 정의는, 자유롭고 활성화된 시민사회, 상대적으로 자율적인 정치사회, 법의 지배, 경계가 정해진 국가관료, 그리고 제도화된 경제사회 등을 포함하는 매우 포괄적인 개념이다. 또한 최대주의적 시각에 따르면, 민주주의 공고화가 가능하려면 엘리트는 물론 다수의 시민들의 민주적 태도가 중요한 요건이 된다. 이 분야의 선구적인 학자인 다이아몬드(1999: 69)는 민주주의 체제가 공고화되기 위해서는 엘리트와 조직, 그리고 대중과 같은 중요 행위자들이 민주주의를 민주적 규범과 신념(democratic norms and beliefs) 그리고 행위(behavior) 차원 모두에서 지지하고 수용해야 한다고 역설한다.[20] 요컨대, 이러한 관점에서 민주주의적 공고화는 다차원적이고 다층적인 개념이 되는 것이다(Diamond and Shin 1999).

최소주의적 정의와 최대주의적 정의 모두 장단점이 있다. 먼저 최소주의적 정의를 따르는 경우 분석적인 유용성이 가장 중요한 장점이라고 할 수 있다. 하지만 이 경우 '선거주의의 오류(fallacy of electoralism)'에 빠질 위험이 있다. 최대주의적인 정의는 '개념 확장의 오류(fallacy of conceptual stretching)'에 직면할 수 있다. 민주주의의 공고화를 너무 포괄적으로 정의할 경우 선거 체제가 이미 안정화된 신생 민주주의 국가들 내의 변이를 설명하기 어렵다는 단점이 있다. 쉐보르스키(Przeworski 1986)가 지적한 대로 체제의 정당성 문제는 체제의 안정성 문제와 항상 일치하지는 않는다.

이러한 문제의식에 기반을 두고 다이아몬드와 몰리노(Diamond and Morlino 2005) 등은 '민주주의의 질(quality of democracy)'이라는 개념을 발

20 특히 신생 민주주의 국가에서는 다수의 대중들이 민주주의 원칙과 가치를 수용하는 것이 중요하다. 다이아몬드(Diamond 1999: 69)에 따르면, 신생 민주주의가 공고화되기 위해서는 적어도 70% 이상의 대중이 민주주의가 다른 정치 체제보다 우월하다는 믿음을 지속적으로 나타내야 하며 15% 이하의 대중들만이 권위주의 체제를 선호해야 한다.

전시켰다. 그들에 따르면 민주주의 질의 개념은 법의 지배와 민주적 책임성, 참여와 경쟁을 중심으로 한 절차적(procedural) 차원, 정치적 자유와 평등을 중심으로 한 실질적(substantive) 차원, 그리고 정부의 반응성(responsiveness)을 중심으로 한 결과적(outcome) 차원으로 구성되어 있다. 이렇듯 민주주의 질의 개념은 그 개념의 포괄성으로 인해서 민주주의 공고화 과정에서 나타난 국가 간 다양한 변이를 분석할 수 있다는 장점이 있다. 이러한 장점으로 인하여 최근에 민주주의의 질의 분석틀을 신생 민주주의 사례에 적용하고자 하는 연구가 증가하고 있으나 이 접근법은 개념이 너무 모호하고 광범위하다는 비판에 직면하였다.[21]

한편, 분할된(disaggregated) 접근법의 시각에서 민주주의 체제를 서로 다른 부분 체제들의 구성물로 이해하고 분석하고자 하는 연구들이 제시되었다. 부분 체제 개념은 슈미터(Schmitter 1992)에서 본격적으로 제시되었으며 이후 다수의 학자들이 이러한 접근법을 채택하였다(Merkel 2004; Schneider 1998, 2001).[22] 슈미터에 따르면, "현대 민주주의는 권위적인 의사결정을 위한 정치적 대표와 공간들의 다양한 채널을 포괄하는 제도들의 일련의 복합체 그 자체이다"(1992: 426). 따라서 "현대 민주주의는 다양한 사회 집단들의 정치적 대표와 갈등의 해결을 위한 구별되는 양식을 둘러싸고 제도화된 부분 체제들의 합성물로서 이해할 수 있다"(1992: 427, 428). 이러한 부분 체제들은 시민들과 공적인 권위를 연계하고 이를 통해서 공적인 권위의 책임성을 확보하도록 한다(Schmitter 1995: 285).

그렇다면 민주주의는 어떠한 부분 체제로 구성되는가? 이는 분석의 목

---

21 이에 대한 구체적인 분석은 뭉크(Munck 2001: 특히 128~129)를 참조하라. 특히 민주주의 공고화와 민주주의 질의 개념 간의 관계가 모호하다. 즉 민주주의 질은 민주주의 공고화와 같은 개념인가, 아니면 민주주의 질은 민주주의 공고화가 완료된 후에 민주주의의 심화를 분석하기에 적합한 개념인가?

22 한국의 사례에 부분 체제의 개념을 선구적으로 적용한 분석은 최장집(2006, 2013)을 참조하라. 또한 민주주의 공고화에 대한 이론적 고찰을 통해서 이를 소개한 글은 오창헌(2002)을 참조하라.

적에 따라서 다소 열려 있는 문제라고 할 수 있다. 슈미터는 민주주의를 협조 체제(concertation regime), 압력 체제(pressure regime), 선거 체제(electoral regime)와 후견 체제(clientelistic regime)로 나누어 분석하였다(1992: 428 그림 1). 이후 메르켈(2004: 34)은 민주주의를 선거 체제, 시민권, 정치적 자유 그리고 통치의 효과성 등의 부분 체제로 구분하였다. 한편, 린츠와 스테판(1996: 1장)은 민주주의 공고화를 행태적인(behavioral) 차원, 태도적인(attitudinal) 차원 그리고 헌법적인(constitutional) 차원을 아우르는 개념으로 인식하는 포괄적인 접근법을 취하고 있지만 민주주의의 공고화를 구성하는 다섯 가지 영역(시민사회, 정치사회, 법의 지배, 국가 기구, 경제사회)을 구분함으로써 부분 체제 분석틀의 문제의식을 공유하였다.

이 장은 부분 체제 접근법을 사용하여 한국 민주주의를 그것을 구성하는 중요한 차원인 선거 체제(electoral regime), 법의 지배(rule of the law), 수평적 책임성(horizontal accountability), 수직적 책임성(vertical accountability)으로 구분하여 분석한다. 민주주의를 선거 체제를 포함하는 다양한 부분 체제들의 구성으로 나누어 분석한다는 것은 민주주의를 단순히 선거 체제 차원으로 이해하는 최소정의적인 정의를 넘어서는 것이다. 하지만 이러한 분석틀이 민주주의 정치 과정의 결과로서 나타나는 사회경제적인 평등을 포괄하지는 않는다(Merkel 2004). 이러한 면에서 부분 체제 접근법은 분석적인 차별성을 포착하면서도 개념 확장을 피할 수 있는 유용한 개념틀이라고 할 수 있다(Collier and Levistsky 2009). 부분 체제 접근법을 통해서, 이명박 정부에서 발생한 한국 민주주의 후퇴 논란에 대한 분석적인 접근이 가능하며, 나아가 최근에 진전된 민주주의 체제 유형(types of democracy)에 대한 논의를 보다 잘 포착할 수 있다.[23]

23 부분 체제 접근법의 장점에도 불구하고 중요한 이슈가 제기될 수 있다. 각 부분 체제가 민주주의의 하위 체제(sub-system)로서 작동한다고 할 수 있지만 과연 독립적인 정체(regime)로서 기능한다고 할 수

몰러와 스캐닝(Moller and Skaning 2013: 98)의 최근 논의에 따르면 민주주의는 네 가지 형태 즉 최소 민주주의(minimal democracy), 선거 민주주의(electoral democracy), 다두제(polyarchy), 자유 민주주의(liberal democracy)로 구분할 수 있다. 가장 낮은 수준의 민주주의인 최소 민주주의는 불확실한 선거 결과를 특징으로 하는 경쟁적인 선거(competitive elections with uncertain outcomes)를 통해서 리더십의 교체가 발생하는 조건만을 충족하는 민주주의이다. 반면에 선거 민주주의는 단순한 경쟁적 선거를 넘어서 높은 수준의 선거 완결성(electoral integrity)을 요구한다. 가장 높은 수준의 자유 민주주의는 선거 체제가 공고화된 이후 표현의 자유와 법의 지배가 높은 수준에서 제도화된 민주주의를 지칭한다.

이명박 정부하에서 한국 민주주의는 최소 정의적 관점에서 볼 때 (선거 체제는) 공고화되었다고 할 수 있으나 민주주의 체제를 구성하는 다른 중요한 부분 체제들은 질적으로 퇴행하였다. 다음 절에서 이명박 정부하에서 한국 민주주의의 네 가지 부분 체제가 어떻게 발전해 왔는지를 분석한다.

이명박 정부하의 한국 민주주의의 부분 체제

이명박 정부와 선거 체제(electoral regime)

선거 체제는 민주주의 공고화에 대한 최소적인 정의를 따를 때 핵심적

있는가? 본 연구는 민주주의를 구성하는 각 부분 체제들은 민주주의 체제와 분리되어 독립적으로 작동할 수는 없지만 각 체제가 내부의 고유한 규범과 규칙을 가지고 상대적으로 자율적으로 작동한다고 본다. 예를 들어 이명박 정부의 경우 노무현 정부 시절에 비해 법의 지배는 후퇴했다고 평가할 수 있지만 정부 여당의 정치적 이해관계에 반하는 사법적 평결들이 이루어진 경우를 들 수 있다. 물론 이 분석틀은 현실을 잘 포착하는 틀이라기보다는 분석적인 유용성을 위한 틀이라고 할 수 있다. 또한 정체(regime)의 개념은 하위 체제를 포함하여 다차원에 적용될 수 있는 개념이라고 할 수 있다. 최근에 민주화된 국가들에서 나타난 비민주적인 하위 체제의 존재와 지속에 대하여 적지 않은 연구가 제시되었다(Benton 2012; Durazo Hermann 2010).

인 요소라고 할 수 있다. 그렇다면 이명박 정부하의 선거 체제는 안정적으로 공고화되었는가? 먼저 중요한 사실은 한국 민주주의가 두 번의 정권 교체를 평화적으로 경험했다는 사실이다. 최초의 평화적 정권 교체를 이루었던 김대중 정부와, 민주화 이후 두 번째 평화적 정권 교체를 이룬 이명박 정부를 거치면서 선거를 통한 정치권력의 교체가 한국 민주주의에서 유일한 게임(the only game in town)의 규칙(Linz and Stepan 1996: 15)이 되었다는 점에는 의심의 여지가 없다.[24]

제도적인 수준에서 선거 체제가 안정적으로 공고화되었다면 이에 대한 국민들의 평가는 어떠한가? 민주주의 공고화의 중요한 조건 중 하나는 시민들이 민주적 선거 과정에 정당성을 부여하느냐 여부이다. 구체적으로 절차적인 정당성이 확보된 평화적인 정권 교체는 승자와 패자 간의 갭을 줄이면서 민주주의 공고화에 기여한다(Mehler and Lindberg 2009). 이와 관련하여 다음의 두 가지 조건이 중요하다. 첫째, 전반적인 선거 과정의 공정성(fairness of election)에 대해서 주요 행위자들 사이에 대체적인 합의가 존재하는가이다. 둘째, 경쟁에서 패배한 진영이 선거 결과를 수용할 수 있는가(loser's consent)이다. 전자가 후자를 보장하지는 않지만 전자는 후자의 필요조건이라고 할 수 있다.

먼저 선거의 공정성에 대한 일반 국민들의 인식을 살펴보자. 2007년 제17대 대선 후 실시된 KDB 2010 조사에서, 선거는 공정하고 민주적이라는 진술에 긍정적인 대답을 한 응답자의 비율이 69.5%(매우 동의 23.3%, 약간 동의 44.2%)로 나타나 부정적인 인식을 가진 응답자(29.2%)를 훨씬 상회하였다. 또한 2011년 ABS 3차 조사에 따르면 응답자의 4분의 3이 지

24 한국 민주주의에서 선거 체제의 안정적 제도화는 국제적인 평가에도 잘 반영되었다. 예를 들어, 프리덤하우스(freedom house)에서 이 시기에 발표한 조사(2013)에 따르면 한국 민주주의는 자유로운(free) 민주주의로, 정치적 권리(political rights) 분야에서 가장 높은 점수를 유지하고 있다.

난 총선이 대체적으로 공정했다(완전 공정하고 자유로웠다 25.1%, 사소한 문제가 있었지만 공정하고 자유로웠다 49.9%)고 답해 부정적인 인식을 가진 응답자(13.7%)를 압도하였다. 요컨대, 한국 국민들은 한국 민주주의에서 선거가 대체로 공정하게 이루어진다는 점에 공감한다고 평가할 수 있다.

다음으로 선거 결과에 대한 패자의 동의와 수용의 문제를 살펴보자. 패자의 동의와 수용은 민주적 경쟁의 정당성을 측정하는 중요한 지표가 될 수 있다(Anderson et al. 2005). 민주적 경쟁 과정에 대한 절차적 정당성이 확보되지 않을 경우 선거 결과에 대한 논란이 지속되며, 이러한 논란은 결국 신생 민주주의의 정당성 위기로까지 발전할 수 있다. 한국의 경우 민주화 이후 대부분의 대통령 선거가 박빙의 선거[25]로 치러졌다. 민주주의 공고화 과정에서 실시된 세 번의 대통령(제15대~제17대) 선거에서 선거 결과에 대해 사소한 잡음은 있었지만 이러한 잡음이 선거 결과 전체를 부정하는 수준으로까지 발전하지는 않았다. 즉 한국 민주주의에서 다수의 국민들은 민주적 선거를 통해서 이루어진 정권 교체를 대체적으로 수용하며, 선거 이외의 방법을 통한 정치권력 교체를 지지하지 않는다고 할 수 있다.

그럼에도 불구하고, 국정원을 중심으로 한 국가권력 기관의 제18대 대통령 선거(2012) 개입 사건(국정원 사태)은 선거 체제 공고화에 대한 기존의 분석에 의문을 제기하기에 충분했다. 민주주의 공고화를 최소 정의에 따라서 민주주의 역전이나 붕괴가 없는 상태(Prezeworski et al. 1986; Scheddler 1998)로 정의할 경우 한국 민주주의가 가까운 장래에 붕괴될 것으로 예측하기는 어렵다. 하지만 국정원 사태는 선거 체제의 공고화의 핵심적인

25 최초의 평화적 정권 교체가 이루어졌던 1997년 제15대 대선에서 김대중 후보와 이회창 후보 간의 득표 차이가 불과 1.6%에 지나지 않았으며, 2002년에 치러진 제16대 대선에서도 노무현 후보와 이회창 후보 간의 득표 차이가 2.3%에 지나지 않았다. 이후 2007년에 치러진 제17대 대선에서는 이명박 후보가 정동영 후보를 22.6% 차이로 앞서 500만 표 차이로 대승을 거두었다.

요소라고 할 수 있는 선거의 완결성(electoral integrity)[26]을 훼손하는 중요한 사건이었다. 이와 관련하여 민주주의의 정당성은 선거의 공정성에 일차적으로 의존하며 민주적인 과정이 결과를 정당화한다는 사실을 기억할 필요가 있다(Schlozman, Verba and Brady 2012).[27] 이 연구는 국정원 사태가 가진 중요성에도 불구하고 가까운 장래에 선거 체제가 붕괴될 가능성이 낮다는 소극적 의미에서 선거 체제의 공고화(안정성)라는 입장을 수용한다.

그렇다면 민주주의를 구성하는 다른 중요한 부분 정체들인 법의 지배와 수평적 책임성 그리고 수직적 책임성의 측면에서 이명박 정부하의 한국 민주주의를 어떻게 평가할 수 있는가?

이명박 정부와 법의 지배(rule of the law)

법의 지배는 민주주의를 지탱하는 가장 중요한 기둥 중 하나라고 할 수 있다. 법의 지배가 제대로 확립되지 않으면, 개인의 시민권은 취약해지고 국가권력이 법을 사적·정치적으로 이용하기 쉬워지며, 결국 법 앞의 평등은 형해화(形骸化)된다. 즉 민주적인 법의 지배는 "정치적 권리와 시민권, 그리고 결국 모든 시민들의 정치적 평등을 확인하고 국가권력의 잠재적인 남용을 제한하는 책임성의 메커니즘을 보장한다"(O'Donnell 2004: 32). 법의 지배와 민주주의는 서로 독립적이지만 상호 밀접한 관계를 가지고 있다(최장집 2008). 즉 민주주의가 잘 작동할 때 법의 지배의 원리가

26 민주주의가 공고화되기 위해서는 주요 행위자들이 민주주의를 규범적인 차원에서뿐만 아니라 행위의 수준에서도 내면화해야 한다. 이러한 측면에서 국정원 사태가 가지는 상징적인 의미는 매우 크다. 국정원 사태는 한국의 집권(보수) 세력이 민주적 경쟁 과정의 불확실성이 자신들의 정치적 이해관계와 배치된다고 판단하자 이를 불법적인 방식으로 우회하려 했음을 상징적으로 나타낸다. 이러한 면에서 국정원 사태는 한국의 엘리트들이 민주주의를 실제로 행위적 수준까지 내면화했는지에 의문을 갖기에 충분한 사건으로 평가할 수 있다.

27 왜냐하면 "선거 거버넌스가 인위적으로 선거 결과의 비결정성(electoral uncertainty)을 감소시키는 한……선거 과정은 완전히 민주적으로 인식되거나 정당하게 인식될 가능성이 낮다."라고 할 수 있기 때문이다(Mozaffar and Schedler 2002: 11).

잘 구현될 수 있고 법의 지배는 질 높은 민주주의에 기여할 수 있다.[28]

민주주의에서 법의 지배가 잘 작동하려면 국가권력의 불법적 행위에 대한 적법한 평결을 내릴 수 있는 사법 기관의 실질적 독립이 확보되어야 한다(Gurnieri 2003). 한국에서 민주화 이후 법의 지배는 두 가지 중요한 요소에 의해서 제약받아 왔다. 먼저 국가보안법의 사례가 잘 보여 주듯이 일차적으로 법 제도 자체의 미비나 결함 때문에 법의 지배가 침해받아 왔다. 또한 법 집행 과정에서 불편부당함(impartiality)의 원칙, 즉 법 앞의 평등이 제대로 확립되지 않았기에 법의 지배가 약화되었다.

이명박 정부에서 법의 지배는 어떻게 작동하여 왔는가? 이명박 정부하에서 법의 지배는 법에 의한 지배(rule by the law)[29]와 법의 지배의 정치적 종속이 가장 큰 특징이었다. 이에 따라 법의 제정과 집행, 해석의 전 영역에서 행정부의 정치적 이해관계가 우선시되는 특징을 보였다.

첫째, 이명박 정부는 기존의 법이 정치적 목적에 방해가 되는 경우 법령 개정을 시도하는 법적인 편의주의를 드러냈다(김종서 2012). 대표적인 예로 집회와 시위에 관한 법률(집시법)' 개정안[30]을 들 수 있다. 또한 이명박 정부는 집회나 시위를 주동하고 동조하는 시민들에 대한 손해배상 청구를 용이하게 하는 집단 소송제를 도입하기 위한 '집단 소송법' 제정을

---

28 이러한 측면에서 법의 지배는 신생 민주주의 국가에서 국가 강권력의 정치적 남용 과정에 종종 나타나는 법에 의한 지배(rule by the law)와는 전혀 다른 개념이다. 이에 대해서는 *Democracy and the Rule of Law*(Maravall and Przeworski 2003) 제1장과 8장을 참조하라. 또한 최장집의 한국판 서문을 참조하라(16쪽).

29 이명박 대통령은 당선자 신분이었던 2008년 신년사에서부터 법치를 강조하였다. 또한 집권 초기 2008년 3월 법무부 업무 보고에서 한국 국민들의 떼법 의식을 지적하고 법질서 확립을 강조하였다. 나아가 이명박 대통령은 법질서를 지키면 국민총생산이 1% 향상된다고 주장하였다(2008년 3월 19일 자 『매일신문』 「李대통령 "법질서 지키면 GDP 1% 올라가"」 참조).

30 2008년 촛불집회 이후 한나라당에 의해서 발의된 집시법 개정안은 민주주의 사회에서 기본적인 정치적 권리인 집회·결사의 자유를 훼손하는 구체적인 예라고 할 수 있다. 한나라당은 복면과 마스크 착용을 금지하고 야간 옥외 집회를 원천적으로 금지하는 법안까지 발의하고 통과시키려 했다(2009년 11월 13일 자 『오마이뉴스』 「한나라당 "밤10시-새벽6시 야간집회 금지"」 참조).

시도하였다.[31] 이와 같이 이명박 정부는 정치적 이익을 위해서는 국민의 기본권을 침해하는 법령의 제도화도 마다하지 않았다.

둘째, 이명박 정부는 국가권력의 탈법적인 사용과 공권력의 남용을 주저하지 않았다. 법의 지배의 가장 기본적인 전제 중 하나가 권력 행사 자제(최장집 2008: 12)라고 할 때 이명박 정부는 정확히 반대 방향으로 나아갔다. 먼저 이명박 정부는 2008년 미국산 쇠고기 수입 반대를 위한 촛불집회를 폭력적으로 진압하였다.[32] 또한 이명박 정부의 공권력 과잉 행사는 2009년 용산 참사[33]와 쌍용차 파업 사태의 진압으로 이어졌다. 일련의 사태들을 통해서 드러나듯이 이명박 정부는 정치적 목적을 달성하기 위해서라면 경찰 장비 사용 규정이나 경찰관직무집행법 등을 준수하지 않는 탈법적인 공권력 사용도 주저하지 않았다. 또한 이명박 정부에서 국가보안법 위반에 대한 무리한 수사가 대폭 증가하였다. 이명박 정부에서 2008~2010년 국가보안법 위반 입건자 수는 261명으로, 참여정부 3년(2005~2007) 동안 107명이었던 것에 비해 2.5배 이상 증가하였으나 실제 기소율은 절반에 그쳐 무리한 수사와 기소 남발이라는 비판을 받았다.[34]

---

31 2008년 8월 28일 자 『동아일보』「불법시위 피해자 '일괄 손해배상' 추진」 참조.

32 이명박 정부는 촛불집회를 물대포를 동원하여 진압하였으며 많은 사람들을 수배, 구속하였다. 또한 집회를 주도한 광우병 대책위원회에 3억 원의 손해배상을 청구하였다. 구체적인 내용은 홍성태(2008)를 참조하라.

33 용산 참사는 한국이 압축적으로 성장하는 과정에서 배제되었던 도시의 영세 세입자 문제와 도시 재개발 문제를 구조적인 배경으로 하고 있다. 또한 용산 참사는 한국의 민주적 정치 과정이 이해 당사자와 정책 집행자 사이의 대화와 소통을 통해서 도시 빈민들의 생존권 문제를 해결하는 능력이 매우 취약하다는 것을 여실히 드러낸 사건이라고 할 수 있다. 하지만 이와 관련하여 보다 더 중요한 이슈는 철거 문제에 국가 공권력이 직접 개입하여 폭력적인 진압을 통해 4명의 철거민과 1명의 특공대원이 사망한 데 있다고 할 수 있다.

34 2011년 3월 1일 자 『한겨레』「통계로 드러난 보안법 남용-입건자 수 2.5배 기소율 절반」을 참조하라. 특히 국가보안법에 근거한 입건과 기소는 국가보안법 제7조(찬양·고무 이적 표현물)에 근거한 사례가 많다는 특징이 있다. 이명박 정부 들어 경찰은 구시대의 유물인 국가보안법을 남용하여 국민의 표현의 자유를 심각하게 제약해 왔다. 무리한 법 적용은 교육 기관(예를 들어 간디학교 최 모 교사 사건)과 인터넷(예를 들어 사이버민족방위사령부 사건) 공간을 포함하여 광범위하게 진행되었다. 자세한 내용은 2011년 12월 3일 자 『프레시안』「되살아난 사찰의 망령」(이호중)을 참조하라.

이명박 정부 들어서 발생한 '김종인 민간인 불법 사찰 사건'과 국정원 선거 개입 사건만큼 국가권력의 정치적 사용을 극명하게 드러내 주는 사건은 없다. 이명박 정부는 2008년 촛불집회 이후 국무총리실 산하 '공직윤리지원관실'을 통해서 전 방위적인 사찰을 감행하였다. 사찰 대상은 공직자와 민간인, 여당과 야당, 정치인과 시민사회를 망라하는, 실로 광범위한 것이었다. 이 사건은 이전의 독재 정권들이 정치적 목적을 위해서 기무사나 중앙정보부를 통해 통상적인 직무와 관련된 범위를 벗어난 사찰을 감행하던 관행이 민주화 이후에도 전혀 변화되지 않았음을 여실히 보여 주는 사건이었다. 민간인 사찰 사건은 이 사건의 조사 과정에서 드러난 국가권력의 탈법과 불법 그리고 정치적인 개입으로 인해서 한국판 워터게이트 사건이라 불리기도 한다(김정인 2013). 또한 앞서 간단히 언급한 대로 국정원 선거 개입 사건은 선거 민주주의의 근간을 흔드는 중대한 사건이었다. 확인된 사실은 제18대 대선 과정을 집권 여당에 유리하게 이끌기 위하여 국정원, 군 사이버사령부 심지어 국가보훈처까지 나서서 선거 여론전에 개입했다는 것이다. 법의 지배가 국가 기관의 법의 준수를 핵심적인 내용으로 한다고 할 때(O'Donell 2004: 36), 국정원 사태는 정치적 중립 의무를 부정하고 법의 지배를 심각하게 훼손한 사태라고 평가할 수 있다.

또한 검찰의 특권적 지위와 검찰권의 정치적 남용이 한국에서 법의 지배의 핵심적인 이슈로 부상하였다. 한국의 검찰은 수사권과 기소권을 독점하고 정치적으로 편향된 무소불위의 권력을 행사하여 왔다. 이명박 정부 들어서 검찰은 정치적 판단에 따른 기소권 남용과 반인권적인 조치, 반대 세력에 대한 편향적인 기소로 정치적 논란의 중심에 있어 왔다.[35] 반

35 대표적인 사건만을 일별하면, 정연주 KBS 전 사장 배임 기소, MBC 〈PD수첩〉 제작진 기소, 미네르바 박대성 기소, 전직 국무총리 한명숙 기소 등을 들 수 있다. 이 모든 사건들은 법원으로부터 무죄 판결

대 세력에 대한 편향적인 기소와는 반대로 검찰은 이명박 대통령의 내곡동 사저 매입 사건에 대해서는 관련자 전원을 불기소 처분하였다.[36]

중요한 이슈는 선출되지 않은 조직인 정치화된 검찰을 견제할 수 있는 제도적인 장치가 존재하지 않는다는 사실이다. 이명박 정부의 사례는 한국 민주주의에서 검찰이 견제와 균형의 원리가 제대로 작동하지 않는 대표적인 유보된 영역(reserved domains)[37]으로 존재한다는 사실을 잘 보여 준다.

셋째, 이명박 정부에서는 사법부의 독립이 침해되어 왔으며, 중요한 정치사회적 사건에 관한 법원의 판단을 놓고 논란과 저항이 증폭되었다. 법의 지배를 구현하는 중심축인 사법부의 독립이 훼손되고 사법부의 판단이 정치적인 이해관계에 의해서 영향을 받을 때 법의 지배의 기본 원리라고 할 수 있는 법 앞의 평등은 훼손될 수밖에 없다.

먼저, 사법부의 독립이 심각하게 침해된 상징적인 사례로는 제5차 사법 파동이라 불리는 신영철 대법관 사태[38]를 들 수 있다. 사법부의 독립은 외적인 독립뿐만 아니라 내적인 독립까지 포괄한다. 여기서 말하는 내적인 독립은 법원의 위계적 구조 속에서 개별 판사에게 부당하게 가해

을 받았다. 연이은 무죄 판결에 대해 검찰은 조직적인 반발을 나타내어 민주사회의 기본 원리인 권력분립과 법의 지배에 정면으로 도전하는 모습을 보였다.

36 이 사건은 이후 특검에 의해서 재조사되었으나 청와대와 관련자의 비협조 속에서 총체적 진실을 밝히는 데 실패하였으며 관련자 3인을 불구속 기소하는 데 그쳤다. 참여연대는 이명박 대통령 퇴임 후 2013년 3월 5일 특정경제범죄가중처벌법상 업무상 배임 혐의로 이 전 대통령을 검찰에 고발하였다(2013년 3월 5일 자 참여연대 보도자료).

37 유보된 영역이라는 개념은 발렌주엘라(Valenzuela 1992: 62~64)로부터 빌려 왔다. 중남미 맥락에서 신생 민주주의가 민주주의 체제로 분류되기 위해서는 유보된 영역이 존재하지 않아야 한다고 할 때는 민주적 통제의 영역 밖에 존재하는 군부 등 구체제의 기득 세력을 지칭하는 개념이었다. 하지만 여기서 검찰이 유보된 영역이라고 하는 것은 검찰이 민주주의 체제 그 자체를 거부할 수는 없다 하더라도 민주적인 견제의 원칙을 무력화할 수 있는 정치화된 기득 권력이라는 의미이다.

38 신영철 대법관은 서울 중앙지방법원장으로 재직 중이던 2008년, 촛불집회 관련 사건을 담당하고 있던 판사들에게 전화와 이메일을 통해 헌법재판소에서 심사 중이던 집시법의 위헌 결정을 기다리지 말고 신속히 판결하라고 압력을 넣었다. 언론 보도로 이 사건이 드러나자 대법원장은 전국적인 압력으로 인해서 신 대법관을 대법원공직자윤리위원회에 회부하였으나 윤리위원회는 경고 조치를 취하는 데 그쳤다. 이에 전국 법학 교수 165명이 신 대법관의 탄핵을 주장하였다(2009년 6월 8일 자 『오마이뉴스』 「전국 법학교수 165명 "신영철 대법관 탄핵 소추하라"」 참조).

지는 압력으로부터의 독립을 뜻한다. 신영철 대법관 사건은 헌법 제103조 "법관은 헌법과 법률에 의하여 그 양심에 따라 독립하여 심판한다."라는 조항을 정면으로 위반한 사건이다.

대법원의 많은 판결 중에서 정치적으로 중요한 의미를 지니는 상징적인 사건으로 이른바 삼성 에버랜드 사건을 들 수 있다. 이 사건은 그동안 경제 발전에 기여하였다는 명목으로 한국의 경제 엘리트, 특히 재벌 기업들의 온갖 탈법과 불법에 대해 관대한 판결을 내려 온 사법부의 독립을 가늠할 수 있는 상징적인 사건으로 인식되어 왔다. 대법원은 2000년 법학 교수 43인의 고발로 시작된 삼성 에버랜드 사건에 대해 최종적으로 무죄를 선고함으로써 이건희–이재용으로 이어지는 삼성재벌의 탈법적인 경영권 승계 과정을 법적으로 정당화해 주었다.[39] 이는 이른바 삼성 공화국이라고 불리는 한국 민주주의하에서 법의 지배의 현주소를 상징적으로 나타내는 사건으로 기록될 수 있다.

한국 민주주의에서 법의 지배를 근본적으로 제약하는 이슈는 김앤장 공화국과 삼성 공화국이라는 오명에서 상징적으로 나타나듯이 행정부 권력과 법원 그리고 재벌 간의 권력 카르텔이다. 사적 이익에 기반을 둔 권력의 카르텔은 이명박 정부만의 문제라고 할 수는 없지만 이명박 정부하에서 한층 강화되었다.[40]

---

39 이 사건은 한국을 대표하는 재벌기업 삼성이 경영권 승계를 위해서 지주회사인 에버랜드의 전환사채 발행 과정에서 저지른 탈법과 불법을 핵심 내용으로 한다. 이 사건의 1심과 2심 판결에 대한 법리적인 분석은 곽노현(2007)을 참조하라.

40 한국에서 가장 영향력 있는 법률 회사는 김앤장(Kim and Chang)이다. 김앤장은 한국 사회 최고의 기득 권력인 재벌, 심지어는 투자자본의 이해를 대변해 온 법률 회사로 유명하다. 한국 민주주의의 법의 지배와 연관하여 이러한 사적인 법률 회사가 상징적으로 중요한 이유는 김앤장이 법과 권력의 순환고리를 상징적으로 대변해 주기 때문이다. 김앤장은 고위 공직자와 법조인 그리고 유력 정치인들을 고문 등으로 영입하여 고액의 사례비를 지급해 왔다. 역으로 정부는 김앤장 출신 변호사와 전직 관료를 고위 공직자로 영입해 왔다. 이러한 경향은 이명박 정부 들어서 더욱 강화되었다. 이명박 정부에서 김앤장 출신은 거의 모든 분야를 포괄할 정도로 광범위했다. 예를 들어, 총리를 지낸 한승수, 주미대사를 지낸 한덕수, 기획재정부 장관을 지낸 윤증현, 청와대 민정수석을 지낸 정진영, 국가정보원 제2차장을 지

이명박 정부와 수직적 책임성(vertical accountability)

민주주의에서 책임성은 권력의 자의적인 행사를 방지하는 견제와 균형의 원리를 통해 확보된다. 일반적으로 책임성은 공직자들이 자신들의 행위에 대해 고지와 설명을 하는 것을 내용으로 하는 응답성(answerability)과, 공적인 의무 이행을 위반한 권력자에게 제재를 가할 수 있는 강제(enforcement)를 내포한다(Schedler 1999).

수직적 책임성은 현대 민주주의의 본질적인 특성에서 기인한다. 선출된 대표자들이 주권자들에게 책임질 수 있도록 강제하는 제도가 작동하지 않을 때 현대 민주주의의 이상은 실현될 수 없다. 수직적 책임성은 주기적인 선거로 선출된 공직자의 책임성을 확보하는 선거 책임성(electoral accountability)을 통해서 일차적으로 실현된다. 하지만 선거는 상시로 치러지는 것이 아니기 때문에 선거만으로는 수직적 책임성을 상시적으로 확보할 수 없다. 예를 들어 민주적인 선거를 거치지 않고 선출되는 관료 집단이나 법원을 감시할 수 있는 기능은 선거 책임성을 통해서 확보하기 힘들다(Smulovitz and Peruzotti 2000: 151). 특히 선거 책임성을 가능하게 해주는 제도적인 통로인 정당 체제의 제도화 수준이 취약한 신생 민주주의 국가에서는 선거를 통한 수직적 책임성을 확보하기가 더욱 어렵다. 따라서 선거 책임성을 넘어서는 보다 동태적인 수직적 책임성은 다양한 시민사회 조직과 독립적인 언론의 역할에 기반을 둔 사회적 책임성(social accountability)을 통해서 가능하다(Smulovitz and Peruzotti 2000).[41] 이러한 면에

낸 김회선, 공정거래위원회 부위원장을 지낸 서동원, 국민권익위원회 부위원장을 지낸 박인제 등이 모두 김앤장 출신이다(2013년 6월 1일 자 『동아일보』 「'法의 城' 로펌 김앤장」 참조). 김앤장에 대한 상세한 분석은 임종인과 장화식이 지은 김앤장(2008)을 참고하라.

41 스물로비츠와 페루조티(Smulovitz and Perrruzoti 2000)에 따르면 사회적 책임성은 수직적 책임성의 범위에 포함될 수 있는 개념으로 시민들, 활성화되고 조직화된 시민사회, 그리고 비판적인 언론의 감시기능을 전제로 한다. 수직적 책임성과 수평적 책임성이 약한 한국을 비롯한 비서구민주주의 국가에서 사회적 책임성은 수평적 수직적 책임성의 취약성을 보완하는 역할을 한다고 할 수 있다. 이명박 정권 초

서, 집권 세력이 정치적 반대 세력을 억압하고, 언론의 자유와 시민사회의 자유로운 비판적 활동을 탄압할 때, 수직적 책임성은 실질적으로 약화된다(Diamond and Morlino 2005).

그렇다면 이명박 정부하에서 한국 민주주의의 수직적 책임성은 어떻게 발전하여 왔는가? 먼저 이명박 정부의 등장을 선거 책임성의 관점에서 살펴보자. 참여정부 기간 동안 경제적 불평등 증가와 양극화 심화 그리고 정치적 스캔들로 인해서 국민들의 비판이 고조되었다. 그 결과 2007년 제17대 대선에서 당시 야당이었던 한나라당 이명박 후보가 집권당 정동영 후보를 500만 표 이상의 표 차로 누르고 대통령에 당선되었다. 이러한 면에서 제17대 대선 결과를 선거 책임성의 차원에서 이해할 수 있을지도 모른다.

한편, 이명박 대통령 임기 말인 2012년에 치러진 제19대 총선의 결과는 선거 책임성이 제대로 구현되지 않은 선거로 평가할 수 있다. 제19대 총선의 정치적인 배경을 볼 때 이명박 정부는 집권 기간 내내 경제 실적 논란에 휩싸였다. 이명박 정부의 이른바 747 공약과는 정반대로 사회경제적 양극화는 심화되었으며 삶의 질은 악화되었다.[42] 정치적인 차원에서도 이명박 정부는 인수위원회 시절부터 집권 기간 내내 이른바 '고소영·강부자 내각'으로 대표되는 인사 불통에 시달렸으며, 가족을 비롯한 측근들의 부패와 비리로 국민의 지탄의 대상이 되었다. 더구나 촛불집회, 용산 참사, 쌍용차 사건, 그리고 민간인 사찰에서 잘 드러나듯이 국가권력의 탈법적·불법적 사용으로 인하여 이명박 정부는 국민들의 지지를

기 한국 사회를 휩쓸었던 이른바 촛불정국은 이러한 사회적 책임성이 발현된 구체적인 사례로 평가 될 수 있다. 아르헨티나의 부정부패와 '시민의 힘' 활동을 사회적 책임성의 관점에서 분석한 글은 곽재성(2006)을 참조하라.

42 경제투표의 적실성에 대한 방대한 논의는 이 연구의 범위를 벗어난다. 하지만 경제적 실적과 집권당에 대한 지지를 중심으로 한 선거 책임성에 관한 비판적 논의는 치버브와 쉐보르스키(Chiebub and Przeworski 1999)의 논문을 참고하라.

상실하였다. 결국 선거가 치러진 임기 말인 2012년에 이명박 정부 지지도는 30%를 밑도는 수준까지 하락하였다.

이러한 조건에서 치러진 제19대 총선에서 집권 여당이었던 새누리당은 많은 사람들의 예측과는 반대로 단독 과반수를 확보하였다. 새누리당이 예상 밖의 승리를 거둔 데에는 여러 가지 요인이 작용하였을 것이다. 하지만 선거 책임성의 관점에서 볼 때 새누리당의 승리는 선거 책임성이 제대로 구현되지 않은 사례로 평가할 수 있다. 수직적 책임성으로서 선거 책임성은 선거가 집권 세력을 책임지게 할 수 있는 정치적 도구로 기능할 때 달성될 수 있다. 중심적인 선거 공약을 달성하는 데 실패하고 국민의 지지와 신뢰를 얻는 데 실패한 집권당이 선거를 통해서 평가되지 않을 때 선거를 통한 민주적 책임성은 달성되기 어려울 것이다.

다음으로 앞서 지적한 대로 수직적 책임성은 사회적 책임성이 선거 책임성을 보완할 수 있을 때 제대로 작동할 수 있다. 그렇다면 이명박 정부 하에서 한국 민주주의의 사회적 책임성은 진전되었는가? 결론적으로, 사회적 책임성의 보완적 기능 나아가 대안적 역할은 이명박 정부 들어서 심각하게 위축되었다. 이 문제를 사회적 책임성을 담당하는 두 중심축이라고 할 수 있는 시민사회와 언론의 관계를 중심으로 간단히 살펴보자.

먼저 이명박 정부는 집권 초기 발생한 대규모 촛불집회의 배후에 진보적인 시민단체가 있었다고 판단해 재정적·제도적 수단, 나아가 법적인 수단을 포함한 모든 수단을 동원하여 진보적인 시민단체의 비판적 활동을 제약해 왔다. 첫째, 이명박 정부는 '비영리민간단체 지원법'에 근거하여 정부에서 시민단체들에게 지급하는 보조금을 통해서 비판적인 시민단체의 활동을 재정적으로 압박해 왔다.[43] 반면에 이명박 정부 기간

43 실제로, 2009년 정부는 한국농어촌사회연구소, 한글연대 등 시민단체 여섯 곳을 촛불집회 참석을 이유로 보조금 대상에서 제외하였고, 대표적인 관변단체인 자유총연맹과 새마을운동중앙회에는 두 개씩

(2008~2012) 동안 보수적인 시민단체는 일곱 배 이상 증가하였고 이들에게 지급된 보조금 역시 8배 가까이 증가하였다.[44] 이명박 정부하에서 편향되게 지급된 지원금은 이명박 정부가 보수적인 친정부 시민단체의 정치적 동원을 목적으로 한 것이었음이 확인되었다.[45] 둘째, 이명박 정부는 정부에 비판적인 시민단체를 통제하기 위해서는 법적인 수단을 동원하는 것도 마다하지 않았다. 대표적으로 국정원이 박원순 희망제작소 이사에게 거액의 손해배상을 청구한 사건을 들 수 있다.[46] 이 사건의 상징적인 의미는 국가 기관이 시민단체 활동가를 대상으로 한 명예 훼손 사건의 법적인 주체가 되었다는 것이다.

사회적 책임성에서 언론의 역할은 아무리 강조해도 지나치지 않다. 사회적 책임성을 확보하는 데 있어 독립적인 언론의 역할이 중요한 이유는 언론 본연의 감시 기능과 함께 시민사회의 활동이 미디어를 통해 국민들에게 제대로 전달될 때 사회적 책임성이 효과적으로 확보될 수 있기 때문이다(Smulovitz and Peruzotti 2000: 152, 154).

언론의 자유는 이명박 정부 기간 동안 가장 위축된 분야 중 하나라고 해도 지나치지 않을 것이다. 이명박 정부는 인사권, 법적 수단 그리고 언론의 구조 개편을 포함한 모든 수단을 동원하여 독립적인 언론을 순치시켜 왔으며, 이에 따라 한국 사회에서 민주화와 함께 점진적으로 향상되

의 사업을 새로 배정하였다(2009년 5월 7일 자 『한겨레』 「촛불참여 단체 정부보조금 끊겼다」 참조).

44 2012년 6월 27일 자 『시사저널』 「MB 정부, 보수 성향 단체에 보조금 팍팍 밀어줬다」 참조.

45 실제로, 2011년 4월 '바른민주개혁시민회의' 윤희구 의장은 자신이 관여해 왔던 전국환경단체협의회가 청와대의 지시로 정부 정책(영남권신공항 백지화)에 찬성하는 광고를 냈으며, 2009년 바른민주개혁시민회의가 용산 사태, 세종시, 미디어법 등 중요 사안에 대해서 신문 광고 등을 통해 정부 입장을 지지하는 활동을 해 왔다고 폭로하였다(2011년 4월 12일 자 『한겨레』 「"나는 MB정부의 여론조작 행동대장이었다"」 참조).

46 국정원은 박원순 이사가 언론을 통해 제기한 국정원의 민간인 사찰 의혹이 국정원의 명예를 훼손했다는 이유를 들어 박 이사에게 거액의 손해배상을 청구하였다. 이 사건과 관련하여 대법원은 박원순 이사에게 최종적으로 무죄 판결을 내렸다(2012년 4월 6일 자 『시사인』 「'국정원 사찰 폭로' 박원순 시장, 대법원서 최종 승소」 참조).

어 왔던 언론의 공공성이 심각하게 훼손되었다.

이명박 정부는 집권 기간 내내 정부가 임명권이나 영향력을 행사할 수 있는 직책들에 대한 인사권 행사에서 정치적 편향성을 드러내었다. 그러한 예는 독립성이 보장되어야 할 방송통신위원장, 공영방송인 KBS, MBC, 뉴스 전문 채널인 YTN 경영진을 포괄하는 광범위한 것이었다. 나아가 이명박 정부는 법적인 수단을 동원하여 언론을 통제하고자 했다. 농림수산부가 MBC 〈PD수첩〉 제작진을 광우병 괴담을 유포하였다는 이유로 고발한 것이 대표적인 사건이다. 또한 인터넷상의 비판적인 여론을 통제하고 순치시키기 위해 박대성(필명 미네르바)을 구속하였다. 이들은 이후 사법부로부터 모두 무죄 판결을 받았다.

이명박 정부의 언론 장악 시도의 정점은 야당과 시민사회의 극심한 반대에도 불구하고 조선일보, 중앙일보, 동아일보, 매일경제 등 4개 신문사에 종합편성채널(종편)을 허용한 것이라고 할 수 있다. 더구나 종편을 허용하기 위해서 정부 여당은 2009년 7월 22일 미디어법을 합법적 절차를 무시한 채 날치기 통과시켰다.[47]

그렇다면, 비교적인 시각에서 볼 때 이명박 정부하의 언론의 자유를 어떻게 평가할 수 있는가? 국제 언론 감시 단체인 국경 없는 기자회(Reporters without Borders)의 이 시기 발표(2013)에 따르면 한국의 언론 자유 지수는 50위로, 이는 2012년보다 6단계 하락한 수치였다. 한국의 언론 자유 지수는 노무현 정부 때인 2006년 가장 높은 순위인 31위까지 오른 적이 있었는데, 이명박 정부 들어 지속적으로 하락하였다. 특히 촛불집회의 여파로 정부의 언론 통제가 극심했던 2009년에는 69위까지 하락한

47 이후 헌법재판소(헌재)는 미디어법 통과 절차상 투표 과정에서 대리투표와 재투표 등 위법 행위가 있었다고 판시하였다. 하지만 헌재가 법안의 무효 청구를 기각함으로써 정치적 판결이라는 비판을 받았다.

바 있다.[48]

이러한 상황에 대한 국민들의 인식 또한 다르지 않다. KDB 2010 조사에 따르면 절반에 가까운 응답자(43.6%)가 "언론 기관들은 우리 정부를 자유롭게 비판할 수 있다."라는 질문에 동의하지 않았다. 또한 같은 조사에서 "사람들은 두려움 없이 자신의 생각을 자유롭게 표현할 수 있다."라는 질문에 절반이 넘는 사람들(51.33%)이 부정적인 의견을 나타냈다.

이명박 정부와 수평적 책임성(horizontal accountability)

수직적 책임성이 유권자, 대표자와 같은 불평등한 행위자 사이의 관계를 나타낸다면 수평적 책임성은 정부, 의회, 법원과 같은 평등하고 독립적인 국가 기관들 사이의 관계를 주로 나타낸다. 수평적 책임성은 3권 분립의 실질적인 확보를 위한 견제와 균형(check and balance)의 작동 원리에 기반을 두고 있다. 다시 말하면 국가권력의 부패와 탈법, 정치화를 방지할 수 있는 여러 기관들의 제도적인 독립을 전제로 한다.

수평적 책임성은 다양한 국가 기관들에 의한 감시(monitoring), 조사(investigation)와 강제(enforcement) 행위를 통해서 달성된다(Morlino and Diamond 2005). 구체적으로 사법부의 실질적인 독립, 행정부에 종속되지 않은 의회의 독립적인 감시 기능과 정책 형성 기능 그리고 감사원과 같은 회계 감사 기관의 투명하고 독립적인 운용을 전제로 하고 있다. 여기서 제도적인 독립이라고 할 때 단지 법적인 의미에서의 독립만을 의미하지는 않는다. 수평적 책임성의 확보는 이러한 기관들이 국가권력의 부패와 정치화를 일상적으로 조사·감시하고 문제가 발생하였을 때 실질적으로 법적인 제재를 가할 수 있느냐가 핵심적인 문제라고 할 수 있다

48 2013년 1월 30일 자 『미디어스』 「한국 언론자유도 2년 연속 하락」 참조.

(O'donnell 1999: 39).

그렇다면 이명박 정부하에서 수평적 책임성은 어떻게 작동하여 왔는가? 먼저 행정부와 의회의 관계를 살펴보자. 민주화 이후 한국의 행정부와 의회 관계는 일반적으로 여야 대립 양식(행정부+여당 대 야당)이 지배해 왔으며 의회의 견제 기능은 정파적 대립에 의해서 약화되어 왔다(박찬표 2002). 이명박 정부하에서도 이러한 현상이 반복되었다. 특히 다수당을 차지한 한나라당은 행정부에 대한 감시와 견제 역할을 수행하기보다는 거수기 역할을 담당하였다. 구체적으로 한나라당은 예산안(2008~2011), 미디어법, 한미 자유무역협정(Free Trade Agreement) 법안 등 주요 핵심 법안들을 날치기 처리하였다. 또한 민주적 토론 과정을 통한 의회의 견제를 우회한 채 직권상정을 남발하였다.[49]

수평적 책임성의 실현에서 중요한 역할을 담당하는 감사원의 독립성 또한 이명박 정부 내내 논란의 대상이 되었다. 수평적 책임성의 전복은 주요 직책에 대한 임명 과정이 정치적 이해관계에 좌우되면서 가능해진다(Diamond and Morlino 2005). 이명박 대통령은 대선 후보 당시 가장 중요한 논란거리인 BBK 의혹을 변호했던 검사 출신이자 한나라당 부대변인이었던 정치인 은진수를 감사원 감사위원에 임명함으로써 감사원의 정치적 독립을 스스로 훼손하였다. 이명박 정부 들어서 감사원은 공기업 구조 조정을 위한 공기업 대규모 감사, KBS 감사 등 정치적 목적을 의심하게 하는 많은 표적 감사를 단행해 왔다. 또한 이명박 정부의 대표적인 국책 사업이었던 4대강 사업에 대한 2011년 감사에서, 타당성 부족과 환경 파괴 등을 우려하는 야당과 시민단체의 많은 문제 제기에도 불구하고 문제가 없다고 발표하였다. 하지만 2013년 1월에 발표한 2차 감사에서

49 한 연구에 따르면 제18대 국회의 임기가 1년여 남은 2011년에 22건의 주요 법안이 직권상정을 통해서 처리되었다. 이는 제16대의 1건에 비해서 급격히 증가한 수치이다(전진영 2011).

는 보 내구성, 과잉 준설, 수질 악화 등 많은 부분에서 졸속과 부실을 확인했다고 발표함으로써 1차 감사가 부실했음을 스스로 인정하였다.

대표적인 독립적 인권 기관인 국가인권위원회 또한 예외가 아니었다. 이명박 정부는 촛불집회 이후 국가인권위원회(인권위)를 대통령 직속 기관으로 만들려고 시도하였으나 실패하자 20%가 넘는 대규모 조직 축소를 단행하였다. 인권위는 이명박 정부 내내 독립성 논란에서 벗어나지 못하였다. 국제앰네스티는 한국 인권위를 둘러싼 상황에 깊은 우려를 표명하고 국가인권위원회가 독립적이고 신뢰할 수 있는 기구로 남을 것을 요구하였다.[50]

이명박 정부의 사례는 젊은 민주주의 국가에서 비록 선거 체제가 성공적으로 공고화되었다고 하더라도 대통령이 자신이 가진 행정적·법적인 권한과 정치화된 국가 기구를 통해서 다양한 감시·조사 기구를 무력화할 수 있음을 잘 보여 준다고 평가할 수 있다.[51]

정치적으로 독립적인 법원은 법의 지배의 기구로서뿐만 아니라 수평적 책임성의 도구로서도 매우 중요한 역할을 수행한다(Guarnieri 2003). 앞서 간략히 살펴본 것처럼 이명박 정부하에서는 사법부의 독립과 판결에 대한 논란이 지속되어 왔다. 또한 이명박 정부와 집권 여당은 사법부의 독립적인 판결이 자신들의 정치적 이해관계와 배치된다고 판단될 때, 이념적인 공세, 탈법적·합법적 수단을 남용하는 등 다양한 방법을 통해서 사법부의 독립성을 무력화하려는 시도를 해 왔다. 먼저 집권 여당은 검찰의 무리한 기소에 대해서 법원이 무죄 판결을 내린 사건에 이념적인 공세를 강화해 왔다. 나아가 한나라당은 진보적인 판사들의 자율적인 연구

50 2010년 11월 29일 자 『한겨레』 「국제앰네스티 "인권위 상황 우려"」 참조.

51 오도넬은 이를 위임 민주주의의 특징으로 보았다. 오도넬에 따르면, 위임 민주주의의 특징을 갖는 라틴 아메리카 신생 민주주의 국가에서는 행정부가 관리·감시를 목적으로 하는 다양한 공식 기구들을 제거하거나 포섭하고 무력화시킬 수 있다(O'Donnell 1998: 117).

단체인 우리법연구회에 대해서 보수 언론과 함께 전방위적인 해체 압력을 가해 왔으며, 급기야는 법 개정을 통해서라도 해체시키겠다고 공언하기까지 했다.[52] 또한 이명박 정부는 노무현 대통령이 임명한 이용훈 대법원장을 불법적으로 사찰해 왔는데, 이러한 사실이 불법 사찰 사건을 통해서 드러났다.[53]

마지막으로 비록 합법적인 권한의 행사라고 하더라도 사법부의 독립을 침해한 중요한 사건으로 주목해야 하는 사례가 대통령에 의한 특별사면권의 정치적 남용이다. 비록 대통령의 사면권이 헌법에 보장된 권리라 할지라도 정치적인 이해관계에 따라 남용될 때 사면권의 정치적 행사는 수평적인 책임성을 크게 훼손할 수 있다. 대표적으로 이명박 대통령이 이건희 개인을 위해서 단행한, 헌정사상 최초의 특별사면을 들 수 있다. 이명박 대통령은 2009년 12월 29일 10여 년에 걸친 수사와 재판을 통해서 배임과 조세 포탈죄로 유죄 판결을 받은 이건희 삼성그룹 회장을 판결을 받은 지 4개월여 만에 특별사면하였다. 또한 이명박 대통령은 임기 중 마지막 특별사면을 통해서, 비리로 구속된 자신의 측근이자 정권 탄생의 공신이라고 일컬어지는 최시중과 천신일을 특별사면하였다.[54]

이명박 정부하에서 수평적 책임성의 질적인 후퇴는 전방위적인 부패로 귀결되었다.[55] '도덕적으로 깨끗한 정권'을 자임했던 이명박 정부는 대통

---

52 2010년 1월 29일 자 『한겨레』 「'우리법연구회 해체'에 올인한 한나라당」 참조.

53 2012년 6월 13일 자 『오마이뉴스』 「대법원 "이용훈 대법원장 사찰 충격…사법부 독립 위협"」 참조.

54 영국의 『이코노미스트』지는 「용서하세요(Pardon me)」라는 제목의 기사에서 한국 사회의 어두운 정치 관행을 비판하였다. 2013년 2월 2일 자 *Economist* "Pardon me: A departing president proves extravagantly forgiving" 참조.

55 한 네티즌이 작성하여 인터넷에 공개한 이명박 정부 5년간의 부정부패 일지가 화제가 되었다. 이 일지에는 연도별로 작성한 총 417건의 부정부패 사건이 열거되어 있다(이에 대해서는 진실의 길www.poweroftruth.net. 2012년 12월 26일 기사 참조). 문제는 이명박 정부의 부패가 고위 공직자만의 문제가 아니라는 사실이다. 실제로 한국행정연구원이 공직 사회의 부패를 조사하기 위해서 전국 15개 광역지방자치단체의 일반 기업체 관계자와 자영업자 등 1,000명을 대상으로 한 2012년 조사에 따르면 "공직사회의 금품수수관행이 보편적인가?"라는 질문에 3분의 2(66.6%)에 해당하는 응답자가 그렇다고

령의 형, 친인척, 측근들이 비리로 줄줄이 구속되었고 결국은 대통령 가족들도 특별검사의 수사 대상이 되는 상황에까지 이르렀다. 이명박 정부 하에서 부패의 악화는 국제적인 평가에서도 여실히 반영되었다. 국제투명성기구(Transparency International)가 발표한 부패 인식 지수 순위에 따르면 한국은 2012년에 45위를 기록했다. 이는 2009년과 2010년에 39위, 2011년에는 43위였던 것과 비교할 때 수년간 연속적으로 하락한 수치이다.[56]

이 장은 이명박 정부하에서 나타난 민주주의의 역진적 현상을 정확히 분석하기 위해서는 부분 체제의 분석틀의 관점에서 한국 민주주의를 이해할 필요가 있다고 제시하였다. 이러한 분석틀에서 이명박 정부하의 한국 민주주의를 선거 체제, 법의 지배, 수직적 책임성, 그리고 수평적 책임성의 차원으로 구분하고 분석하였다. 그 결과 이명박 정부하에서 한국 민주주의를 구성하는 중요한 부분 체제인 법의 지배, 수직적 책임성, 수평적 책임성 영역에서 중요한 퇴행이 나타났다. 반면, 한국 민주주의의 선거 체제는 두 번의 정권 교체와 2012년 이루어진 보수 정권의 재집권 과정을 통해 비교적 안정적으로 발전해 왔으며 공고화를 이룬 것으로 평가할 수 있다.

그럼에도 불구하고 국정원 사태로 드러난 국가 기관의 선거 개입 사태는 선거 체제의 공고화라는 분석에 의문을 제기하기에 충분하다. 이 사건의 상징적인 의미는 한국 민주주의의 주요 행위자(집권 여당)가 민주적 선거 경쟁의 불확실성을 수용하지 않고 불법적인 방식을 통해서 경쟁의

답하였다. 이 수치는 김대중 정부(2000년 68.8%)와 노무현 정부(2007년 41.2%) 시절을 거치면서 지속적으로 하락하던 추세가 반전된 것으로, 2000년 초반 수준까지 회귀한 것이다(2013년 2월 19일 자 『한국일보』 「이명박 정부 들어 공직 부패 악화」 참조). 이러한 자료에서 나타나듯이 이명박 정부 들어 부정부패에 대한 제도적인 감독과 감시의 기능이 두드러지게 약화되었다.

56 2012년 12월 5일 자 『연합뉴스』 「세계투명성기구 "한국 反부패지수 45위…2년째 ↓」 참조.

결과에 영향을 미치려 했다는 것이다. 이러한 면에서 한국의 민주주의가 온전한 의미에서 유일한 게임이 되었는지 의문을 제기할 수 있다. 하지만 이러한 사태가 선거 체제의 안정성을 단기적으로 위협한다고 판단하기에는 이르다. 왜냐하면 쉐보르스키(1986)와 슈미터(2010)가 지적한 대로 제도화된 대안이 존재하지 않는 한 공고화된 선거 체제가 붕괴될 가능성은 높지 않기 때문이다.[57]

이명박 정부의 경우를 통해서 드러난 부분 체제 간 불균등한 발전은 한국만의 특징이라고 할 수는 없다. 실제로 많은 연구자들이 선거 민주주의(Diamond 1999), 비자유 민주주의(Zakaria 1997), 결함 있는 민주주의(Merkel 2004), 부분적인 민주주의(Epstein et al. 2004), 경쟁적인 권위주의(Levitsky and Way 2002) 등 다양한 부분적 혹은 혼합적인 체제를 제시하고 있다.

그렇다면 이러한 부분 체제들 간에 불균등한 발전이 나타난 원인은 무엇인가? 단일한 요인으로 이러한 현상을 설명할 수는 없을 것이다. 메르켈(Merkel 2004: 52~54)은 결함 있는 민주주의(defective democracy)를 야기하는 여러 요인들을 제시하였다. 이러한 요인들 중에서, 근대화의 경로와 수준, 경제 추세(위기), 시민사회, 사회적 자본, 이전 권위주의 정권의 유형, 이행의 모드, 정치 제도와 같은 요인들이 한국 사회에 함의를 지닌다고 할 수 있다. 하지만 보다 중요한 요인으로서 한국 민주주의의 이행과 공고화 과정의 특성에 주목할 필요가 있다. 잘 알려져 있듯이 다수의 학자들이 엘리트 간 협약을 통해 안정적인 민주적 이행과 성공적인 공고화를 이루었다는 점에서 한국 민주주의를 높이 평가해 왔다. 하지만 위로부터의 개혁은 상대적으로 빠르고 안정적인 군부의 탈정치화와 선거 체

57 슈미터는 이를 '정치동학의 두 번째 법칙(second law of political dynamics)'의 산물로 분석한다(Schmitter 2010: 22).

제의 안정적인 제도화 같은 의미 있는 성과를 이루었음에도 불구하고, 노동자와 같은 시민사회의 주요 행위자를 배제한 채 보수적인 개혁으로 귀결되었으며 다른 부분 체제들과의 긴장과 불균형을 낳았다.[58] 이러한 결과를 '성공적인 민주주의(선거 체제) 안정화의 역설'이라고 부를 수 있을지도 모르겠다.[59]

그렇다면 향후 과제는 무엇인가? 일차적으로 국가의 문제를 환기하는 것이 중요하다. 린츠와 스테판(Linz and Stephan 1996)은 민주주의 공고화 과정에서 국가 기구와 국가성(제2장)의 문제를 지적한 바 있다. 실제로 언어적 혹은 인종적 균열이 지배적인 신생 민주주의 국가에서 권위주의로부터의 이행과 공고화 문제는 국가의 효과적인 영역성을 설정하는 문제와 중요하게 연관되어 있다.[60] 오도넬(O'Donnell 1993) 또한 민주주의 이행과 공고화 논의에서 상대적으로 경시되었던 국가 혹은 국가성의 문제를 환기하였다. 민주화 이행 과정에서 많은 중남미 국가들이 사회경제적 위기뿐만 아니라 국가의 위기를 겪었으며 효과적인 국가 능력이 중요한 이슈가 되었다.

하지만 언어적·인종적으로 동질적인 '역사적 민족(historic nations)'을 오랫동안 유지해 온 한국은 영토적 의미에서 국가성의 문제가 민주화 과정에서 중요한 이슈가 아니었다. 또한 발전국가의 유산으로서 비교적 효과적인 국가 제도와 국가 능력을 보유한 한국은 '국가의 위기' 달리 말하면 '효과적인 국가'의 문제가 중심 과제가 아니었다. 오히려, 민주주의의 심

58 최장집은 이러한 보수적 근대화·민주화 과정을 그람시의 개념을 빌려 '수동혁명'으로 정의한 바 있다(2005).

59 역으로 한국의 민주화 과정이 전면적인 개혁을 포괄하지 않고 부분적인 개혁에 그치고 만 것이 한국 민주주의(선거 체제) 공고화의 성공 요인으로 작용하였다고 할 수 있다. 이러한 시각에 대한 비교적 관점은 슈미터(2010)를 참조하라.

60 예를 들어 민주화의 이행과 공고화 과정에서 부상한 마케도니아(Macedonia)와 알바니아(Albania) 간의 국가를 둘러싼 갈등을 들 수 있다.

화와 관련된 중요한 이슈는 검찰과 국정원 같은 강권적 국가 기구들 그리고 한국 사회의 비토 행위자(veto players)로 역할하고 있는 보수 언론과 같은 부문을 어떻게 탈정치화하고 개혁할 것인가의 문제라고 할 수 있다.[61] 또한 사법 개혁을 통한 사법부의 실질적인 독립을 확보해 법의 지배를 확립하는 것이 중요하다.

민주주의 물결 이후 남미를 포함한 많은 신생 민주주의 국가들의 경험은 민주적 제도의 도입이 효과적인 민주주의를 가져올 수 있다는 초기의 낙관적 전망이 경험적인 근거가 취약하다는 것을 확인시켜 주었다. 많은 경우 도입된 민주적 제도들이 매우 취약한 기반에서 작동하고 있다(Levitsky and Murillo 2013). 그렇다면 보다 중요한 과제는 선거 체제의 공고화를 넘어서 민주주의의 심화를 위해 민주적 거버넌스[62]를 구축하는 것인데, 이러한 과제를 달성하려면 좋은 정부(good government)를 만드는 일 혹은 정부의 질(the quality of government)[63]을 확보하는 것이 중요한 요건이 될 것이다.

또한 민주적 거버넌스의 효과적인 구축이라는 중장기적인 과제를 위해서 제도화된 정당 체제를 구축하는 문제가 매우 중요하다(Mainwaring and Scully 2010: 378~379). 제도화된 정당 체제는 유권자와 선거 과정을 효과적으로 연계하고, 그에 따라서 한국 민주주의의 선거 책임성을 향상시

61 본질적인 문제는 국가 기구와 언론의 탈정치화를 넘어서 민주주의의 가치, 견제와 균형의 원리가 지배적인 원리로 작동하는 것이다. 앞서 언급한 대로 민주주의 공고화에 대한 포괄적 정의에 따르면 주요 행위자들이 민주주의의 가치를 규범적 수준에서뿐만 아니라 행위의 수준에서도 내면화해야 한다(Diamond 1999).

62 거버넌스 혹은 민주적 거버넌스에 대해서는 국내외에서 많은 논의가 진행되어 왔다. 민주적인 거버넌스에 대한 구체적인 측정과 분석에 대해서는 메인웨링 등의 최근 논의를 참고하라(Mainwaring, Scully and Cullel 2010: chapter1).

63 정부의 질에 대해서는 최근에 여러 논의들이 발전해 왔다. 대표적으로 월드뱅크 굿거버넌스 프로젝트가 있다(http://info.worldbank.org/governance/wgi/index.asp). 이 개념을 한국의 민주주의 심화와 연관하여 적용한 글은 이현우(2011)을 참고하라.

킬 수 있다. 또한 정당이 의회에서 중심적인 역할을 할 수 있는 제도적인 기반을 제공하고 수평적 책임성의 향상에도 기여할 수 있다. 실제로 남미의 성공적인 민주적 거버넌스 사례로 평가받는 칠레의 경우 제도화된 정당 체제가 중요한 역할을 하였다(Angell 2010). 남미의 경우 성공적인 민주적 거버넌스와 그렇지 못한 경우를 결정하는 중요한 요인 중의 하나는 정당 체제를 포함한 민주적 제도의 구축이었다(Navia and Walker 2010).[64]

64 하지만 부분 체제 간의 불균등한 발전을 고려할 때 정당과 정당 체제의 제도화에 대한 지나친 요구와 기대는 정당의 과부하(overload)를 낳고, 이는 정당에 대한 실망과 지지의 감소를 초래할 수 있다는 점을 지적하고 싶다. 부분 체제의 관점에서 볼 때 정당과 시민과의 조직적 연계가 약하고 정당의 제도화가 여전히 낮은 수준인 많은 비서구 민주주의 국가들에서 이익의 대표는 때론 다른 채널을 통해서도 이루어질 수 있다. 한국과 비슷하게 정당 체제의 제도화 수준이 낮은 스페인에서 이루어진 몽클로아 협약(Moncloa accords)이 대표적인 사례라고 할 수 있다(Encarnacion 2000: 493). 따라서 한국적 맥락에서 시민사회와 정당 간의 유기적인 협력을 통한 발전의 모색이 더 현실적인 전략이라고 할 수 있다.

제❺장

민주주의 후퇴에 대한 인식과 민주적 지지

: 이명박 정부의 사례

한국 민주주의는 이명박 정부의 등장과 함께 민주화 이후 두 번의 정권 교체에 관한 시험(Huntington 1991)을 통과하였다. 이에 따라서 한국 민주주의가 제도적 수준에서 공고화되었다는 데에는 학자들 간의 의견이 대체로 일치한다(Hahm 2008). 또한 동아시아 신생 민주주의 국가군 중에서 한국은 대만과 더불어 자유 민주주의를 성취한 나라로 분류되어 왔다.[65]

하지만 학자들 사이의 이러한 긍정적인 평가와는 대조적으로 한국 민주주의의 실제와 수행력에 대한 국민들의 평가는 성공적인 공고화 과정을 거치면서도 개선되지 않았고 일부 조사에 따르면 오히려 악화되기까지 하였다. 예를 들어 한국 민주주의 현 상태에 대한 10점 척도 평가(1점: 완전 독재~10점: 완전 민주주의)를 보면 KDB 1996년 조사에서는 평균 6.8점이었는데, 두 번의 정권 교체 이후 가장 최근 실시된 KDB 2010년 조사에서는 평균 5.8점으로 1996년에 비해 1점 하락하였다. 민주주의의 제도적인 정착과 함께 민주주의에 대한 국민들의 열망[66]은 1996년 8.6점에서 2010년에는 8.1점으로 낮아졌으나 민주주의의 이상과 현실 간의 차이(열망과 실재 평가의 차이)는 같은 기간 2점에서 2.3점으로 오히려 높아졌다.

이러한 불일치를 어떻게 설명할 수 있을까? 한국 민주주의에 대한 기존의 분석들은 제도적인 수준에 집중해 왔다. 하지만 신생 민주주의 국가의 많은 사례들이 잘 보여 주듯이 선거 민주주의의 성공적인 제도화가 민주주의의 공고화, 나아가 민주주의의 질적인 심화를 보장하지 않는다. 특히, 최근의 연구들을 보면 성공적으로 제도화된 민주주의 국가에서 민주주의에 대한 불만이 감소되지 않고 오히려 증가하고 있는 것으로 나타

65 예를 들어 한 연구는 한국에서 "민주주의는 실지로 유일한 게임이 되었다. 그리고 정치문화는 권위주의로부터 민주주의로의 전환을 완성하였다."라고 평가하였다(Shin and Wells 2005: 99).

66 이는 "현재 우리나라가 몇 점 정도에 있었으면 좋겠습니까?"라는 질문을 통해서 측정되었다. 이 변수는 10점 척도에 기반하고 있다(1점: 완전 독재~10점: 완전 민주주의).

났다(Chu, Diamond, Nathan and Shin 2009). 선진 민주주의 국가에서는 민주주의의 실재에 대한 불만족이 민주주의 체제의 정당성에 대한 위기로 상승되는 경우는 거의 없다(Dalton 2004). 하지만 민주주의 가치에 대한 내면화가 여전히 진행 중인 신생 민주주의 국가에서 민주주의 실재에 대한 불만족이 지속될 경우 이는 궁극적으로 민주주의 체제의 정당성에 대한 회의로까지 발전할 수 있을 것이다. 비록 한국 민주주의가 제도적인 수준에서 공고화되었다[67]고 평가할 수 있으나 민주화 이후 지속되어 온 민주주의의 실재에 대한 불만은 한국 민주주의의 질적 심화에 중요한 장애 요인이 될 수 있다.

이 장은 이명박 정부를 분석 대상으로 한다. 선거 민주주의가 공고화되는 계기가 되었다고 평가되는 이명박 정부의 등장과 함께 계속된 민주주의 후퇴에 대한 논란은 한국 민주주의에서 부분 체제들 간의 불균등 발전에 대한 인식의 중요성을 환기시켜 주었다(최장집 2006, 2013). 즉 이명박 정부의 사례가 잘 보여 주듯이 선거 체제(electoral regime)가 비록 제도화되고 공고화되었다고 하더라도 민주주의를 구성하는 다른 부분 체제들(partial regimes)의 발전은 정체되거나 심지어 퇴보할 수 있다. 그렇다면 선거 체제를 제외한 다른 부분 정체들의 질적인 후퇴가 한국 민주주의의 실재와 수행력에 대한 국민들의 불만의 원인이 될 수 있다.

또한 이명박 정부하에서 발생한 민주주의 후퇴에 대한 논란은 민주주의에 대한 불만족 결정 요인으로서 정치적 수행력과 경제적 수행력 간의 기존 논쟁을 검증할 수 있는 좋은 사례가 된다(Kang 2012; Rose, Shin and Monroe 1999). 노무현 정부를 대상으로 한 기존의 경험 분석에 따르

67 분석적인 유용성을 위해 본 연구에서 한국 민주주의의 제도적인 공고화라고 할 때는 선거 체제의 공고화를 의미하는 것으로 한정한다. 권위주의 시기의 중요 행위자들이 민주적인 선거를 통해서 다시 집권에 성공한 '퇴행적 제도화(perverse institutionalization)'가 없었다는 점에서 한국의 선거 체제가 안정적으로 공고화되었다는 평가를 가능하게 한다(박경미·손병권·임성학·전진영 2012: 31~39).

면 한국 민주주의의 수행력에 대한 불만족은 불평등, 복지 체제에 대한 불만족과 같은 체제 수준의 경제적 변수에 기인한 것이었다(Kang 2012). 반면에 이전 시기를 대상으로 한 분석(Rose, Shin and Monroe 1999)에서 민주주의에 대한 만족을 결정하는 요인은 정치적인 요인이었다. 민주주의에 대한 지지와 만족이 수요와 공급의 함수라고 할 때, 절차적인 민주주의를 진전시킨 노무현 정부하에서 민주주의에 대한 만족을 결정하는 요인은 IMF 경제 위기와 김대중·노무현 정부를 거치면서 악화된 경제적 불평등이었던 것이다. 하지만 이 장에서 필자는 이명박 정부의 사례에 대한 경험 분석을 통해서 선거 체제가 공고화된 민주주의에서도 정치적 수행력이 민주주의의 현실에 대한 지지를 결정하는 중요한 요인이 된다고 주장한다. 이러한 주장을 검증하기 위해 ABS 3차(2011) 조사를 중심으로 하고, KDB 2010년 조사 등 관련된 여론조사를 추가적으로 활용한다.

이명박 정부하에서 민주주의 질의 후퇴

이명박 정부하의 한국 민주주의의 질을 구성하는 부분 체제들의 후퇴에 대해 논의하기 위해서 먼저 이명박 정부하의 전반적인 정치 상황에 대한 국민들의 인식을 살펴보자. KDB 2010년 조사에 따르면 응답자의 3분의 2가 넘는 67.6%가 '현 정치 상황이 나쁘거나 매우 나쁘다'고 대답하였다. 반면에 '좋은 편이거나 매우 좋다'고 대답한 응답자는 나쁘다고 대답한 응답자의 10분의 1 수준인 6.6% 지나지 않았다. ABS 3차(2011) 조사에서도 비슷한 수치인 63.51%가 '현 정부에 다소 불만족하거나 매우 불만족한다'고 대답하였다.

그렇다면 민주주의의 질을 구성하는 부분 체제들에 대한 국민들의 평가는 어떠한가? [표 5-1]은 ABS 2차(2006), 3차(2011) 조사와 KDB 2010

표 5-1 민주주의 질에 대한 국민들의 인식 변화: ABS 2차(2006), 3차(2011), KDB 2010 조사 비교

부분 체제	설문 내용	응답 내용	ABS 2차(2006)	ABS 3차(2011)	KDB 2010
경쟁	선거의 공정성	완전 자유, 공정 혹은 자유, 공정하지만 사소한 문제	-------	85.2%	-------
법의 지배	법 앞의 평등(범법 공직자가 처벌 면하는 경우)	대부분 항상	37.96%	57.78%	74.7%
	중앙정부 부패	많은 사람, 대부분	45.22%	54.5%	75.7%
	부패 근절 노력	그다지, 아무것도 하지 않음	47.11%	48.68%	-------
수직적 책임성	선거와 선거 사이 책임성 보장 못 함	대체로, 매우 동의	56.11%	63.9%	-------
	중요한 정보 보류	항상, 대부분	68.89%	72.79%	90.9%
수평적 책임성	법원의 역할(정부의 범법 행위에 대해서 법원이 할 수 있는 일이 없음)	대체로, 매우 동의	46.95%	56.19%	-------
	의회의 견제	가능하지 않음	38.12%	43.11%	-------
자유	표현의 자유	대체로 항상, 동의하지 않음	39.43%	46.29%	50.0%
	조직 가입의 자유	대체로 항상, 동의하지 않음	29.95%	31.81%	49.0%

출처: ABS 2차(2006), 3차(2011), KDB 2010 조사

년 조사를 바탕으로, 정치적 경쟁, 법의 지배, 수직적 책임성, 수평적 책임성, 자유와 같은 중요한 부분 체제들에 대한 국민들의 평가에 어떠한 변화가 나타났는지 보여 준다. ABS 2차(2006), 3차(2011) 조사와 이와 비슷한 시기에 이루어진 KDB 2010년 조사를 비교해 볼 때 부분 정체를 나타내는 대부분의 설문 항목에서 국민들의 평가가 전반적으로 나빠졌다.

이를 항목별로 간단히 살펴보자.

먼저 경쟁을 구성하는 주요 변수로서 선거의 공정성을 살펴보자. 앞서 지적한 대로 이명박 정부의 등장은 한국 민주주의의 제도적 공고화에 대한 믿음을 확산시켰다. 국민들이 부여하는 선거 과정에 대한 정당성 여부가 민주주의 공고화의 중요한 요인이라고 할 때, 주목할 점은 선거 과정에 대한 국민들의 평가이다. ABS 3차 조사에서 지난 선거가 대체적으로 자유롭고 공정했다고 판단한 응답자가 85.2%에 달해, 압도적 다수의 응답자가 한국 민주주의에서 선거의 공정성이 확보되었다고 판단하고 있었다.

둘째, 법의 지배는 오도넬(O'Donnell 2005)이 지적한 것처럼 국가권력의 남용을 방지하고 시민들의 정치적 평등을 제도적으로 보장하는 민주적 책임성의 핵심적인 기둥이라고 할 수 있다. 하지만 이명박 정부하서는 법의 지배 또한 다양한 방식으로 약화되었다. 먼저 이명박 정부하에서 국가 공권력의 남용과 탈법적·불법적 사용이 증가되었다. 용산 참사와 김종인 불법 사찰 사건 그리고 국가정보원의 대통령 선거 개입 사건 등이 대표적이다. 또한 신영철 대법관 사태에서 상징적으로 드러났듯이 이명박 정부하에서 법원의 독립은 정치권력에 의해서 침해받았다. 마지막으로, 이른바 삼성 에버랜드 사건에서 나타났듯이 이명박 정부하의 사법부는 한국 사회의 핵심적인 기득 세력인 재벌에게 법 앞의 평등 원칙을 구현하는 데 실패했다는 평가를 받았다. 이명박 정부하의 법의 지배의 후퇴는 국민들의 인식과 평가 속에 그대로 반영되었다. KDB 2010년 조사에서 "부자나 힘 있는 사람도 죄를 지으면 처벌받느냐"라는 법 앞의 평등을 묻는 질문에 4분의 3에 해당하는 74.7%의 응답자가 부정적으로 답하였다. ABS 3차 조사에서도 이러한 인식을 가진 사람이 절반을 훨씬 넘었다.

법의 지배와 관련하여 또 다른 중요한 이슈는 이명박 정부하에서 정치적 부패가 얼마나 개선되었으며, 또 이명박 정부가 이를 위해 얼마나 노력을 했느냐이다. 신생 민주주의 국가에서 광범위한 부패는 정치 제도에 대한 신뢰를 저해한다(Chang and Chu 2006). 정치 제도에 대한 불신은 민주주의 제도에 대한 신뢰 감소로 이어져(Yap 2012) 결국 민주주의 공고화와 심화를 저해하는 중요한 요인이 된다. 민주화 이후 한국 정부는 임기 중반을 지나면서 드러난 대통령의 측근과 친인척 비리로 정권을 마무리하는 특징을 나타냈으며 이명박 정부도 예외는 아니었다. 하지만 이명박 정부의 경우 부패가 대통령의 측근과 참모들 그리고 대통령의 형을 포함한 친인척에까지 이를 정도로 전방위적이었다. 또한 스폰서 검사 사건에서 일부 드러났듯이 이명박 정부하에서 부패는 특권과 결합된 조직적인 현상이었다. 더구나 임기 말에는 대통령의 직계 가족까지 배임과 조세 포탈 혐의로 수사 대상이 되었다는 점에서 전례가 없었다고 할 수 있다.

이명박 정부하의 부패는 국내외의 평가에 잘 반영되었다. 국제투명성기구 조사에서 한국의 부패 지수 순위는 2008년 이후 지속적으로 하락하였다.[68] 또한 이명박 정부하의 부패 수준을 묻는 질문에 KDB 2010년 조사에서는 응답자의 4분의 3에 해당하는 75.7%가 매우 부패하거나 부패했다고 답하였다. ABS 3차 조사에서도 중앙정부의 부패를 묻는 질문에 응답자의 과반수인 54.5%가 모든 사람이 부패하거나 많은 사람이 부패했다고 답하였다. 이와 관련하여 이명박 정부의 부패 근절 노력에 대해서도 절반에 가까운 48.68%가 부정적인 평가를 내렸다.

셋째, 수직적 책임성을 살펴보자. 민주주의에서 수직적 책임성은 일차적으로 선거를 통해서 이루어진다고 하지만 선거는 일정한 주기로 치러

68 한국은 2011년도 부패 인식 지수(CPI)가 전년도에 비해 4단계 하락하여 183개국 중에서 43위를 차지하였는데, 이는 OECD 34개국 중 27위로 최하위권이다.

지기 때문에 선거와 선거 사이의 수직적 책임성은 다양한 시민사회 조직과 독립적인 언론의 역할을 기초로 한 사회적 책임성(social accountability)을 통해서 확보 가능하다고 할 수 있다(Smulovitz and Peruzotti 2000). 이명박 정부하에서 정부와 비판적인 시민사회와의 관계는 임기 초 촛불정국을 지나면서 급속히 악화되었다. 이후 이명박 정부는 재정적·법적 수단 등 거의 모든 수단을 동원하여 비판적인 시민단체의 활동을 제약하였다. 예를 들어, 촛불집회에 참여한 시민단체들을 정부 보조금 지원 대상에서 제외하였으며 자유총연맹 등 관변단체에는 정부의 지원을 늘렸다(2009년 5월 7일 자 『한겨레』). 또한 이명박 정부는 비판적인 시민사회의 활동을 통제하기 위하여 유례없이 법적인 수단까지 동원하였다.[69] 그 결과 KDB 2010년 조사에 따르면 "두려움 없이 조직에 가입할 수 있는가?"라는 질문에 절반에 가까운 49%가 부정적으로 답하였다.

사회적 책임성의 확보에서 시민사회와 더불어 독립적인 언론의 중요성은 더 이상 강조할 필요가 없다. 시민단체의 활동이 국민들에게 지지와 공감을 얻기 위해서는 언론의 역할이 절대적이기 때문이다(Smulovitz and Peruzotti 2000). 이명박 정부하에서 언론의 자유는 크게 위축되었다. 먼저, 이명박 정부는 많은 논란이 되었던 종합편성채널(종편) 허용을 통해서 언론의 구조 개혁을 시도하였다. 정부와 여당은 종편을 허용하기 위해서 야당과 시민사회의 강한 반대 속에서도 '미디어법'을 날치기 처리하였다. 또한 KBS, YTN, MBC 경영진과 방송통신위원장 등 가능한 한 모든 직책에 대한 인사에서 정치적으로 편향된 인사권을 행사하였다. 더구나 〈PD수첩〉 사건에서 상징적으로 나타나듯이 비판적인 언론을 순치시키기 위해서라면 법적인 수단도 마다하지 않았다. 또한 집시법 개정 시도,

---

69 대표적으로 국가 기관인 국가정보원이 소송의 주체가 되어 대표적인 시민활동가인 박원순 희망제작소 이사를 명예훼손으로 고소하여 거액의 손해배상을 청구한 사례를 들 수 있다.

미네르바 사건, 쥐 그림 사건 등 일련의 사건들을 보면 이명박 정부하에서 표현의 자유가 크게 위축되었음을 알 수 있다. 그 결과, 국제 사회가 평가하는 한국의 언론자유도는 이명박 정부하에서 대폭 하락하였다. 국제 언론 감시 단체인 국경 없는 기자회가 발표한 2009년 한국의 언론 자유 지수는 69위로, 전년도 조사(47위)에 비해서 크게 악화되었다. 국민들의 평가 또한 이러한 변화를 반영하고 있다. KDB 2010년 조사에서 "두려움 없이 자신의 생각을 말할 수 있다."라는 문항에 응답자의 절반(50%)이 부정적으로 답하였다.

넷째, 수평적 책임성을 살펴보자. 수평적 책임성은 견제와 균형의 원리를 확보하기 위한 3권 분립의 실질적인 확보에 기반하고 있다. 따라서 이는 국가권력의 부패와 탈법 그리고 정치적 남용을 방지하기 위한 견제기관의 제도적인 독립을 전제로 한다. 구체적으로 법원의 실질적인 독립, 감사·조사 기관의 정치적 독립과 의회의 행정부 견제 기능 등이 핵심적인 역할을 한다고 할 수 있다.

다른 부분 체제들과 마찬가지로 이명박 정부하에서 수평적 책임성도 약화되었다. 먼저, 이명박 정부하에서 의회의 견제 기능이 약화되었다. 정부 여당은 한미 자유무역협정과 미디어 법안, 예산안과 같은 중요 법안들을 날치기 처리하였고 국회의장은 직권상정을 남발하였다. 수평적 책임성의 또 다른 축인 사법부의 독립 또한 지속적인 논란의 대상이 되었다. 앞서 언급한 신영철 대법관 사태와 함께 우리법연구회 사건은 사법부의 자율적인 연구 모임이 정치적인 입장에 따라서 압력의 대상이 될 수 있다는 것을 상징적으로 보여 주었다. 또한 사법부의 독립과 연관하여 주목해야 할 중요한 사건은 대통령에게 주어지는 사면권의 정치적 남용이다. 이명박 대통령은 2009년 12월, 10년 동안의 수사와 재판을 통해서 조세 포탈죄와 배임으로 유죄 평결을 받은 이건희 삼성그룹 회장 개인을 위한 특별사면을 단행한 바 있다. 이는 재벌 그룹 회장 개인을 위해 단행된 헌정사상 최초의 특별사면이었다. 비록 사면권이 헌법에 보장된 대통령의 권한이라 하더라도 사면권이 정치적으로 남용될 때[70] 수평적 책임성을 심각하게 훼손할 수 있다.

그렇다면 국민들은 이명박 정부하의 수평적 책임성을 어떻게 평가하는가? ABS 3차 조사에 따르면 "의회가 정부의 지도자를 어느 정도 견제할 수 있는가?"라는 질문에 절반에 약간 못 미치는 응답자(43.11%)가 가능하지 않다고 대답하였다. 또한 "정부 지도자가 범법 행위를 했을 때 법원이 할 수 있는 일이 없다."라는 문항에는 과반수인 56.19%가 동의하였다. 이와 같이 국민들은 이명박 정부하에서 민주주의의 견제와 균형의 핵심 기제인 수평적 책임성이 침해되었다고 평가하였다.

이명박 정부는 참여정부의 경제 실정에 대한 국민들의 비판적 평가에 힘입어 경제 살리기에 총력을 기울일 것이라는 기대 속에서 출범하였다. 하지만 이명박 정부는 세계 경제 위기를 극복하였다는 나름의 평가에도 불구하고 이른바 '747 공약' 실패, 부자 감세에서 대표적으로 드러나듯이 집권 기간 내내 경제 실적 논란에 휩싸였다. 흥미로운 것은 이명박 정부 5년에 대해 국민들의 평가를 묻는 한 여론조사에 따르면 이명박 정부의 가장 큰 실정으로 일자리 창출과 경제 활성화를 꼽은 국민은 단 13.4%(전체 3위)에 지나지 않았다는 사실이다. 3분의 2가 넘는 68.7%의 응답자가 정치적인 영역[71]을 가장 잘못한 부분으로 선택하였다(모노리서치 2013년 2월 1일 조사, CBS 2013년 2월 4일 방송). 이러한 결과는, IMF 경제 위기

70 또한 이 장이 의존하는 ABS 3차 조사(2011)와 KDB 2010년 조사 이후의 일이지만, 이명박 대통령은 임기 중 마지막 특별사면을 통해서 자신의 측근이자 정권 탄생 공신인 최시중과 천신일을 특별사면하였다.

71 구체적으로 보면 3분의 1이 훨씬 넘는 39.9%가 4대강 사업을 선택했으며, 그다음은 인사 부정과 부패 척결이 15.9%를 차지하였다. 일자리 창출과 경제 활성화에 이어서 이와 비슷한 수치인 12.9%가 국민 통합과 소통을 선택하였다.

이후 국민들이 가장 중요한 국정 어젠다(agenda)로 지속적으로 평가해 온 경제 성장과 양극화 등 경제적 수행력이 이명박 정부 평가에서 중요하지 않았기 때문이라고 볼 수는 없다. 오히려 경제적 수행력의 중요성을 능가할 만큼 정치적 수행력의 결핍이 현저했다고 보는 것이 타당할 것이다. 다음 절에서 본격적인 경험 분석을 위한 변수와 모델에 대한 논의를 진행한다.

연구 설계

이 장에서는 이명박 정부하에서 민주주의의 불만족 결정 요인에 대한 경험 분석을 위하여 ABS 3차 조사(2011)를 이용하였다. 필자가 이용한 여론조사 자료는 ABS 3차 조사의 일부분으로서, 한국에서는 2011년 5월 1일부터 9일까지 면접 방식으로 전국적으로(제주도 제외) 시행되었으며 총 표본의 크기는 1,207명이다. 이 자료는 민주주의의 만족도를 포함하여 민주주의에 대한 지지의 여러 차원을 묻는 문항과 경제적 평가, 거버넌스의 질, 민주적 정당성과 체제에 대한 선호 같은 다양한 차원을 포괄하고 있어 이 장의 목적에 가장 적합한 여론조사 자료라고 판단된다.

먼저 종속변수로는 민주주의에 대한 만족을 묻는 문항을 이용하였다. 현재 민주주의에 대한 만족을 묻는 문항은 4점 척도(1점: 매우 만족~4점: 전혀 만족하지 않는다)로 구성되어 있다. 이 장의 종속변수인 민주주의 불만족을 측정하기 위해서 이 변수로부터 가변수를 도출하였다(1점: 다소 불만족 혹은 매우 불만족, 0점: 그 외).[72] 종속변수가 범주형이기 때문에 경험 분석에서는 로짓 모형(logit analysis)을 사용한다. 또한 변수의 실제 영향력을 측정하

72 종속변수를 4점 척도에서 가변수로 재코딩한 이유는 본 연구의 목적인 민주주의의 불만족 요인에 대한 분석에 초점을 맞추기 위해서이다. 4점 척도(만족~불만족)를 사용한 분석과 가변수를 사용한 분석 결과에는 그다지 큰 차이가 없었다.

기 위해서 한계효과(marigal effect)를 추출한다.

정치적 수행력을 측정하는 변수들은 민주주의 질의 중요한 요소로 평가되는 경쟁(competition), 법의 지배(rule of the law), 수직적 책임성(vertical accountability), 수평적 책임성(horizontal accountability), 자유(freedom), 그리고 반응성(responsiveness)으로 구성된다(Morlino and Diamond 2005). 먼저, 경쟁은 선거의 공정성을 묻는 문항을 통해서 측정한다. 법의 지배는 두 변수로 구성된다. 첫째, 위법한 공직자가 얼마나 자주 처벌받지 않는가에 대한 인식을 묻는 문항을 통해서 법 앞의 평등에 대한 국민들의 평가를 측정한다(1점: 항상 그렇다~4점: 그렇지 않다). 둘째, 부패에 대한 변수는 부패 자체보다는 부패에 대한 정부의 노력을 국민들이 어떻게 인식하느냐에 주목한다(1점: 최선을 다하고 있다~4점: 아무것도 안 한다). 한국 민주주의에서 민주화 이후 지속되었던 정권의 부패 자체보다는 부패에 대한 노력 여부가 특정 시기 민주주의에 대한 불만족을 측정하는 더 적절한 변수가 된다고 생각하기 때문이다. 수직적 책임성은 두 변수로 구성되어 있다. 먼저 정부 공직자들이 중요한 정보를 얼마나 자주 보류하는가 하는 문항을 사용한다(1점: 항상 그렇다~4점: 거의 그렇지 않다). 둘째, 선거와 선거 사이 국민들이 정부의 책임성을 확보할 수 있는가 하는 항목을 추가적으로 측정한다(1점: 매우 동의~4점: 매우 반대). 수평적 책임성은 "정부 지도자가 법을 어겼을 때 법원이 할 수 있는 일이 없다."라는 문항을 통해서 측정된 법원의 독립에 대한 국민들의 인식을 바탕으로 분석한다(1점: 매우 동의~4점: 매우 반대). 자유는 이명박 정부하에서 많은 논란이 되었던 표현의 자유를 통해서 국민들의 자유에 대한 평가를 측정한다. 구체적으로 표현의 자유는 "사람들이 원하는 것을 두려움 없이 말할 수 있는가?"에 대한 국민들의 인식이다(1점: 매우 동의~4점: 매우 반대).

다음으로 경제적 수행력을 측정하는 변수로는 경제적 조건에 대한 인식과 불평등에 대한 인식을 포함한다. 경제적 조건에 대한 인식은 일반적으로 사용되는 국가경제에 대한 조건을 포함한다. 특히 본 연구의 목적이 현 정부에 대한 평가가 아니라 민주주의 불만족 요인에 대한 평가라는 점을 고려해서 지난 수년간의 경제적 조건에 대한 평가를 경제적 수행력을 측정하는 변수로 분석한다(1점: 훨씬 나아짐~5점: 매우 악화). 또한 경제 위기 이후 한국 사회의 중심적인 문제로 부상한 경제적 불평등(inequality)에 대한 국민들의 인식은 ABS 3차 조사(2011)에서 추가된 "가난한 사람과 부자를 정부가 동등하게 대우하는가?"라는 항목을 통해서 측정한다(1점: 매우 동의~4점: 매우 반대).

문화적 모델을 측정하는 주요 변수로는 사람들을 신뢰할 수 있는지를 묻는 문항을 통해서 일반적인 신뢰를 측정하였다. 신뢰할 수 있다고 답한 응답자만을 대상으로 하여 가변수를 추출하였다(1점: 신뢰할 수 있다, 0점: 그렇지 않다).

종속변수와 독립변수 사이의 인과적 관계와 연관하여 주의할 점은 이 장의 종속변수가 민주주의에 대한 불만족이기 때문에 이명박 정부에 대한 인기 하락과 불만족을 통제해야 한다는 것이다. 다수의 기존 문헌들은 민주주의에 대한 지지 분석에서 정부에 대한 지지와 신뢰를 통제하는 데 실패하였다. 하지만 얍 등의 연구(Granham and Sukhtankar 2004; Yap 2012)에 따르면 국민들은 정부에 대한 지지와 민주주의 체제에 대한 지지를 구분한다. 또한 이 두 변수는 분석적으로 다른 수준의 변수로서, 민주주의 실제에 대한 지지는 체제 수준의 변수이며 정부에 대한 지지는 정치 제도 수준의 변수이다(Norris 1999). 따라서 보다 정확한 분석을 위해서는 정부에 대한 신뢰를 통제할 필요가 있다. 한국은 중앙집권적인 대통령제 국가로서, 정부에 대한 국민들의 평가는 대통령에 대한 평가에 집중된다는 점에서 대통령에 대한 신뢰를 포함시킨다(1점: 매우 신뢰~4점: 전혀 신뢰하지 않음).

통제변수로는 누락 변수(omitted variables)의 문제를 최소화하기 위하여 다수의 통제변수들을 포함하였다. 일반적으로 정치적 효능감이 민주주의에 대한 태도에 영향을 미칠 수 있기 때문에 이 변수들을 통제한다. 정치적 관심도 민주주의에 대한 불만족과 연관이 있을 수 있다. 또한 일반적으로 통제하는 수입(1점: 최하층~5점: 최상층), 교육(1점: 전혀 교육받지 못함~10점: 대학원 이상), 성별(남=1, 여=0), 연령과 같은 사회경제적인 변수를 포함시킨다.

정치적 수행력 모델과 경제적 수행력 모델의 차별성을 검토하기 위해서 정치적 수행력과 경제적 수행력 모델을 독립적인 모델(모델 1과 모델 2)로 검증하고 이들을 양자를 모두 포함한 통합적인 모델(모델 3)과 비교한다.

[표 5-2]는 이명박 정부하의 민주주의 불만족 결정 요인에 대한 로짓 분석 결과를 제시하고 있다. [표 5-2]의 분석 결과는 이 장의 핵심 주장을 대체적으로 확인시켜 준다. 먼저 〈모델 1〉과 〈모델 2〉, 〈모델 3〉을 비교해 볼 때 정치적 수행력만을 대상으로 한 〈모델 1〉과 통합 모델인 〈모델 3〉의 결과는 대체로 일치하였다. 한편, 경제적 수행력, 특히 불평등에 대한 인식은 통합적 모델에서는 민주주의에 대한 불만족을 결정하는 유의미한 요소로 나타나지 않았다. 하지만 흥미로운 것은 경제적 수행력만을 대상으로 한 〈모델 2〉에서는 경제적 불평등에 대한 인식이 중요한 변수로 나타났다는 사실이다. 이러한 결과는 경제적 불평등이 중요하지 않다기보다는 이명박 정부하에서 발생한 민주주의 각 부분 체제들의 후퇴가 정치적 수행력 변수의 중요성을 상대적으로 증가시킨 결과라고 설명할 수 있다. 실제로 이명박 정부에서도 불평등이 심화되었으며 여론조사에 따르면 국민들도 이를 인식하고 있었다.[73] 이러한 분석 결과는 이 장

73 실제로 한 여론조사에 따르면 "노무현 정부에 비해 이명박 정부에서 양극화가 더 심화되었다고 보십니까, 아니면 더 완화되었다고 보십니까?"라는 질문에, 더 심화되었다고 평가한 사람이 응답자의 4분의 3에 해당하는 74.3%(매우 심화됨 44.7%, 대체로 심화됨 29.6%)로 나타났다. 하지만 더 완화되었다는 응답은 15.9%(대체로 완화됨 14.0%, 매우 완화됨 1.9%)에 그쳤다(2011년 10월 10일 자 『오마이뉴스』 참조).

표 5-2 민주주의 불만족 요인에 대한 로짓 분석(정치적 수행력, 경제적 수행력, 통합 모델 비교)

	모델 1		모델 2		모델 3		
	계수(b)	표준오차(SE)	계수(b)	표준오차(SE)	계수(b)	표준오차(SE)	한계효과
정치적 수행력							
선거의 공정성	0.169	0.100	------	--------	0.150	0.101	0.035
법 앞의 평등	−0.055	0.087	------	--------	−0.041	0.088	−0.009
부패 근절 노력	0.408***	0.110	------	--------	0.399***	0.111	0.093
중요한 정보 보류	−0.293**	0.101	------	--------	−0.305**	0.103	−0.071
선거 사이 정부 책임성	0.096	0.091	------	--------	0.129	0.093	0.030
법의 지배 (법원 역할)	−0.197*	0.082	------	--------	−0.041*	0.088	−0.045
표현의 자유	0.358***	0.090	------	--------	0.367***	0.093	0.085
반응성	0.438**	0.130	------	--------	0.421**	0.133	0.098
경제적 수행력							
지난 수년간 국가경제	------	--------	0.358***	0.071	0.222**	0.083	0.052
불평등	------	--------	0.264**	0.085	−0.032	0.103	−0.007
문화적 모델							
타인에 대한 신뢰	−0.079	0.151	−0.241	0.132	−0.061	0.152	−0.014
대통령에 대한 신뢰	0.233**	0.073	0.278***	0.054	0.213**	0.073	0.049
정치적 관심	−0.059	0.091	−0.013	0.074	−0.049	0.091	−0.011
정치적 효능감	0.092	0.081	0.099	0.062	0.096	0.082	0.022
소득	0.007	0.042	0.011	0.032	0.021	0.43	0.005
교육	0.079	0.044	0.106**	0.036	0.073	0.044	0.017
남자	0.064	0.151	0.144	0.132	0.099	0.152	0.023
상수	−4.349	0.758	−4.335	0.536	−5.048	0.834	-----
사례 수	963		1,127		961		
Log Likelihood	−555.69867		−703.25779		−550.13256		
pseudo R2(R2)	0.1380		0.0683		0.1453		

참고: 〈모델 1〉은 정치적 수행력 모델, 〈모델 2〉는 경제적 수행력 모델, 〈모델 3〉은 정치적 수행력 모델과 경제적 수행력 모델을 통합한 모델이다.
*p≤0.05; **p≤0.01; ***p≤0.001

의 핵심적인 주장을 입증하는 결과라고 할 수 있다.

경제적 수행력과 정치적 수행력을 모두 포함한 통합 모델인 〈모델 3〉의 결과를 보면 법의 지배, 수직적 책임성, 수평적 책임성, 자유, 반응성과 같은 민주주의를 구성하는 중요한 부분 체제들의 영역에서 국민들의 부정적인 평가가 이명박 정부하에서 민주주의 불만족을 결정하는 중요한 변수들로 확인되었다.

먼저 경쟁의 영역을 측정하는 변수로 사용된 선거의 공정성을 살펴보면 선거가 공정하지 않다고 인식할수록 민주주의에 대한 불만족이 높게 나타났지만 이 변수는 통계적으로 유의미하지 않았다. 이러한 결과는 앞서 지적한 대로 한국 민주주의가 선거 체제 수준에서 공고화되었고 국민들이 선거 과정 전반에 대한 정당성을 수용한 것을 반영한다고 할 수 있다.

반면에 다른 부분 정체를 측정하는 대다수의 변수들이 이명박 정부하에서 민주주의에 대한 불만족을 결정하는 유의미한 변수로 확인되었다. 이를 차례대로 살펴보자. 첫째, 법의 지배와 관련하여서는 이명박 정부하에서 만연하였던 정치적 부패 근절을 위한 정부의 노력에 대해서 응답자가 부정적일수록 민주주의에 불만이 큰 것으로 나타났다. 이 변수의 설명력은 반응성 다음으로 큰 것으로 나타났다(한계효과 0.093). 한국 민주주의에서 부패의 문제가 오랫동안 지속되어 온 구조적인 문제라는 점을 감안할 때 국민들은 민주주의의 현실에 대한 평가에서 부패 근절을 위한 정부의 노력이 중요하다고 판단하는 것으로 해석할 수 있다.

둘째, 수직적 책임성을 보면 국민들이 정부 공직자들이 중요한 정보를 보류하고 공개하지 않는다고 판단할수록 민주주의에 대한 불만이 높았다. [표 5-1]에 제시된 것처럼, ABS 3차 조사에서 3분의 2가 넘는 72.79%의 응답자가 이명박 정부의 정보 투명성에 부정적인 인식을 가지고 있었다. 실제로 한 조사에 따르면 참여정부의 청와대 정보 공개 비율은 84.58%(503건 청구, 431건 공개)에 달했던 것에 반해 이명박 정부의 경우 정보 공개 비율이 58.15%(442건 청구, 257건 공개)에 그쳐 법 제정 이후 가장 낮은 수치를 기록했다(2013년 5월 23일 자 『서울신문』). 한편, 선거와 선거 사이 정부의 책임성에 대한 인식은 민주주의 불만족을 결정하는 중요한 변수로 나타나지 않았다. 이는 선거와 선거 사이의 책임성 확보는 국민들이 이명박 정부에 특징적인 변수라기보다는 한국 민주주의의 특징을 나타내는 변수로서 인식한 것이라고 해석할 수 있다.

셋째, 수평적 책임성을 살펴보면 이명박 정부하에서 법원의 역할에 대해 부정적일수록 민주주의에 대한 불만족이 높았다. 이는 앞서 지적한 대로 이명박 정부하에서 발생한 법의 지배에 대한 논란을 반영하는 결과라고 할 수 있다.

넷째, 자유의 영역을 보면, 이명박 정부에서 진행된 언론 자유의 후퇴가 민주주의에 대한 국민들의 평가에 반영되었다. 국민들이 이명박 정부하에서 표현의 자유에 부정적인 평가를 내릴수록 민주주의에 대한 불만이 컸다. 앞에서도 지적한 대로 이명박 정부는 집권 내내 표현의 자유에 역행하는 많은 정책들을 시행해 왔고, 그 결과 국제 사회가 평가하는 한국의 언론자유도가 하락하였다. 이 결과는 이 같은 논란이 반영된 결과로 평가할 수 있다.

마지막으로 정부의 반응성에 대한 평가에서도 이명박 정부가 국민들이 원하는 것에 반응하지 않는다고 평가할수록 민주주의에 대한 평가가 부정적이었다. 실제로 이명박 정부는 5년 내내 국민과 소통하지 않는 불통정부라는 평가를 받았다. 이명박 정부의 국정 수행 지지율은 52%로 시작하였으나 광우병 파동과 촛불집회를 겪으면서 21.5%까지 하락하였다. 집권 초 과반이던 지지율은 1년 만에 3분의 1 수준인 32%로 하락하였다. 이후 이명박 정부는 노무현 전 대통령 서거와 세종시 논란, 측근 비리

등 많은 실정을 거듭하였고, 이에 따라서 국정 지지율은 부침을 거듭하였다. 이명박 정부의 국정 수행 지지도는 5년 차인 2012년 4분기에는 23%까지 하락하여 김영삼 정부 이후 역대 최저치를 기록하였다(한국갤럽).[74]

경제적 수행력 모델과 관련된 주요한 발견을 살펴보면 지난 수년간의 국가경제적 조건에 대한 인식은 민주주의에 대한 불만을 결정하는 유의미한 변수로 확인되었다. 기존의 일부 문헌(Dalton 2004; Kang 2012)에 따르면 현재 경제적 조건에 대한 인식은 집권 여당에 대한 평가에는 적절한 변수가 될 수 있으나 이러한 인식이 일정 기간 지속되지 않는 한 체제적 수준의 민주주의에 대한 만족을 결정하는 변수로는 적절치 않다고 주장하였다. 이 장의 분석 결과는 이러한 주장을 확인하였다고 할 수 있다.[75] 이와 함께 불평등에 대한 인식을 측정하는 데 사용한 빈자와 부자의 불평등한 대우에 대한 인식은 유의미한 변수로 나타나지 않았다.

문화적 모델에 대한 검증에서 타인에게 신뢰를 가질수록 민주주의에 대해서도 만족하는 것으로 나타났지만 이 변수는 통계적으로 유의미하게 나타나지 않았다. 이러한 결과는 박과 신(Park and Shin 2003)의 분석에 제시된 것처럼 한국적 맥락에서 사회적 신뢰와 민주주의에 대한 지지 사이의 관계가 문화적 접근법이 주장하는 것보다 더 복잡할 가능성이 있음을 나타낸다.

통제변수들과 관련해서는 대통령에 대한 신뢰를 제외한 다른 변수들은 유의미한 변수로 나타나지 않았다. 대통령에 대한 신뢰는 세 가지 모

---

74 이명박 정부 5년에 대한 국민들의 평가도 다르지 않다. 한 조사에 따르면 응답자의 3분의 2가 넘는 67%가 이명박 정부 5년간의 국정 운영에 대해 부정적으로 평가하였다. 가장 잘못한 분야 2위(17.7%)가 국민 통합과 소통이었다(2012년 12월 31일 자 『경향신문』 참조).

75 실제로 현재 경제 조건을 포함한 추가적인 분석에서 현재 경제 조건에 대한 인식은 민주주의에 대한 불만을 결정하는 변수로 나타나지 않았다. 따라서 민주주의에 대한 불만족 요인으로서 경제적 조건에 대한 인식을 보다 정확히 측정하기 위해서는 장기간의 경제 변동에 대한 인식을 묻는 문항을 포함하는 것이 바람직하다고 하겠다.

델 모두에서 매우 중요한 변수로 나타났다. 즉 이명박 정부하에서 대통령에 대한 불신은 민주주의에 대한 불만족의 중요한 원인이 되었던 것이다. 이 결과는 얍(Yap 2012)의 동아시아 신생 민주주의를 대상으로 한 분석이 제시한 것처럼 한국적 맥락에서도 정치적 신뢰가 민주주의에 대한 지지에 영향을 미친다는 사실을 나타낸다.

이 장은 선거 체제 수준에서 성공적인 제도화의 사례로 평가되는 한국 민주주의에서 민주주의에 대한 불만족을 결정하는 요인을 분석하였다. 그 결과 이명박 정부의 사례에 기반을 둔 분석을 통해서 국민들이 이명박 정부하에서 법의 지배, 수직적 책임성, 수평적 책임성, 자유, 반응성과 같은 민주주의를 구성하는 중요한 부분 체제들이 질적으로 후퇴하였다고 평가하였으며, 이러한 평가가 민주주의에 대한 불만족의 주요인이었음을 경험적으로 확인하였다.

이러한 발견은 한국 민주주의(의 질)의 심화라는 측면에서 중요한 함의를 제공해 준다. 먼저 이 장의 결과는 민주주의가 부분 체제로 구성되어 있다는 분할적인 접근법의 적실성을 확인시켜 주었다. 한국 민주주의가 선거 체제 수준에서 공고화되었다는 점에서 이론(異論)이 없다고 할 때 이명박 정부하에서 진행된 부분 체제들의 질적인 후퇴는 민주주의가 다양한 수준에서 공고화될 수 있다는 사실을 나타낸다(Shmiter 2005). 그렇다면 분할적인 접근법이 성공적인 제도화의 사례로 손꼽히는 한국 민주주의하에서 발생한 부분 체제의 질적인 정체 혹은 후퇴에 대해 적절히 분석할 수 있는 분석틀이라고 할 수 있다(Merkel 2004; Schmitter 1992).

둘째, 이 장의 분석 결과는 민주주의에 대한 지지를 결정하는 요인으로 기존의 논의(Huang, Chang and Chu 2008)에서 많이 확인되었던 정치적 수행력의 설명력을 확인시켜 주었다. 이명박 정부하에서 경제적 이슈가 지속적으로 중요하게 인식되었음에도 불구하고 다양한 부분 체제들의 후퇴에 대한 국민들의 인식과 평가가 민주주의에 대한 불만의 보다 더 중요한 요인으로 밝혀졌다. 이러한 결과는 먼저 국민들이 정권의 수행력의 경제적 차원과 정치적 차원을 구분하고 차별적으로 평가하고 있다는 사실을 보여 준다. 앞서 살펴본 대로 국민들은 선거 체제의 진전에 대해서는 긍정적으로 평가하였지만 이명박 정부하에서 진행된 법의 지배와 같은 다른 부분 체제들의 후퇴에 대해서는 비판적이었다. 또한 민주화와 두 번의 정권 교체를 통한 민주주의 제도화를 통해서 민주주의의 핵심적 가치의 중요성을 국민들이 인식해 나가고 있다고 평가할 수 있다. 물론 민주주의의 후퇴를 통해서 민주주의 체제의 질의 중요성을 확인했다는 것은 한국 민주주의의 역설이라고 할 수 있다.

제❻장

무엇이 정부에 대한 신뢰를 결정하는가?

제1장에서 제5장까지는 민주주의 체제 수준의 지지에 대해서 살펴보았다. 제6장과 제7장에서는 민주주의를 구성하는 기둥인 핵심적인 제도에 대한 신뢰를 분석한다. 여기서 주목하는 제도는 행정부(정부)와 의회에 대한 신뢰이다. 두루 알듯이 행정부와 의회는 현대 민주주의를 구성하는 핵심이다. 한국은 대통령제 국가로서, 대통령제에서는 행정부를 관할하는 대통령과 입법부의 구성원인 국회의원을 독립된 선거를 통해 선출한다. 따라서 이원적 정통성(dual legitimacy)을 특징으로 한다. 독립적으로 구성된 행정부와 입법부 사이에는 시민들에 의해서 부여된 위임의 연쇄 고리(chain of delegation)가 작동한다. 제도 신뢰를 분석하면서 정부에 대한 신뢰와 의회에 대한 신뢰를 따로 분석하는 이유이다.

제도 신뢰 결정 요인을 분석하기에 앞서 중요한 첫 번째 질문은 신뢰가 무엇인가이다. 선행 연구에서 신뢰에 관해 대단히 많은 정의가 내려졌다. 여기서는 대표적인 정의를 살펴본다. 대표적으로 많이 인용되는 것으로 후쿠야마(Fukuyama 1996: 26)의 정의가 있다. 그에 따르면 신뢰는 공통적으로 공유된 규범에 근거하여 공동체 내의 다른 행위자들이 정직하며 협력적인 행위를 할 것이라는 데 대한 기대이다. 이와 다른 맥락에서, 합리적 접근법을 따르는 메이어 등(Mayer, Davis and Schoorman 1995: 712)은 신뢰를 상대방의 행동을 완전히 통제할 수 없는 상황에서 발생하는 취약성까지 감수하는 심리적인 태도로 볼 수 있다고 주장하였다. 후쿠야마와 메이어 등의 정의는 우슬러(Uslaner 2002: chapter 2)가 구분한 도덕적 신뢰, 전략적 신뢰와 개념적으로 유사하다.

그렇다면 제도 신뢰(trust with institutions)란 무엇인가? 앞서 살펴본 민주주의에 대한 지지의 다섯 가지 수준(정치적 공동체, 레짐 원칙, 레짐 수행력, 레짐 제도, 정치 행위자) 중에서 네 번째 수준인 레짐 제도 수준의 신뢰를 말한다. 한국 민주주의는 안정적인 제도화에도 불구하고 제도 신뢰 수준이 매우 낮다. 또한 한국의 제도 신뢰는 다른 민주주의 국가와 비교해 보아도 낮은 수준이다. 이 장에서 불신(distrust)은 신뢰(trust)와 대립적인 개념으로 사용된다. 신뢰와 만족(satisfaction)과 지지(support) 사이에는 일정한 차이가 있음에도 일반적으로 혼용된다. 같은 맥락에서 불신(distrust)은 불만(dissatisfaction)과 유사한 개념으로 사용된다(조진만, 임성학 2008).[76]

한국의 제도 신뢰 수준의 변화

한국 민주주의 발전과 함께 제도 신뢰는 어떻게 변화해 왔는가? 1980년대 이후 가장 최근까지 접근 가능한 자료를 통해서 민주주의를 구성하는 핵심 기관인 의회, 행정부, 사법부에 대한 신뢰 수준의 변화를 살펴보자.

〈그림 6-1〉은 세계가치조사(World Value Survey, WVS) 1~6차와 ABS 3~4차 조사를 활용하여 한국의 의회 신뢰가 1980년대부터 2010년대까지 어떻게 변화해 왔는지를 보여 준다. 그림에 잘 나타나 있듯이 한국의 의회 신뢰는 시기에 따라서 편차가 크다.

제5공화국 시절인 1982년에 실시된 WVS 1차에서는 의회를 신뢰한다고 답한 응답자(매우 신뢰, 다소 신뢰)의 비율이 66%에 달했다. 하지만 의회 신뢰는 지속적으로 하락하여 4차 조사(2001)에서는 10%까지 하락하였다. 이후 5차 조사(2005)에서 약간 반등하였으나 여전히 응답자의 4분의 1 수준에 머물렀다. 6차 조사(2010)에서도 비슷한 수준이었다. 더구나 가장 최근에 이루어진 ABS 4차 조사(2015)에 따르면 의회 신뢰는 더욱 하락하여 13% 수준까지 떨어졌다. 90%에 가까운 국민들이 한국의 의회를 신뢰하지 않고 있다는 것이다. 앞서 언급한 대로 의회가 민주주

76 신뢰(trust)와 확신(confidence)을 구분하는 연구(Luhmann 2000)도 있다. 하지만 이 연구의 목적은 개념적인 차별화라기보다는 정치 제도에 대한 신뢰의 원인을 구분하는 것이기 때문에 이 둘을 비슷한 개념으로 간주한다.

그림 6-1 한국의 의회 신뢰 수준의 변화(1980년대~2010년대)

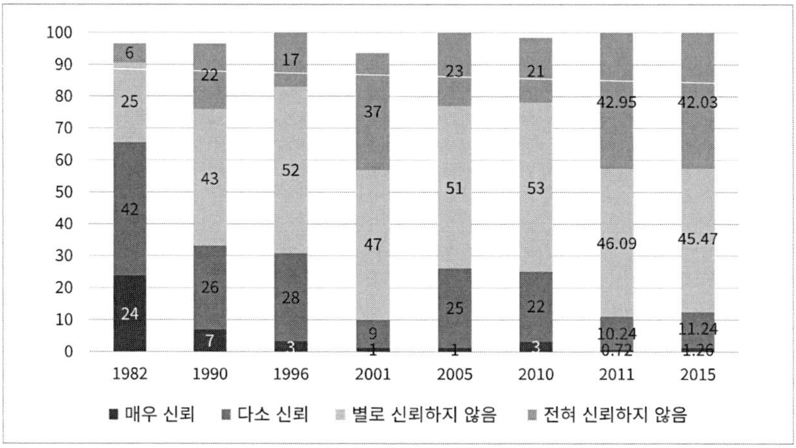

출처: 세계가치조사 1~6차(1982~2010); ABS 3~4차(2011~2015)
참고: 숫자는 퍼센트를 나타냄, 모름과 무응답을 포함하면 각 막대그래프의 숫자의 합은 100임

의 제도의 핵심 기관이라는 점을 감안할 때 의회에 대한 신뢰가 10% 수준에 불과하다는 것은 매우 놀라운 결과라 할 수 있다. 한국이 가장 성공적인 젊은 민주주의 국가로 평가된다는 점에서 이러한 결과는 매우 역설적이다.

〈그림 6-2〉는 행정부(중앙정부)에 대한 신뢰 변화의 추이를 보여 준다. 행정부에 대한 신뢰 또한 의회에 대한 신뢰와 마찬가지로 많은 변화를 겪었다. 조사의 주체에 따라서 신뢰 수준이 큰 차이를 보이는데, WVS가 ABS 조사보다 높은 신뢰 수준을 기록했다. 의회 신뢰와 달리 행정부에 대한 신뢰는 민주주의의 진전과 함께 다소 향상되었고 2010년 WVS에서는 응답자의 절반이 정부에 대한 신뢰를 나타냈다. 하지만 2011년에 실시된 ABS 3차 조사(2011)에서는 정부 신뢰 수준이 21.82%로 급락했고 ABS 4차 조사(2015)에서는 29.97%로 다소 상승했다.

그림 6-2 한국의 행정부 신뢰 수준의 변화(1980년대~2010년대)

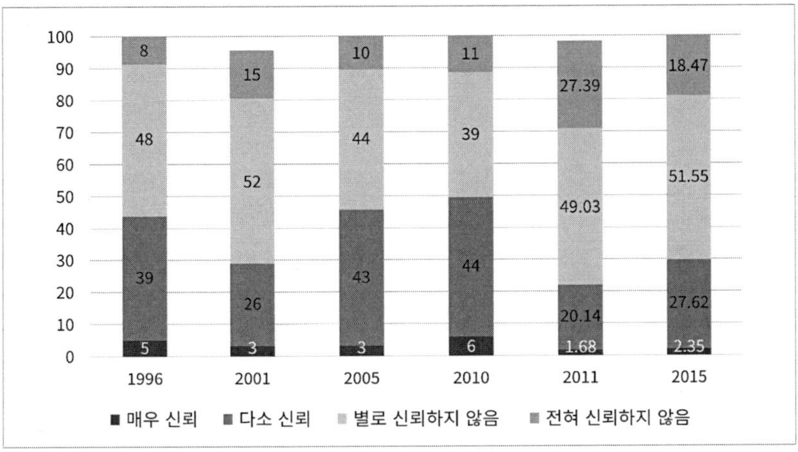

출처: 세계가치조사 3~6차(1996~2010); ABS 3~4차(2011~2015)
참고: 숫자는 퍼센트를 나타냄. 모름과 무응답을 포함하면 각 막대그래프의 숫자의 합은 100임

한국은 대통령제를 채택하고 있다. 대통령제는 내각제와는 달리 행정부와 입법부가 이원적인 정통성(dual legitimacy)을 가지고 있으며, 일반적으로 행정부가 국정을 책임진다. 이러한 면에서 볼 때 한국에서 행정부가 입법부보다 훨씬 높은 신뢰 수준을 유지해 왔다는 것은 흥미로운 결과이다.

〈그림 6-3〉은 사법부에 대한 신뢰 수준의 변화 추이를 보여 준다. 흥미롭게도 입법부와 행정부에 대한 신뢰 수준과 비교할 때 사법부에 대한 신뢰 수준이 가장 높게 나타났다. 사법부에 대한 신뢰 또한 제5공화국 시절인 1982년 WVS 1차에서 가장 높은 78%를 기록하였다. 민주화의 진전과 함께 사법부에 대한 신뢰 또한 다소 낮아졌지만 2005년 조사에서도 과반을 유지하였다. 이후 2010년 조사에서는 67%까지 상승하였다. 신뢰 수준이 가장 낮게 나타난 2011년 ABS 3차 조사에서도 3분의 1 수준(35.78%)을 유지하여 정부를 구성하는 3부 중에서 가장 높게 나타났다. 가장 최근

그림 6-3 한국의 사법부 신뢰 수준의 변화(1980년대~2010년대)

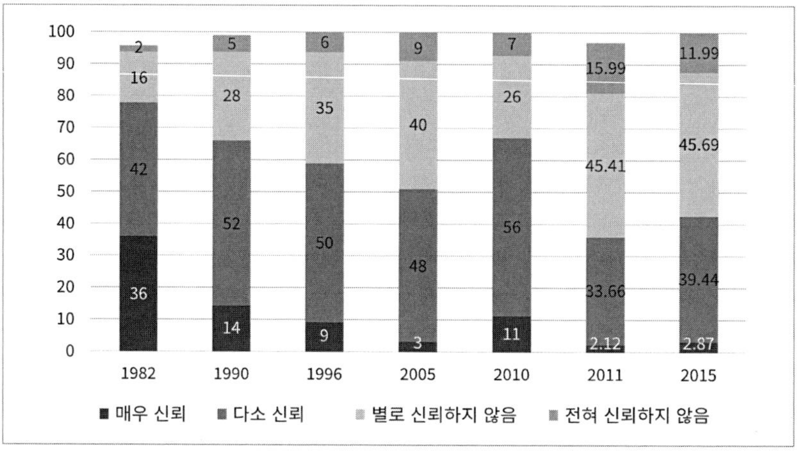

출처: 세계가치조사 1~3차(1982~1996), 5~6차(2005~2010); ABS 3~4차(2011~2015)
참고: 숫자는 퍼센트를 나타냄. 모름과 무응답을 포함하면 각 막대그래프의 숫자의 합은 100임

에 이루어진 ABS 4차 조사(2015) 다시 반등하여 40%를 넘어섰다(42.31%).

〈그림 6-4〉는 정부 신뢰(의회 신뢰, 행정부 신뢰, 사법부 신뢰)에 대한 변화 추이를 보여 준다. 정부 신뢰는 정부를 구성하는 3부(의회, 행정부, 사법부)의 신뢰를 의미하는데, 〈그림 6-4〉는 1996년부터 2015년까지의 변화를 나타낸다. 1996년과 가장 낮은 수치를 기록했던 2011년을 비교하면 정부를 구성하는 3부의 신뢰가 모두 20% 정도 하락하였다. 특히 주목할 만한 것은 행정부, 사법부에 대한 신뢰와 비교하여 입법부(의회)에 대한 신뢰가 특히 낮다는 점이다. 3부 중에서는 사법부에 대한 신뢰가 가장 높았다. 2015년(ABS 4차) 조사에서는 약간의 반등이 이루어졌다.

입법부에 대한 신뢰와 다른 두 기관에 대한 신뢰의 차이는 WVS에서는 1996년 조사 이후 지속적으로 커졌다. 1996년에는 입법부와 사법부의 신뢰 차이가 28%였으나 2010년 조사에서는 42%로 커졌다. 같은 시

그림 6-4 제도 신뢰 수준의 변화(1996~2015)

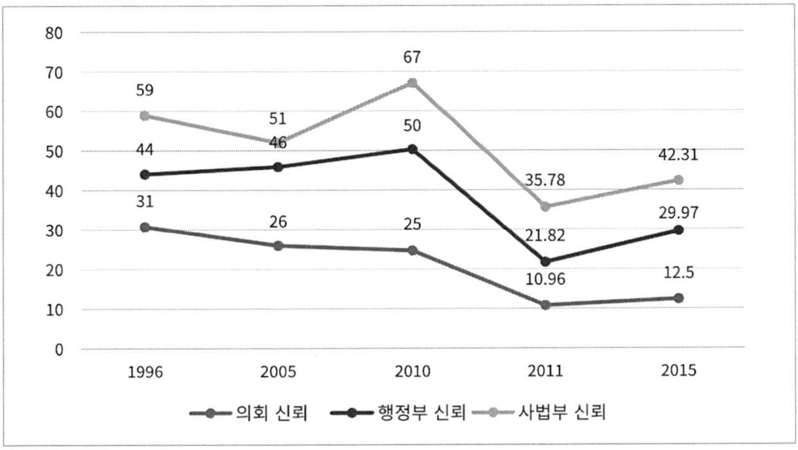

출처: 세계가치조사 3차(1996), 5~6차(2005~2010); ABS 3~4차(2011~2015)
참고: 숫자는 퍼센트를 나타내며, 매우 신뢰와 다소 신뢰를 합한 수치임

기 입법부와 행정부 간의 신뢰 격차는 1996년에는 13%에 지나지 않았지만 2010년에 이르면 두 배에 가까운 25%에 달했다. 2011년 ABS 조사에서는 두 기관에 대한 신뢰와 입법부에 대한 신뢰의 격차가 다시 줄어들었다. 하지만 가장 최근에 이루어진 ABS 4차 조사에서는 다시 격차가 커져 신뢰가 가장 낮은 입법부와 가장 높은 사법부의 차이가 30%에 달했다(29.81%).

앞에서 살펴본 것처럼 의회에 대한 신뢰 수준은 다른 정부 기관에 대한 신뢰 수준보다 훨씬 낮았다. 그렇다면 의회 신뢰의 수준은 한국 사회의 중요 행위자의 신뢰 수준과 비교할 때 어느 정도인가?

〈그림 6-5〉는 중앙정부를 구성하는 3부를 제외한 주요 행위자에 대한 신뢰 수준을 보여 준다. 그림에 나타난 것처럼 입법부·행정부·사법부를 제외한 주요 행위자에 대한 신뢰가 의회에 대한 신뢰보다 훨씬 높았

그림 6-5 주요 행위자에 대한 신뢰 수준

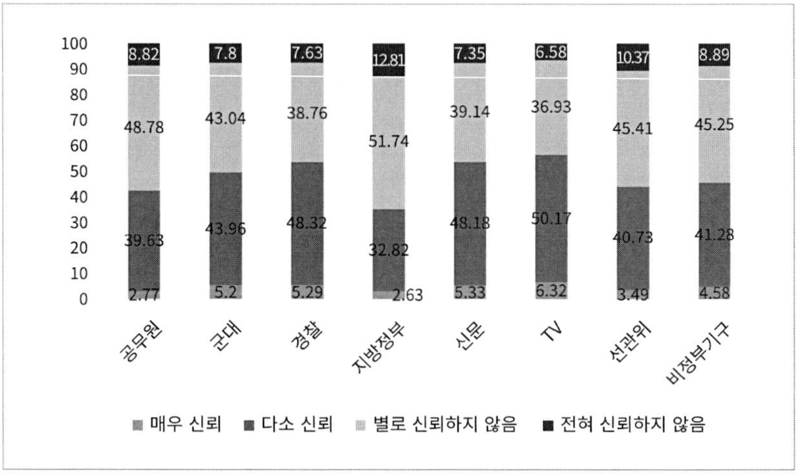

출처: ABS 4차(2015)
참고: 숫자는 퍼센트를 나타냄. 모름과 무응답을 포함하면 각 막대그래프의 숫자의 합은 100임

다. ABS 4차 조사에서 가장 신뢰하는 행위자로 나타난 TV(56.49%)를 비롯하여 가장 덜 신뢰하는 지방정부의 경우에도 35.45%의 신뢰 수준을 보였다. 이를 종합하면 한국에서 의회에 대한 신뢰는 행정부·사법부와 같은 다른 제도 및 여타의 주요 행위자들에 대한 신뢰와 비교해 볼 때 그 수준이 가장 낮다.

정부 신뢰의 비교적 수준

비교적 관점에서 볼 때 한국의 정부 신뢰는 어느 정도 수준인가? ABS 4차 조사를 바탕으로 동아시아 민주주의 6개국의 정부 신뢰 수준을 비교하여 그 결과를 〈그림 6-6〉에 나타내었다. 원자료는 4점 척도(1점: 매우 신뢰~4점: 전혀 신뢰하지 않는다)로 측정되었다. 〈그림 6-6〉에서 볼 수 있듯이 한국 시민들의 정부에 대한 불신은 동아시아 민주주의 6개국(한국, 대만, 일본, 인도네시아, 몽골, 필리핀) 평균보다 높고, 동아시아에서 공고화된 민주주의로서 자유 민주주의 수준에 도달하거나 근접한 국가로 평가되는 일본과 대만의 정부 불신보다도 높았다. 특히 한국에서 "전혀 신뢰하지 않는다."를 선택한 극심한 불신 집단의 비율(18.47%)은 다른 국가에서 같은 의견을 표시한 집단의 비율보다 높았다. 동아시아 민주주의 6개국 평균은 12.63%, 일본은 13.18%, 대만은 12.90%였다.[77]

그림 6-6 동아시아 민주주의 6개국의 정부 신뢰 수준 비교

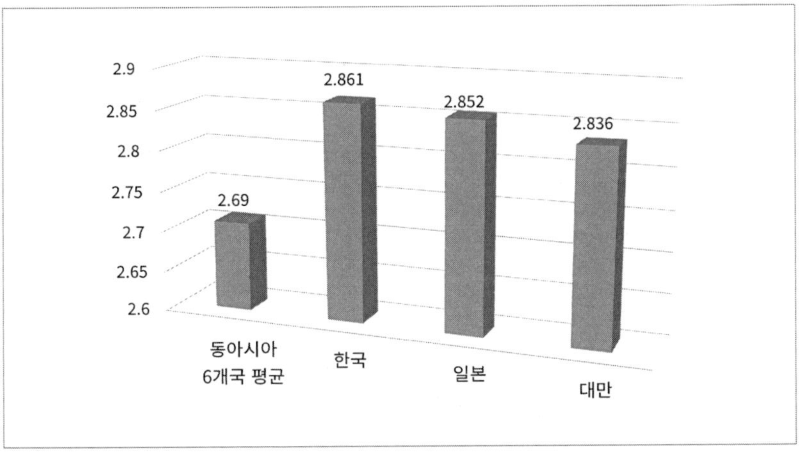

출처: ABS 4차(2015)
참고: 숫자는 정부 신뢰(4점 척도)에 대한 국가 평균을 나타냄

누가 정부를 신뢰하고 누가 불신하는가?

[표 6–1]은 ABS 4차 조사를 활용하여 한국 정부 신뢰자와 불신자의 사회경제적 배경을 보여 준다. 전체 조사 대상자 1,200명 중에서 정부

77 한국의 정부 신뢰를 OECD 국가와 비교한 2018년 조사에 따르면, 2017년에 비해서 7단계 상승한 25위를 기록했다. 이는 촛불항쟁으로 탄생한 문재인 정부에 대한 기대감이 반영된 결과라고 해석할 수 있다(2018년 11월 6일 자 행정안전부 혁신기획과 보도 자료 참조).

표 6-1 정부 신뢰자와 정부 불신자의 사회경제적 배경

		정부 신뢰자(%)	정부 불신자(%)	카이제곱 검정
연령	20대	28.50	71.50	Pearson $chi^2(5)$ = 35.7735 Pr = 0.000
	30대	22.27	77.73	
	40대	22.57	77.43	
	50대	30.21	69.79	
	60대	43.48	56.52	
	70대 이상	40.91	59.09	
소득	1분위	40.74	59.26	Pearson $chi^2(4)$ = 12.9904 Pr = 0.011
	2분위	28.47	71.53	
	3분위	24.04	75.96	
	4분위	28.02	71.98	
	5분위	33.19	66.81	
교육	상	25.89	74.11	Pearson $chi^2(2)$ = 7.2854 Pr = 0.026
	중	32.02	67.98	
	하	38.33	61.67	
직업	상위 서비스	25.68	74.32	Pearson $chi^2(6)$ = 14.7705 Pr = 0.022
	하위 서비스	28.10	71.90	
	판매직	23.94	76.06	
	육체노동자	65.61	34.39	
	농업 종사자	72.73	27.27	
거주지	농촌/도시	19.16/31.18	80.83/68.81	Pearson $chi^2(1)$ = 7.4295 Pr = 0.006
성별	여자/남자	31.15/28.98	68.85/71.02	Pearson $chi^2(1)$ = 0.3386 Pr = 0.561
무당파		25.73	74.27	Pearson $chi^2(1)$ = 11.0914 Pr = 0.001
전체(1,200명)		29.75	70.25	

출처: ABS 4차(2015)
참고: 숫자는 퍼센트를 나타냄

를 신뢰한다고 답한 응답자의 비율은 29.97%(매우 신뢰 2.35%, 대체로 신뢰 27.62%)인 반면, 정부를 신뢰하지 않는다고 답한 응답자는 그 두 배가 넘는 70.02%(별로 신뢰하지 않음 51.55%, 전혀 신뢰하지 않음 18.47%)로 나타났다.

먼저, 연령과 정부 신뢰/불신 사이에는 선형적인 관계가 존재하지는

않았다. 하지만 대체적으로 젊은 사람들에 비해서 나이 든 사람들이 정부에 대해서 신뢰를 가지는 경향이 컸다(Pearson $chi^2(5)$ = 35.7735 Pr = 0.000). 신뢰 수준이 가장 낮은 연령대는 30대(22.27%)였으며 가장 높은 연령대는 60대(43.48%)였다.

둘째, 소득과 정부 신뢰 사이에는 역U 자 관계가 존재했다. 3분위 집단은 정부 신뢰 수준이 가장 낮은(24.04%) 반면, 1분위 집단은 정부 신뢰 수준이 가장 높았고(40.74%) 5분위 집단이 그 뒤를 이었다(33.19%).

셋째, 교육 수준이 높을수록 정부에 대한 불신이 높은 것으로 나타났다. 원래 교육은 10급간(무학~대학원)으로 측정되었으나 상·중·하 3급간으로 재코딩하여 분석하였다. 초등학교 학력 이하의 집단에서는 61.67%가 정부에 대해 불신을 나타냈고, 대학 졸업 이상의 학력을 가진 집단에서는 정부에 대한 불신이 74.11%로 상승하였다.

넷째, 직업군이 정부 신뢰와 불신에 미치는 영향은 직업군의 종류에 따라서 뚜렷한 차이를 확인할 수 있었다. 육체노동자와 농업 종사자 집단은 전체 집단과는 반대로 정부를 신뢰하는 비율이 신뢰하지 않는 비율을 압도했다(각각 65.60% 대 34.39%, 72.73% 대 27.27%). 반면에 서비스 직종에 종사하는 집단에서는 정부에 대한 불신이 신뢰를 압도했다. 예를 들어, 상위 서비스 집단에서는 정부를 신뢰하는 비율이 25.68%인 반면, 정부를 신뢰하지 않는 비율은 그 세 배에 달하는 74.32%로 나타났다.

다섯째, 거주지에 따라서 정부에 대한 불신의 수준이 달라지는 것으로 나타났다. 도시에 거주하는 사람의 경우 정부를 신뢰하지 않는 비율이 68.81%인 반면에 농촌에 거주하는 사람의 경우 그 비율이 80.83%로 상승했다.

여섯째, 성별에 따른 차이는 그다지 두드러지지 않았다. 남자는 정부를 신뢰하지 않는 비율이 71.02%였고, 여자도 그와 비슷한 69.49%로 나타났다.

일곱째, 무당파 여부는 정부에 대한 불신에 일정한 영향을 미치는 것으로 나타났다. 무당파는 74.27%가 정부를 신뢰하지 않는 것으로 나타나 전체 평균(70.25%)보다 4% 정도 높았다.

시민들이 왜 정부를 불신하는가에 대한 다섯 가지 가설

정부에 대한 신뢰가 점점 하락하는 것은 한국 민주주의만의 문제는 아니다. 그럼에도 불구하고 이 연구가 주목하는 것은 한국 민주주의 역설이다. 한국 민주주의는 안정적인 제도화라는 측면에서 가장 성공적인 민주화 사례 중의 하나로 꼽힌다. 그럼에도 불구하고 앞에서 살펴본 대로 시민들의 제도 신뢰, 특히 정부와 의회에 대한 신뢰는 매우 취약한 수준에 머물러 있다. 또한 앞서 살펴본 바와 같이 동아시아의 다른 민주주의 국가와 비교해 보더라도 불신의 수준이 높았다. 그렇다면 한국 민주주의 제도에 대한 신뢰의 원천이 무엇인가가 아니라 불신의 원천이 무엇인가를 살펴보고 그에 대한 해답을 찾는 것이 더 설득력 있을 것이다.

이 장에서는 정부 신뢰 결정 요인으로서 다섯 가지 모델(문화적 모델, 비판적 시민 모델, 절차적 모델, 정부의 수행력 모델, 민주적 정치 과정 모델)을 제시하고 그 영향력을 검증한다. 문화적 변수군, 정치적 변수군, 제도 사회경제적 변수군, 절차적 변수군, 제도 수행력 변수군이 그것이다. 여기서는 다섯 가지 변수군을 재구성하여 다섯 가지 가설을 제시한다. 정부 신뢰 변수는 4점 척도(1점: 매우 신뢰~4점: 매우 불신)로 측정되었다.

문화적 모델: 아시아 가치와 탈물질주의 사회적 자본

첫 번째 가설은 문화적 모델에 기반을 두고 있다. 문화적 모델은 앞서 민주주의에 대한 지지를 설명하는 접근법 중에서 수요 중심의 접근법에 속한다. 문화적인 모델은 제도 신뢰를 정치 과정의 외생적인 변수로 간

주한다. 개인은 개인이 속한 사회의 중심적인 문화를 내면화하고 내면화된 가치에 따라서 특정한 유형의 제도 신뢰를 갖는다. 한 사회의 신뢰는 단시간의 정부 성과가 아닌 장기간의 사회화 과정을 통해서 점진적으로 발전한다. 한국 사회는 가족으로 대표되는 일차적인 관계의 영향력이 큰 사회로, 사회적인 신뢰의 수준이 낮은 대표적인 저신뢰 사회(low-trust society)로 꼽힌다(Fukuyama 1995). 사회에 대한 낮은 신뢰는 민주주의의 핵심적인 제도에 대한 낮은 신뢰로 이어질 수 있다.

문화적 모델에 따르면 정부 신뢰에 영향을 미칠 수 있는 문화적 변수군에는 아시아 가치와 같은 전통주의와 탈물질주의(postmaterialism), 그리고 대인 신뢰 같은 변수가 있다(배정현 2013; 안소영 2018).

먼저, 아시아 가치의 역할에 대해서 살펴보자. 아시아 가치는 여러 가지 특징을 가지지만 가족 중심주의(familism), 자결주의(self-determination), 권위에 대한 순응(conformity to authority)을 대표적인 특징으로 들 수 있다(Chang 2018; Dalton and Ong 2005; Welzel 2011). 아시아 가치가 한국 사회에 여전히 중심적인 문화인지는 논란의 여지가 있다. 아시아 가치가 동아시아에서 중요한 문화적 가치라는 주장도 있지만(Chang 2018) 자유 민주주의와 해방적 가치로 대표되는 보편적인 가치에서 동아시아와 서구의 차이가 그다지 크지 않다는 주장도 있다(Welzel 2011).

ABS 2차 조사(2005)를 활용하여 아시아 15개국을 대상으로 한 배정현(2013)의 분석에 따르면 가족주의와 전통적 권위에 대한 존중이 정부(행정부)에 대한 신뢰에 영향을 미치는 중요한 변수로 확인되었다. 아시아 시민들은 가족 관계를 중시할수록, 전통적 권위를 존중할수록 정부를 신뢰하는 것으로 확인되었다. 하지만 개별 국가를 대상으로 한 회귀분석에서 전통주의는 한국에서 중요한 영향변수로 나타나지 않았다.

최근 한 연구(강우진 2019a)는 민주주의 발전과 근대화 같은 보편주의적 압력이 아시아 가치의 지속성에 영향을 미쳤을 수 있다는 점에 주목했다. ABS 4차 조사(2015)를 분석한 그의 연구에 따르면 아시아 가치의 대표적 요소인 가족주의 수준이 동아시아 3국(한국, 일본, 대만)의 평균은 3.08로 나타나 조사 대상 14개국의 평균인 3.18보다 낮았다.

이 연구에서는 아시아 가치의 차원 중에서 정부 신뢰에 영향을 미칠 수 있는 영향변수로서 권위에 대한 순응에 주목한다. 권위에 대한 순응을 측정하는 변수는 '가장으로서 지도자' 변수이다. 이 변수는 4점 척도로서 1점(매우 동의)~4점(매우 반대)으로 측정되었다. 점수가 높을수록 권위에 대한 순응이 낮다는 뜻이다. 한국은 "지도자는 가장과 같아서 우리 모두 지도자의 결정에 따라야 한다."라는 진술에 반대하는 비율이 36.03%(평균 2.781)로 나타나 동아시아 민주주의 국가 6개국의 41.92%(평균 2.6523)보다 약간 낮은 수준으로 나타났다. 한국에서 권위에 대해 순응하는 정향(가장으로서 지도자)을 가진 응답자가 정부에 불신을 나타내는 비율은 60.43%로, 전체 응답자의 불신 비율인 70.03%보다 10% 정도 낮았다.

둘째, 탈물질주의 시각에 대해서 살펴보자. 두루 알듯이 탈물질주의는 잉글하트(Inglehart 1977)의 개척적인 연구에서 본격적으로 제시되었다. 그에 따르면 현대 사회는 본격적인 변화를 겪었고 그로 인해 시민들의 가치 우선순위도 중요한 변화를 겪었다. 이 시각에 따르면 서구 사회는 경제적 번영과 안전이 보장되었던 황금기를 경험하면서 시민들의 우선순위가 경제적 번영과 안전 같은 물질적인 가치보다는 환경, 성 평등, 삶의 질과 같은 탈물질주의적 가치로 이동하였다. 탈물질주의적 가치를 대변하는 새로운 세대의 등장은 가치 변화의 중요한 요인이었다.

한준(Han Joon 2004)은 1981년부터 2003년까지를 대상으로 사회적 자본과 탈물질주의 가치가 공적 제도 신뢰와 시민적 제도 신뢰에 어떠한 영향을 미치는지 분석하였다. 그의 경험 분석에 따르면 개인의 탈물질주의 가치는 공적 제도 신뢰에 부정적인 영향을 미쳤다. 안소영(2010)은 2001년 WVS와 2010년 WVS를 비교하여 자율성, 사회적 가치, 정치적 관심, 사회 참여를 중심으로 측정된 탈물질주의의 변화가 정부 신뢰에 어떠한 영향을 미쳤는지 분석했다. 안소영(2010)의 분석에 따르면 탈물질주의가 정부 신뢰에 미치는 영향력은 2001년 조사에 비해 2010년 조사에서 전반적으로 증가했다. 구체적으로 2010년에는 자율성 차원에서는 독자성과 탈권위주의에 대한 인식이, 사회적 가치 차원에서는 인권 존중과 인도주의적 사회로의 발전에 대한 인식이, 정치적 관심 차원에서는 정치적 관심, 정치의 중요성 그리고 정치 성향이, 사회 참여 차원에서는 사회 참여 경험과 직장과 사회 참여에 대한 인식이 정부 신뢰에 영향을 미치는 변수로 나타났다. 아시아 국가를 대상으로 한 배정현(2013)의 분석에서도 후기 물질주의 가치관은 행정부에 대한 신뢰를 결정하는 중요한 요인으로 확인되었다.

탈물질주의의 특징으로 논의되었던 자율성(안소영 2010)은 아시아 가치와 대립적인 가치로 볼 수 있다. 가족 중심주의와 권위에 대한 존중은 아시아 가치의 중심적인 특징이다. 이 연구에서는 경제 성장에 대비되는 환경 보호에 대한 선호를 기반으로 탈물질주의를 측정한다. 환경 보호에 대한 선호는 정부에 대한 불신에 얼마나 영향을 미쳤을까? ABS 4차 조사(2015)에서 경제 성장보다 환경 보호가 더 중요하다고 대답한 응답자가 정부에 불신을 나타낸 비율은 67.31%로서, 전체 응답자의 불신 비율에 비해 오히려 낮게 나타났다.

셋째, 사회적 자본(social capital) 시각에 대해서 살펴보자. 사회적으로 더 깊게 연계되어 있는 시민들은 시민적 활동에 더 많이 개입하게 될 것이다. 시민적 활동의 개입은 시민들 사이의 대인 신뢰를 발전시킬 수 있다(Keel 2007). 사회적 수준에서 보면 일차적 관계를 넘어서는 시민적 활동이 높은 사회에서는 일반적인 대인 신뢰의 수준이 높을 것이다. 다수의 앞선 연구를 통해 사회적 자본이 제도 신뢰에 긍정적인 영향을 미친다는 사실을 확인하였다(Brehm and Rahn 1997; Putnam 1993).

흥미로운 점은 한국의 대인 신뢰는 민주주의 진전과 함께 증진된 것이 아니라 오히려 하락했다는 사실이다. 가장 오랜 기간의 흐름을 볼 수 있는 WVS에 따르면 민주화 이전 1차 조사(1982)에서 대인 신뢰의 수준('대부분의 사람을 신뢰할 만하다' 또는 '조심해야 한다'에서 전자를 선택한 응답자의 비율)은 38.02%였으나 6차 조사(2010)에서는 29.67%에 그쳤다. 가장 최근에 이루어진 조사인 ABS 4차 조사(2015)에서는 대인 신뢰를 나타내는 비율이 35.61%로 다소 상승했다.

한국의 대인 신뢰는 장기적으로 개선되지 않고 오히려 일부 조사에서는 하락했으며, 비교적인 시각에서 볼 때도 높은 수준이 아니다. 이 연구에서 주로 사용하는 ABS 4차 조사(2015)는 WVS 문항과 유사하지만 다소 다른 문항을 통해서 대인 신뢰를 측정한다. '다른 사람들이 자신을 공정하게 대하려고 하는지 아니면 이용하려 하는지' 묻는 문항에 한국의 시민들은 응답자의 절반에 가까운 47.28%가 이용하려 한다고 답한 반면, 동아시아 민주주의 6개국의 경우 같은 대답을 한 응답자가 평균 37.72%에 그쳤다. 이는 동아시아 다른 민주주의 국가의 평균에 못 미치는 수준이다.

비판적 시민 모델: 인지적 동원의 역할

두 번째 가설은 비판적 시민 모델이다. 노리스(Norris 1999)가 편집한 『비판적 시민(Critical Citizens)』 저작 이후 '비판적 시민'에 대한 많은 논의가 이루어졌다(Dalton 2013; Dooresnspleet 2012). 서구에서 민주주의에 대한 지지 하락에 주목하면서 민주주의 위기론을 제기했던 앞선 연구(Crozier,

Huntington and Watanuki 1975)와는 달리 노리스는 '비판적 시민'의 출현은 민주주의 체제에 대한 위기로 이어지지 않는다고 주장한다. 이들의 논의에 따르면 근대화로 인한 가치 변화와 교육적 성취의 증가로 인해서 시민들의 인지적 동원(cognitive mobilization)이 증가하였다(Dalton 2013; Inglehart and Welzel 2005). 이에 따라 민주주의 체제의 원칙을 지지하고 수용하면서도 민주주의의 수행력에 비판적이고 민주주의를 구성하는 핵심적인 제도에 불신을 나타내는 비판적인 집단이 출현하였고 이들을 '비판적인 시민'이라고 불렀다(Dalton 2013; Norris 1999).

비판적 시민 모델은 정부에 대한 불신과 어떻게 연결되는가? 비판적 시민 개념의 핵심적인 요소는 인지적 동원이다(Dalton 2007, 2013; Inglehart 1990). 인지적 동원을 구체화한 달톤(Dalton 1984, 2007, 2013)에 따르면 인지적 동원은 교육과 정치적 관심 두 변수의 조합을 통해서 측정한다. 비판적 시민 가설에 따르면 인지적 동원이 높은 비판적 시민들은 정부에 대한 기대가 높기 때문에 정부에 대해서 불만을 나타낼 확률이 높다.

ABS 4차 조사(2015)에서 교육은 10급간으로 측정되었으며 정치적 관심은 4점 척도로 측정되었다. 교육을 4점 척도로 재구성한 다음 교육과 정치적 관심 두 변수를 합하여 2~8 범위를 가진 인지적 동원 변수를 도출하였다. 인지적 동원이 높은 시민(6~8점)이 정부에 대해 불만을 가진 비율은 74.44%로, 전체 응답자에서 불신을 가진 비율(70.03%)보다 다소 높게 나타났다.

절차적 모델: 선출 과정의 정당성

세 번째 가설은 정부 선출 과정의 절차적 정당성에 초점을 맞춘다. 절차적 모델을 측정하는 변수는 선거의 공정성과 승자와 패자 변수이다(Anderson and Tverdova 2003; 박희봉 2018). 절차적 공정성이 중요한 이유는 민주주의에서는 공정한 절차가 결과를 정당화하기 때문이다.

선거의 공정성은 정부의 구성 절차와 작동에 대한 정당성과 직접 연결되어 있다. 선거가 공정하지 않다고 믿을수록 정부에 대해 불신을 나타낼 확률이 높다. 한국의 시민들은 전국 단위 선거가 대체적으로 자유롭고 공정하다고 인식하고 있었다. ABS 4차 조사(2015)에 따르면 "완전히 자유롭고 공정하다."라고 평가한 응답자는 22.50%에 그쳤다. 하지만 절반이 넘는 57.29%가 "자유롭고 공정하지만 사소한 문제가 있다."라고 답했다. 이 둘을 더하면 응답자의 5분의 4에 가까운 79.79%가 대체적으로 선거의 공정성을 인정한 셈이다. 흥미로운 것은 동아시아 민주주의 6개국에서 "완전히 자유롭고 공정하다."라고 답한 비율이 32.75%로 나타나 한국에서 같은 답을 한 응답자의 비율보다 10% 정도 높았다는 사실이다. 선거의 공정성에 대해 부정적인 평가를 내린 집단("공정하고 자유로웠지만 심각한 문제가 있었다.", "전혀 공정하고 자유롭지 않았다."라고 답한 집단)이 정부에 불신을 가지는 비율은 80%로 나타나 전체 응답자보다 10% 정도 높았다.

또한 자신이 지지하는 정당이 집권하는 경우 정부에 대해 더 높은 신뢰를 보일 수 있다. 즉 선거 과정에서 승자와 패자의 지위가 정부 신뢰에 영향변수가 될 수 있다(Anderson and Tverdova 2001; Chrinstensen and Laegreid 2005). 한국에서 집권당에 투표한 집단의 61.71%가 정부에 대해서 불신을 나타낸 반면, 야권에 투표한 집단은 81.36%가 불신을 나타내어 승자·패자 지위가 정부 신뢰에 영향을 미친 것으로 확인되었다.

정부의 수행력 모델: 경제적 수행력, 부패 근절

네 번째 가설은 정부의 수행력 모델에 기반을 두고 있다. 앞서 논의한 것처럼 민주주의에 대한 지지는 시민들의 수요와 공급의 함수이다. 그렇다면 정부에 기대하는 것과 실제 정부가 공급하는 것 사이의 차이(gap)가

정부에 대한 신뢰 수준을 결정할 것이다.

정부의 수행력은 정부의 문제 해결 능력, 부패 근절을 위한 노력, 정부의 반응성 변수를 통해서 측정되었다. 정부의 문제 해결 능력 변수는 "장기적으로 정부 시스템이 우리나라가 당면한 문제를 해결할 수 있다."라는 문항에 기반을 두어 측정되었다. 정부의 부패 근절 노력은 "○○님은 정부가 부패를 단속하고 뇌물을 근절하는 데 제대로 작동하고 있다고 생각하십니까?"라는 문항에 근거하여 측정되었다. 정부의 반응성 변수는 "○○님은 정부가 시민들이 원하는 것에 얼마나 반응한다고 생각하십니까?"라는 문항을 통해서 측정되었다. 모두 4점 척도로 측정되었다. 정부의 문제 해결 능력과 부패 근절 노력의 응답 변수는 1점(매우 동의)~4점(전혀 동의하지 않는다)으로, 정부의 반응성에 대한 응답 변수도 1점(매우 반응적)~4점(전혀 반응적이지 않다)으로 측정되었다.

정부의 능력에 대한 평가는 긍정적인 평가(65.42%)가 부정적인 평가(34.58%)를 상당히 앞섰다. 정부 능력에 대한 한국 시민들의 평가(평균 2.332)는 동아시아 민주주의 6개국 시민들의 평가(평균 2.276)와 비슷한 수준이었지만 다소 더 부정적이었다. 한국의 민주주의 수준을 고려할 때 한국 시민들의 평가가 상대적으로 높은 기대감에서 기인하는 것인지 아니면 정부의 문제 해결 능력에 대한 비판적인 평가에서 기인하는 것인지 좀 더 면밀한 분석이 필요하다. 정부 능력에 대한 평가가 시민들의 정부 신뢰에 미치는 영향은 두드러졌다. 정부의 문제 해결 능력을 부정적으로 평가하는 응답자의 경우 정부 신뢰의 수준이 16.39%로 나타나 이 조사의 전체 응답자에서 정부를 신뢰하는 비율(29.97%)보다 상당히 낮게 나타났다.

정부의 부패 척결과 뇌물 근절 노력에 대한 평가의 경우 한국의 시민 중 52.27%가 긍정적으로 평가해 부정적인 평가(47.73%)보다 다소 많았다. 정부 노력에 대한 한국 시민들의 평가(평균 2.500)는 동아시아 민주주의 6개국 평균(2.362)보다 조금 더 부정적이었다. 정부의 부패 근절 노력에 대해서 부정적인 평가("별로 한 게 없다.", "아무것도 하지 않는다.")를 한 응답자가 정부에 대해서 신뢰하는 비율은 16.49%로 나타나 전체 응답자에서 불신 비율보다 크게 증가했다.

정부의 반응성에 대한 한국 시민들의 평가도 비슷한 결과를 보였다. 정부의 반응성에 대해서 부정적인 평가를 하는 시민들의 비율(68.16%)이 긍정적인 평가를 하는 시민들의 비율(31.84%)의 두 배가 넘었다. 동아시아 민주주의 6개국의 평균과 비교해 보면 한국 시민들의 평가(평균 2.769)는 동아시아 6개국 시민들의 평가(평균2.708)보다 다소 부정적이었다.

민주적 정치 과정 모델: 수평적 책임성과 선거 사이의 민주적 책임성

다섯 번째 가설인 민주적 정치 과정 모델은 민주적 정치 과정에 대한 시민들의 평가와 정부 신뢰 사이의 관계를 검증한다. 이 변수는 앞선 연구에서 주목하지 않았던 요인이다. 먼저, 한국은 대통령제 국가로서, 행정부와 입법부 간의 견제와 균형을 내용으로 하는 수평적 책임성(horizontal accountability)이 핵심적인 작동 원리이다. 행정부에 대한 입법부의 민주적 견제가 제대로 작동하지 않고 행정부의 독주가 지속된다면 시민들이 정부에 대해 높은 신뢰를 가지기 어렵다.

ABS 4차 조사(2015)에서 의회의 견제에 대한 평가는 "의회가 정부 지도자를 얼마나 통제할 수 있다고 생각하십니까?"라는 문항에 기초를 두어 측정되었다. 응답자의 절반이 넘는 57.02%가 통제할 수 있다고 답한 반면에 42.98%는 통제할 수 없다고 답했다. 이 수치는 의회의 통제 기능에 대한 동아시아 민주주의 6개국 시민들의 긍정적인 평가 수치인 51.02%보다 다소 높다. 의회가 정부를 잘 통제하고 있는지에 대해서 부정적인 의견을 가진 집단이 정부를 불신하는 비율은 79.73%로, 전체 응답자의 불신 비율보다 약 10% 높게 나타났다.

둘째, 선거가 주기적으로 치러지기 때문에 선거와 선거 사이에 민주적 책임성이 어떻게 확보되느냐는 민주주의의 질을 보장하기 위한 중요한 문제이다. 따라서 선거 책임성을 넘어서 사회적 책임성의 중요성이 부각된다. 여기서는 ABS 4차 조사(2015)에서 포함된 선거 사이 책임성에 대한 시민들의 평가를 이용한다. 이 변수는 "선거와 선거 사이 사람들은 정부의 행위에 대해서 책임지게 할 수 있는 방법이 없다."라는 문항에 기반을 두어 측정되었다. 두 변수 모두 4점 척도(1점: 매우 동의~4점: 전혀 동의하지 않음)로 측정되었다. 한국의 시민들은 선거와 선거 사이 정부 책임성에 대해 부정적인 인식을 가지고 있었다. 응답자의 62.75%(매우 동의 21.28%, 대체로 동의 41.47%)가 질문에 동의한 반면에 37.25%는 동의하지 않았다(별로 동의하지 않음 29.48%, 전혀 동의하지 않음 7.77%). 이 수치는 동아시아 민주주의 6개국의 동의 비율(60.57%)과 비슷한 수준이다. 선거와 선거 사이 정부 책임성에 대한 부정적인 인식이 정부 신뢰에 미치는 영향은 나타나지 않았다. 선거 사이 정부 책임성에 부정적인 인식을 가진 응답자가 정부에 대해서 불신을 가질 비율은 31.71%로 나타나 전체 응답자보다 높았지만 차이는 매우 적었다.

통제변수

통제변수로는 전통적인 연령, 성별, 교육, 소득과 같은 인구학적 변수를 포함시켰다. 성별은 여성을 대상으로 가변수를 도출하여 분석에 포함시켰다. 교육은 무학(1)에서 대학원(10)까지 10급간으로 측정하였다. 소득은 하위 20%에서 상위 20%까지 5급간으로 측정하였다.

한국의 시민들은 왜 정부를 불신하는가? [표 6-2]는 정부 불신 결정요인에 대한 순서로짓(ordered logit) 분석 결과이다. 문화적 모델, 비판적

표 6-2 정부 불신 결정 요인에 대한 경험 분석(순서로짓 모형)

변수		정부에 대한 신뢰	
		계수(표준 오차)	승산비
문화적 모델	가장으로서 지도자	0.127(0.087)	1.129
	환경보호 우선	−0.118(0.129)	0.888
	대인 신뢰	0.317(0.106)**	1.374
	타인의 이타성	0.407(0.134)**	1.502
비판적 시민 모델	인지적 동원	−0.182(0.068)**	0.833
절차적 정당성 모델	선거의 공정성	0.269(0.086)**	1.309
	승자와 패자	0.516(0.152)**	1.675
정부 수행력 모델	정부의 문제 해결 능력	0.465(0.099)***	1.593
	정부의 반응성	0.571(0.122)***	1.771
	정부 부패 근절 노력	0.492(0.107)***	1.636
민주적 책임성 모델	입법부 견제	0.254(0.072)***	1.289
	선거 사이 책임성	0.254(0.072)**	1.201
연령		−0.007(0.005)	0.993
교육		0.102(0.063)	1.107
성별(여성)		−0.119(0.126)	0.887
소득		−0.030(0.054)	0.970
절단값1		1.804(0.779)	1.804
절단값2		5.053(0.768)	5.053
절단값3		7.976(0.796)	7.976
사례 수		1041	
Pseudo R2		0.1267	

출처: ABS 4차
참고: $**p \leq 0.05$, $***p \leq 0.001$

시민 모델, 절차적 정당성 모델, 정부 수행력 모델, 민주적 책임성 모델 등 다섯 가지 모델을 검증하였다.

첫째, 문화적 모델은 네 변수로 측정되었다(가장으로서 지도자, 환경보호 우선, 대인 신뢰, 타인의 이타성). 네 변수 중에서 아시아 가치 모델(가장으로서 지도자)과 탈물질주의 모델(환경보호 우선)을 측정한 두 변수는 정부 불신에 유의미한 영향을 미치지 않았다. 일부 앞선 연구(강우진 2019)에서 제시한 바와 같이 아시아 가치의 영향력은 한국이 겪은 급속한 산업화와 민주화라는 보편적 압력에 의해서 상쇄되었을 수 있다. 이 글의 분석 결과는 적어도 정부 신뢰에는 아시아 가치의 권위에 대한 순응 요인이 영향을 미치지 않는다는 것을 의미한다. 또한 앞선 연구에서는 한국 사회의 탈물질주의 균열의 부상에 대한 다른 시각(김욱·이이범 2006; 양해만·조영호 2018)이 제시되었다. 탈물질주의 균열의 부상 여부는 독립적인 연구를 통해서 분석해야 할 주제이다. 이 장의 분석 결과는 한국 사람들이 가진 탈물질주의적 태도는 민주적 지지에 중요한 영향을 미치지 않는다는 것이다.

대인 신뢰를 측정한 두 변수(일반적 대인 신뢰, 타인의 이타성)는 정부 불신에 유의미한 영향을 미치는 중요한 변수로 확인되었다. "대부분의 사람들은 신뢰할 만하다."라는 문항에 동의하지 않을수록 정부에 대해서 불신을 가질 확률이 높았다. 또한 "대부분의 사람들은 이용하려 한다."라고 생각할수록 정부에 대해 불신을 가질 확률이 높았다. 이 장의 분석 결과는 제도 신뢰의 사회적 기반을 확인하였다는 데 의미가 있다. 그럼에도 불구하고 좀 더 엄밀한 분석을 위해서는 사회 신뢰가 제도 신뢰(정부 신뢰)에 미친 영향뿐만 아니라 역의 인과관계(정부 신뢰가 사회 신뢰에 미친 영향)에 대한 추가적인 분석이 진행되어야 한다.

둘째, 비판적 시민 모델은 인지적 동원 변수를 기반으로 측정되었다. 분석 결과 인지적 동원 변수는 정부의 불신을 결정하는 중요한 영향 변수로 확인되었다. 흥미로운 것은 영향력의 방향이다. 비판적 시민 모델의 예측과는 반대로 인지적 동원이 높을수록 정부를 불신하는 것이 아니라 신뢰하는 것으로 나타났다. 비판적 시민 모델의 예측과는 정반대의 결과가 확인된 것이다. 이 결과를 어떻게 해석할 것인가? 이 장의 분석 결과는 인지적 동원과 민주적 지지, 특히 제도 신뢰와의 관계는 비판적 시민 모델의 예측보다 더 복합적일 수 있음을 시사한다. 이 장의 분석에는 포함되지 않는 이념과 같은 변수가 매개 작용을 할 수 있다.

셋째, 절차적 정당성 모델을 측정한 두 변수 모두 중요한 영향변수로 확인되었다. 선거의 공정성에 의문을 제기할수록, 선거에서 선택이 승자가 아니라 패자에 속할수록 정부에 대해 불신을 가질 확률이 높았다. 앞서 살펴본 대로 한국은 민주화 이행 이후 민주주의 제도를 안정적으로 발전시켜 온 소수의 사례에 속한다. 하지만 박근혜 정부 등장 과정에서 발생한 국가 기관에 의한 대통령 선거 개입은 선거 체제의 안정성을 위협하는 수준은 아니더라도 선거의 완결성에 의문을 제기할 수 있는 사건이었다. 이 장의 분석 결과는 이러한 역진적 사건의 영향을 확인한 것으로 해석할 수 있다. 또한 승자와 패자의 영향력은 집권 이후 심화된 여야 간 정치적 양극화의 정치적 결과로 해석할 수 있다.[78]

넷째, 정부의 수행력은 경제적 수행력을 측정하는 세 변수와 정부의 정책적 수행력을 측정하는 세 변수로 검증되었다. 정부의 정책적 수행력을 측정하는 세 변수는 모두 정부의 신뢰에 중요한 영향을 미치는 요인으로 확인되었다. 정부의 부패 근절 노력에 대해서 부정적일수록, 정부의 문제해결 능력에 대해서 부정적일수록, (이에 따라서) 정부가 시민들의 요구에 반응한다고 생각하지 않을수록 정부에 대해서 불신을 가질 확률이 높았다. 경제투표에 대한 앞선 많은 논의는 국가경제 혹은 가정경제의 조건에 대한 인식이 집권당 평가에 미치는 영향에 주목했다. 하지만 이 장의 분석이 제시하는 것처럼 보다 일반적인 정부 신뢰는 정부의 수행력을 측정하는 변수에 영향을 받는다.

다섯째, 이 연구는 민주적 정치 과정 모델로서 민주주의 책임성에 대

78 이 결과가 선거 체제의 절차적 정당성에 의해서 결정되는지 아니면 집권 후 극심하게 전개되는 여야 간 정치적 양극화에 의해서 더 영향을 받은 것인지는 추가적인 분석을 통해서 밝혀 낼 필요가 있다.

한 시민들의 평가가 정부의 신뢰에 미치는 영향[79]에 주목했다. 앞서 논의한 대로 민주적 책임성은 행정부에 대한 입법부의 견제 기능과 선거와 선거 사이 책임성에 대한 시민들의 평가를 통해서 측정했다. 의회가 정부의 지도자들을 제대로 견제하지 못한다고 인식할수록, 또 선거와 선거 사이 시민들이 정부를 책임지게 할 수 있는 방법이 없다고 생각할수록 정부에 불신을 가질 확률이 높았다. 이 장의 분석 결과는 정부에 대한 신뢰는 행정부와 입법부 사이의 관계와 집권 기간 동안의 사회적 책임성에 의해서도 중요한 영향을 받을 수 있다는 것을 보여 주었다.

여섯째, 연령, 소득, 성별(여성), 교육의 통제변수들은 정부 불신에 중요한 영향을 미치지 않는 것으로 확인되었다.

이 장은 정부 신뢰의 변화 양상, 사회경제적 배경과 정부의 신뢰 결정 요인을 분석하였다. 앞선 논의에 기반을 두어 다섯 가지 모델(문화적 모델, 비판적 시민 모델, 절차적 정당성 모델, 정부 수행력 모델, 민주적 책임성 모델)을 도출하여 정부 신뢰 결정 요인을 분석하였다. 분석 결과 정부 신뢰 결정 요인은 다차원적이었다.

사회 신뢰 모델의 영향력을 통해서 확인한 것처럼 정부 신뢰의 사회적 기반이 일차적으로 중요한 요인이었다. 비판적 시민 모델의 영향력을 통해서 도출할 수 있는 사실은 시민들의 인지능력 증가와 제도 신뢰 사이에는 단선적인 인과관계가 존재하지 않는다는 것이다. 또한 절차적 정당성 모델을 통해서 확인할 수 있듯이 한국의 절차적 수준의 민주주의는 안정적으로 발전했지만 여전히 보완되어야 할 점이 많다. 문재인 정부

79 다만 제도 신뢰(정부 신뢰) 차원의 결정 요인으로서 민주적 정치 과정 모델이 민주주의 체제 수준에도 영향을 미칠 수 있다. 후속 연구에서는 체제 차원과 제도 차원의 민주적 지지 사이의 상호작용에 대한 규명이 필요하다.

들어서 진행 중인 국가 기관의 탈정치화 개혁이 뿌리를 내리면 선거의 완결성이 국가 기관에 의해서 침해되는 사태는 발생하지 않을 것이다. 또한 여전히 정치적 양극화의 문제는 승자독식적인 선거 제도를 채택하고 있는 한국에서 제도 신뢰(정부 신뢰)의 증진을 위해서 중요한 도전이다. 앞선 논의와 달리 이 장의 분석은 정부 수행력 변수로서 문제 해결 능력, 반응성, 부패에 대한 대처 등과 같이 제도로써 정부의 능력을 측정하는 변수에 주목했다. 이 장의 분석 결과는 시민들의 요구에 반응하는 정부의 문제 해결 능력이 정부 신뢰에 중요한 변수라는 것을 제시한다.

또한 이 장의 분석은 정부와 입법부와의 관계(수평적 책임성)와 집권 기간 동안 시민들의 정부에 대한 견제(수직적 책임성) 같은 변수가 정부 신뢰에 미치는 영향을 확인했다. 향후 제도 신뢰와 민주주의 체제 신뢰 사이의 상호작용에 대한 추가적인 분석을 통해서 수평적 책임성과 사회적 책임성이 두 수준의 지지에 어떻게 차별적인 영향을 미치는지 규명하는 작업이 필요하다.

제7장

무엇이 의회에 대한 신뢰를 결정하는가?

의회, 정당, 행정부, 사법부 등은 민주주의의 핵심이다. 그중에서도 의회는 현대 대의 민주주의의 핵심으로서, 그 중요성은 아무리 강조해도 지나치지 않다. 주권자로서 시민들의 정치적 대표(political representation)는 의회를 통해서 이루어진다. 정부의 모든 행위는 의회의 입법 활동을 통해서 가능하다. 또한 의회는 행정부에 위임된 많은 권한을 감시함으로써 수평적 책임성(horizontal accountability)을 확보할 수 있게 해 준다. 즉 의회의 핵심적인 기능은 대표 기능, 입법 기능, 감시 기능이라 할 수 있다.

민주주의 체제의 핵심적인 제도로서 의회에 대한 신뢰는 정치적 안정, 나아가 민주주의 체제에 대한 지지에 핵심적인 역할을 한다. 특히 한국과 같은 젊은 민주주의 국가에서 국민을 대표하는 대의 기관인 의회에 대한 신뢰는 민주주의 체제를 실질적으로 공고화하는 데 매우 중요한 요소라고 할 수 있다. 예를 들어 터너와 마츠(Tuner and Martz 1997)의 남미를 대상으로 한 분석에 따르면, 의회를 포함한 민주적 제도에 대한 신뢰는 민주주의 공고화에 대한 태도에 유의미한 영향을 미쳤다. 동아시아 맥락에서도 이 장이 주로 사용하는 ABS의 가장 최근 조사인 4차 조사(2015)에 따르면, 동아시아 6개국의 의회 불신과 민주주의 불만족 사이에는 의미 있는 상관관계가 있다(상관관계 0.2108, 0.00 수준에서 통계적으로 유의미). 또한 같은 집단에서 의회를 불신하는 응답자 중 민주주의에 불만을 가진 응답자의 비율(50.06%)은 전체 샘플에서 민주주의에 대해 불만을 나타낸 응답자의 비율(37.83%)보다 높았다. 이 둘 사이에는 통계적으로 유의미한 관계가 존재했다(0.00 수준에서 카이검정 유의미). 즉 동아시아 민주주의 국가에서 나타나는 민주주의에 대한 높은 불만족이 의회에 대한 불신에서 기인할 수 있다는 것이다.

한국과 같은 대통령제 국가에서 의회는 행정부를 감시하고 견제함으로써 수평적 책임성 나아가 민주적 책임성을 달성하는 핵심적인 기관이다. 제3의 물결 이후 많은 비민주주의 체제가 민주주의로 이행하였다. 이에 따라 민주주의에 대한 논의는 민주주의의 이행학과 공고화학을 넘어서 민주주의 질(quality of democracy)에 대한 논의로 이동하였다. 민주주의 질을 구성하는 핵심적인 요소 중 하나는 의회의 역할에 초점을 맞춘 수평적 책임성(horizontal accountability)이다.

한국적 맥락에서도 민주화 이후 민주주의를 대표하는 기관으로서 의회의 다양한 역할이 크게 증대되었다. 그럼에도 불구하고 아래에서 자세히 살펴볼 것처럼 현재 한국에서 의회에 대한 국민들의 신뢰는 매우 낮은 수준이며 의회에 대한 불만이 한계점에 도달했다고 해도 과언이 아니다. 한 조사(한국경제신문 2015년 10월 14일)에 따르면 일반 국민 10명 중 8명(79.8%)은 국회가 유권자 표만 의식한다고 답변했다. 한국의 국가 기관 신뢰도 조사에서 국회가 가장 낮은 점수를 받은 것은 이미 오래된 일이다.[80]

의회에 대한 신뢰 저하는 한국을 비롯한 젊은 민주주의 국가만의 현상은 아니다(Dalton 2004; Mayer and Canon 1999). 예를 들어 대통령제의 대표적인 나라인 미국의 경우도 의회에 대한 신뢰는 지속적으로 하락해 왔다. 대표적인 여론조사 기구인 갤럽에 따르면, 의회에 대한 신뢰는 1973년 조사에서는 42%를 기록한 반면 2015년 6월 조사에서는 8%에 불과했다. 즉 민주주의 제도의 핵심적인 기관이라고 할 수 있는 의회에 대한 불신은 선진 민주주의 국가와 젊은 민주주의 국가 모두에 해당하는 현상이다.

하지만 의회를 비롯한 민주주의 제도에 대한 지지의 내면화가 여전히 진행 중인 젊은 민주주의 국가에서 의회에 대한 불신은 선진 민주주의 국가에서의 의회에 대한 불신과는 그 성격과 정치적 영향 등 다양한 면에서 차이

80 한 여론조사 기관(리얼미터)에서 '2018 국가사회기관 신뢰도' 조사를 실시한 결과, 대통령(청와대)이 21.3%로 1위를 차지한 반면에 국회는 1.8%로 최하위를 차지했다(2018년 11월 1일 자 『미디어오늘』 「국민 신뢰도 1위는 '대통령', 국회는 또 꼴찌」 참조).

가 있다. 민주주의가 정착된 선진 민주주의 국가에서 의회에 대한 불신은 민주주의 체제에 대한 불신과 지지의 철회로 이어지지는 않는다(Norris 1999).[81]

한국은 제도적인 수준에서는 민주주의 공고화가 성공적으로 진행되었고(Hahm 2008) 다른 젊은 민주주의 국가와 비교해 볼 때 자유 민주주의의 수준에 근접한 것으로 평가된다(Diamond 2008). 하지만 민주주의에 대한 시민들의 지지를 기준으로 살펴보면 실적은 그다지 인상적이지 않다. 추와 후왕의 분석(2010)에 따르면 한국에서 자유 민주주의적 가치를 가지고 확고한 민주적 지지를 보내는 일관된 민주주의자(consistent democrat)는 전체의 3분의 1에 못 미치는 31.7%에 지나지 않았다. 반면에 권위주의적 가치를 가지고 민주주의적 지지를 보내는 피상적 민주주의자(superfical democrat)와, 권위주의적 가치를 가지고 민주주의적 지지를 보내지 않는 비민주주의자(non-democrat)를 합하면 전체의 4분의 1이 넘는 27.3%에 달했다(Chu and Huang 2010: 118).

이 장은 무엇이 시민들의 의회 신뢰에 영향을 미치는지 분석한다. 한국의 의회에 대한 신뢰 수준은 어느 정도인가? 본격적인 경험 분석에 앞서 한국의 의회 신뢰 수준을 동아시아 국가들과 비교해 보자. 〈그림 7-1〉은 ABS의 최근 조사인 4차 조사(2014~2016)를 활용하여 동아시아 주요 국가들의 의회 신뢰 수준을 비교하여 제시한다.

〈그림 7-1〉을 통해서 알 수 있듯이 동아시아 민주주의 국가들 중에서 한국은 대만, 일본과 함께 의회 신뢰도가 낮은 국가군에 속한다. 한국에서 의회를 신뢰한다고 대답한 응답자는 12.5%에 지나지 않았다. 한국의 시민 중 열에 아홉 가까이는 의회를 불신하고 있는 것이다. 흥미로운 사실은 동아시아 국가군 중에서 민주주의 국가로는 가장 높은 수준인 자

81 피파 노리스(Pippa Norris 1999)의 연구에 따르면 이러한 집단은 비판적 시민(critical citizens)이라고 부를 수 있다. 이들은 민주주의 체제를 강력하게 지지하지만 민주주의 현실에 대해서는 대단히 비판적이다.

그림 7-1 아시아 민주주의 국가들의 의회 신뢰도

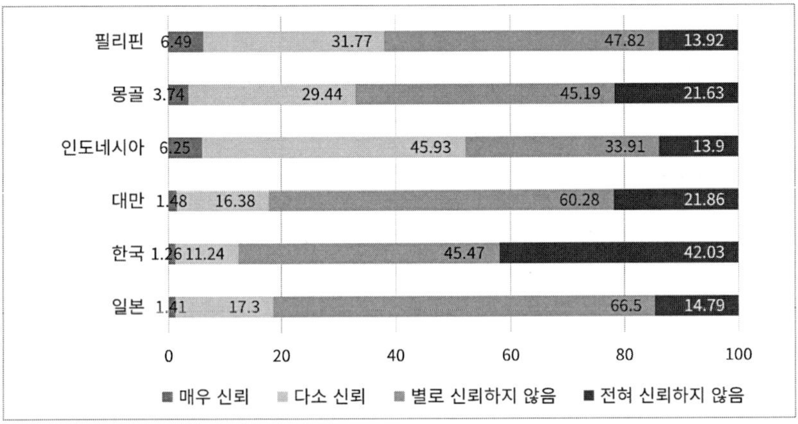

출처: ABS 4차(2014~2016)
참고: 숫자는 퍼센트를 나타냄

유 민주주의(liberal democracy) 국가에 속하는 일본, 한국, 대만에서 의회에 대한 불신이 다른 젊은 민주주의 국가보다 더 높았다는 사실이다.

그렇다면 한국의 의회에 대한 낮은 신뢰 수준은 시계열적으로 어떻게 변화해 왔나? WVS에 따르면 한국의 의회 신뢰는 권위주의 정부 시절인 1980년대(1차 조사)에는 절반 이상의 신뢰 수준을 나타내었으나 민주화가 진전되면서 30%로 낮아졌고(2차, 3차 조사) 가장 최근 조사(4차, 5차 조사)에서는 10% 내외를 기록하였다(유성진 2009).[82]

한국의 의회 신뢰가 민주화 진전과 함께 낮아졌으며 다른 나라들과 비교할 때 매우 낮은 수준이라면 젊은 민주주의 국가들 중에서 가장 성공적인 민주화를 이룬 나라로 평가되는 한국에서 의회에 대한 신뢰가 이토

82 한국에서 다른 정치 제도들 중에서 의회에 대한 신뢰는 정당에 대한 신뢰와 가장 큰 상관관계를 나타냈다. ABS 4차 조사에 따르면 의회 신뢰와 정당 신뢰 간의 상관관계는 0.5748로 매우 높게 나타났다. 의회 신뢰와 정부 신뢰 간의 상관관계는 두 번째로 높았고(0.3747) 의회 신뢰와 사법부 신뢰 간의 상관관계는 셋 중 가장 낮게 나타났다(0.2632).

록 낮은 이유는 무엇인가? 이를 어떻게 평가해야 하는가?

앞선 연구 중에서 정부 신뢰 결정 요인에 대한 분석은 다수 존재한다. 하지만 선행 연구는 대부분 행정부나 대통령에 대한 신뢰를 분석한 연구들이다. 의회 신뢰를 결정하는 요인을 본격적으로 분석한 연구는 매우 드물다(남궁근·배병룡·이시원·김영기 1991; 유성진 2009; 조진만·임성학 2006). 그나마 몇 편 있는 선행 연구들은 한국의 사례에 국한되어 있다.[83]

선행 연구에서 드러난 의회 신뢰 수준에 영향을 미치는 변수들의 타당성을 엄밀하게 검증하고 추가적인 영향변수를 추적하려면 비교 가능한 국가들 간의 비교 분석이 필수적이라고 할 수 있다. 이 장은 이러한 문제의식에 기반을 두고 동아시아 민주주의 국가를 대상으로 의회 신뢰 수준의 결정 요인을 비교 분석한다. 이 장에서 분석 대상으로 삼은 동아시아 국가군(한국과 일본, 대만, 몽골, 필리핀, 인도네시아)은 지역적인 특수성을 공유하면서도 정부 형태, 선거 제도, 경제적 수준 그리고 민주화의 진전 정도 등에서 차이를 보인다. 이에 따라 비교 분석의 대상으로서 적절한 사례를 구성한다. 동아시아 민주주의 6개국은 제3의 물결을 통해 민주주의 이행에 성공한 국가군이라는 점과 동아시아 지역이라는 공통점을 갖고 있다. 공통점 못지않게 중요한 차이점도 있는데, 먼저 6개국 중에서 한국과 일본, 대만은 자유 민주주의(liberal democracy) 수준에 도달한 국가로 평가되고 있다. 반면에 몽골, 인도네시아, 필리핀 등 3개국은 선거 민주주의(electoral democracy) 국가로 분류할 수 있다. 즉 6개국의 분석을 통해서 자유 민주주의 국가와 선거 민주주의 국가에서 의회 신뢰 수준을 결정하는 요인의 공통점과 차이점을 분석할 수 있다.

---

83 현재 접근 가능한 거의 유일한 예외가 이갑윤(2008)의 연구이다. 하지만 이갑윤의 연구는 의회 신뢰 수준의 결정 요인이 아니라 의회에 대한 일반적인 태도를 분석하는 데 초점이 맞춰져 있으며, 사례 또한 한국과 일본에 국한되어 있다.

분석 모델

앞서 간단히 언급한 바와 같이 한국의 의회 신뢰 수준은 비교적 관점에서 볼 때도 대단히 낮다. 의회 신뢰는 다양한 요인들에 영향을 받는 복합적이고 다차원적인 특성을 갖는다. 이 장에서는 앞선 연구에 기반을 두어 다섯 가지 변수군(문화적 변수군, 정치 행태적 변수군, 사회경제적 변수군, 절차적 변수군, 의회의 수행력 변수군)에 주목하여 분석을 진행한다.[84]

의회 신뢰에 대한 영향변수: 문화적 변수군

문화적인 관점에서 신뢰는 제도 신뢰에 외생적인 것이 아니다. 오히려 개인이 속한 사회 속에서 장기적인 과정의 결과물로 나타난다. 이 관점은 내생적인 과정의 산물로 나타난 다른 사람에 대한 기대의 관점에서 신뢰를 이해한다(Granovetter 1985; Lewis and Weigert 1985). 대인 신뢰는 사회적 자본의 형성으로 나타나며, 이러한 사회적 자본은 제도 신뢰를 증진시키는 사회적 기반이 된다.

그렇다면 사회적 자본은 무엇인가? 사회적 자본의 개념은 프랑스 사회학자 부르디에(Bourdieu 1986)에 의해서 제시된 후 미국의 사회학자 콜만(Coleman 1988)에 의해서 발전되었다. 이후 퍼트넘(Putnam 1993)이 사회적 자본의 개념을 체계화하였고 학술적인 패러다임 수준으로까지 발전시켰다. 이를 기반으로 확립된 OECD(2007: 103)의 정의에 따르면 사회적 자본은 집단 내, 집단 간 협력을 촉진시키는 공유된 규범과 가치 그리고 이해의 네크워크이다(networks together with shared norms, values and understandings that facilitate co-operation within or among groups).

첫째, 시민문화론에 따르면 사적인 신뢰와 일반 신뢰를 포함하는 대

84 이 부분은 강우진(2016)에 전적으로 의존하고 있다.

인 신뢰가 제도의 신뢰에 긍정적인 영향을 미친다고 주장한다(Lipset and Schneider 1983). 카세(Kaase 1999)의 유럽 9개국을 대상으로 한 비교 분석에 따르면 대인 신뢰는 정부 신뢰에 의미 있는 영향을 미쳤다. 한국적 맥락에서도 대인 신뢰가 제도 신뢰에 긍정적인 영향을 미친다는 연구들이 다수 존재한다. 예를 들어, 박희봉·이희창·조연상(2003)의 연구에 따르면 사적 신뢰와 일반 신뢰를 포함한 대인 신뢰가 입법부에 대한 신뢰를 포함한 정부 신뢰에 긍정적인 영향을 미치는 것으로 확인되었다. 하지만 사회적 신뢰가 제도 신뢰로 직접적으로 연결되지 않을 수 있다는 논의도 많다. 특히 한국과 같이 권위주의와 민주주의를 경험한 나라에서는 사회적 신뢰의 수준과 정부 신뢰의 수준 간의 관계가 복합적인 특성을 나타낸다(박종민·배정현 2011; 안승국 2012).

둘째, 시민문화론은 제도 신뢰에 미치는 사회적 참여의 중요성에 주목한다(Putnam 1993). 수평적인 자발적 결사체(voluntary association) 활동의 증진이 사회적 신뢰를 증진시킬 수 있고 나아가 정부 제도에 대한 신뢰에 기여할 수 있다. 하지만 한국적 맥락에서 자발적 결사체가 사회적 신뢰에 미치는 영향에 대한 선행 연구는 결사체의 종류에 따라서 엇갈린다. 한 연구(박희봉·이희상·조연상 2003)에 따르면 사회단체의 활동이 제도 신뢰에 긍정적인 영향을 미치는 것으로 나타났다. 구체적으로 이익집단단체인 노동단체의 참여가 대인 신뢰에 긍정적인 영향을 미친다는 것을 확인한 연구도 있다(박통희 2010). 또 다른 연구(이승종 2010)는 종교 활동이 정부 신뢰에 유의미한 긍정적 영향을 미친다고 제시했다.

의회 신뢰에 대한 영향변수: 정치 행태적 변수군

의회 신뢰에 영향을 미칠 수 있는 정치 행태적 변수로는 정치적 관심, 정치적 효능감, 정치 참여, 당파성 등을 들 수 있다. 먼저, 정치적 관심

(political interest)이 높을수록 의회에 대한 신뢰가 높아질 수 있다. 정치적 불신이 팽배한 한국적 현실에서 정치적 무관심은 의회에 대한 불신으로 이어질 수 있다. 정치적 무관심층은 의회에 대한 언론의 비판적인 평가에 더 큰 영향을 받을 것이며, 따라서 의회에 대해서 낮은 신뢰를 보일 가능성이 크다고 예측할 수 있다.

둘째, 정치적 효능감(political efficacy)은 국민들의 정부 신뢰에 영향을 미치는 중요한 변수로 평가되어 왔다(Dennis and Owen 2000). 정치적 효능감은 내적인 효능감(internal efficacy)과 외적인 효능감(external efficacy)으로 나눌 수 있다. 일반적으로 내적인 효능감은 유권자 자신이 정치적 의사 결정에 영향을 미칠 수 있는 자원과 기술을 가지고 있다는 인식을 의미한다. 하지만 외적인 효능감은 정부와 같은 정치 제도가 시민들의 요구에 어느 정도 반응하는가에 대한 인식이다(Miller et al 2000). 정치적 효능감은 의회 신뢰에 긍정적인 영향을 미칠 수도, 부정적인 영향을 미칠 수도 있다.

셋째, 정치 참여와 제도 신뢰 사이에도 유의미한 관계가 있을 수 있다. 앞서 논의한 바대로 사회적 자본에 관한 선행 연구들은 자발적 결사체의 참여가 제도 신뢰로 이어질 수 있음을 제시하였다(박희봉 2007). 정치적 참여는 일반적으로 투표와 선거 캠페인 참여 같은 통상적이고 전통적인 정치 참여와 진정서 서명, 청원, 시위 및 집회 참여, 보이콧 같은 비통상적이고 비전통적인 정치 참여로 구분할 수 있다(Milbrath and Goel 1979; Kaase 1979). 정치 참여의 형태에 따라서 정치 참여와 제도 신뢰 간의 관계도 달라질 수 있다. 비전통적인 정치 참여는 제도적인 통로에 대한 불신에서 기인할 가능성이 크다. 이 경우 비전통적인 정치 참여와 제도 신뢰 사이에는 부정적인 관계가 존재할 가능성이 크다. 반면에 전통적이고 통상적인 정치 참여에 적극적인 사람은 상대적으로 높은 제도 신뢰를 나타낼 가능성이 크다.

이렇게 본다면 정치 참여는 다른 매개 변수를 통해 제도 신뢰에 영향을 미칠 가능성이 크다(이승종 2010). 예를 들어 양건모·박통희(2007)의 연구에 따르면 약사와 의사집단의 보건복지부 정책에 대한 참여는 당국자에 대한 외적 효능감을 매개로 작동하였다. 구체적으로 비정부 주도 참여의 경우 긍정적인 신뢰에 대한 영향이 미약한 반면 정부 주도 참여는 외적인 효능감을 매개로 정부의 신뢰에 긍정적인 영향을 미치는 것으로 나타났다.

넷째, 당파성은 개인이 정당에 대해서 발전시켜 온 심리적인 일체감이다(Campbell, Converse, Miller and Stokes 1960). 정당에 대한 일체감과 제도 신뢰의 관계는 시민들이 자신이 일체감을 가진 정당이 선거에서 승리했는지 여부에 따라서 달라질 수 있다(Keele 2005). 즉 여당에 대해 일체감을 가진 시민들은 야당에 대해 일체감을 가진 시민들에 비해 더 높은 제도 신뢰를 나타낼 가능성이 있다. 물론 이 두 변수 사이의 관계는 여당이 의회에서 다수당을 가지고 있느냐 그렇지 않느냐에 따라서 영향을 받을 수 있다. 또한 당파성의 강도에 따라서도 영향을 받을 수 있다.

의회 신뢰에 대한 영향변수: 사회경제적 변수군

선행 연구에서 제시된 사회경제적 변수로는 연령, 교육, 소득과 사회경제적 지위에 대한 주관적인 인식과 같은 변수들을 들 수 있다. 다수의 선행 연구들이 연령, 소득, 성별과 같은 사회경제적 변수가 제도 신뢰에 영향을 미친다는 것을 확인하였다(Christensen and Lægreid 2005; Hetherington 1998).

첫째, 대표적인 인구학적 변수인 연령과 제도 신뢰의 관계를 살펴보면 양자 사이에는 부정적인 관계가 나타나기도 하고 긍정적인 관계가 나타나기도 한다. 한편으로는 젊은 세대가 나이 든 세대보다 다양한 의견에 더 관용적이며 민주주의를 지지할 가능성이 더 크다고 할 수 있다(Catterberg and Moreno 2006). 하지만 젊은 층은 정치적 무관심이 크고 나아가 제도적인 신뢰가 낮은 반면에, 고령층은 정치적 관심과 참여도가 높고 제도적인 신뢰가 높을 가능성이 크다는 주장도 있다(Bjørnskov 2007; Putnam 2000). 또한 몇몇 연구는 이러한 일반적인 관계가 신흥 민주주의 국가에서도 확인되었다고 제시하고 있다(Mishler and Rose, 2001).

둘째, 교육 수준과 정치 제도에 대한 신뢰는 상관관계가 있을 수 있다. 즉 교육 수준이 높을수록 의회 신뢰가 높다고 할 수 있지만 그 반대도 가능하다. 서구의 경험을 보면 교육 수준이 높으면 비판적 시민(critical citizens)(Norris 1999)이 될 수 있고 이 경우 정치 제도에 대해서 비판적일 수 있다(Hibbing and Theiss-Morse 1995). 하지만 선진 민주주의 국가에서 나타난 이러한 관계가 신흥 민주주의 국가에서 나타날지는 미지수이다(Mishler and Rose 2001).

셋째, 소득 수준이 낮을 경우 일반적인 신뢰 수준이 낮을 수 있다. 또한 소득 수준이 낮을 경우 경쟁 과정에서 자신들이 가진 자산에 비해서 더 많은 비용을 지불해야 하고 결과물을 배분하는 과정에서 소외될 가능성이 크다. 그렇다면 저소득층은 정치 상황에 대한 불만이 높을 수 있고 국회를 포함한 정치 제도에 대한 불만 수준이 높을 수 있다. 하지만 저소득층과 집권당과의 관계는 저소득층이 집권당의 동원 대상이 되는지 여부에 따라서 다양한 제도 신뢰의 양상을 나타낼 수 있다.

이 장은 객관적인 사회적 지위보다는 주관적인 인식에 주목한다. 객관적인 사회적 지위는 소득, 교육, 직업과 같은 해당 사회에 한 개인이 속한 지위를 말한다. 하지만 주관적인 인식은 객관적인 지위를 해당 국가의 시민들이 주관적으로 인식하는 정도를 나타낸다. 객관적인 지표의 수준이 주관적인 인식과 종종 일치하지 않는다는 점에서 객관적 지표와 주관적 인식 모두 중요한 요소라고 할 수 있다. 하지만 최근 연구 경향은 삶의 질과 정책 태도를 결정하는 영향 요인으로서 객관적인 지위보다는 주관적인 인식을 강조하고 있다(Jazmin Brown-Iannuzzi et al 2015).

의회 신뢰 수준에 대한 영향변수: 절차적 변수군

승자와 패자의 차이(gap)에 주목하는 입장은 의회 신뢰와 같은 제도 신뢰는 선거 과정과 결과와 관련되어 있다고 주장한다(Anderson and Lotempio 2005; Anderson and Tverdova 2001). 이 시각에 따르면 선거 과정이 공정하다고 인식할수록 패자가 선거 결과를 수용할 가능성이 크고 이 경우 패자와 승자 간의 의회 신뢰의 차이는 줄어들 것이다.

또한 소수당의 정치적 이해가 더 잘 반영되는 선거 제도(비례대표)와 정치 체제(의회 중심제)의 경우에는 승자와 패자 간의 의회 신뢰가 더 작을 수 있다. 한국은 권력의 중앙 집중성이 크고 대표적으로 승자독식의 정치 제도를 가지고 있다. 특히 여야 간의 정치적 갈등, 정치의 양극화가 매우 크다. 이 경우 승자와 패자 간의 만족의 차이가 클 가능성이 높고 승자와 패자 간의 의회 신뢰의 차이가 클 가능성이 높다.

의회 신뢰 수준에 대한 영향변수: 의회의 수행력 변수군

정부 신뢰를 분석한 다수의 선행 연구들에 따르면 정부의 수행력(산출)이 정부에 대한 신뢰에 중요한 영향을 미치는 변수로 확인되었다(김병규·이곤수 2009; 박종민 1991; 배정현 2012). 이 장에서는 이러한 시각을 활용하여 광의의 정부를 구성하는 중요한 행위자인 의회에 대한 신뢰를 분석하는 데 있어서 의회의 수행력에 대한 평가가 의회의 신뢰에 영향을 미칠 수 있다고 판단한다.

먼저, 국민들은 대의제 민주주의의 핵심적인 기구인 의회를 통해서 민주주의의 핵심 원리인 (행정부에 대한) 견제와 균형의 원리가 잘 작동하길 기대한다. 또한 대의기구인 의회가 국민의 이해를 대변하여 국민들이 원하는 정책을 만들어 내길 원한다. 이러한 면에서 국민들은 의회가 견제와 균형의 원리를 제대로 구현하지 못할 때 의회를 불신할 것으로 추론할 수 있다.

또한 국민들이 중요하게 생각하는 정책의 우선순위에 따라서 이러한 정책을 산출하는 데 취약한 의회를 불신할 것이다. 예를 들어, 현재 다수의 국민들이 초점을 맞추고 있는 경제적 수행력의 경우 경제적 수행력이 낮으면 국민들은 대통령을 비롯한 행정부를 불신할 가능성이 있지만 의회가 제대로 역할을 못 해서 그렇다고 평가할 수도 있다. 이 관계는 의회 중심제인가 대통령 중심제인가, 단점 정부인가 분점 정부인가에 따라서 달라질 수 있다.

정책적 결과 자체보다는 정책이 결정되는 과정에 초점을 맞춘 시각도 있다. 이러한 시각은 정책이 결정되는 절차의 공정성과 정당성에 주목한다(Hibbing and Theiss−Morse 2001).

이 장에서는 ABS 4차 조사(2014~2016)를 활용하여 의회 신뢰를 결정하는 요인을 통계 분석한다. 이 연구가 경험 분석을 위해서 사용하는 ABS는 현재 접근 가능한 데이터 중에서 동아시아 9개국(한국, 대만, 일본, 인도네시아, 필리핀, 몽골, 타이, 말레이시아, 싱가포르)을 포괄하면서 다양한 문항을 통해 응답자의 인식을 살펴볼 수 있는 가장 최근 자료이다. 자료에 포함된 9개국 중에서 민주주의 국가인 한국, 대만, 일본, 인도네시아, 필리핀, 몽골 등 6개국을 대상으로 분석을 진행하였다.

변수의 측정

이 장의 경험 분석에서 사용된 종속변수는 의회 신뢰 수준이다. 이 변수는 "의회를 어느 정도 신뢰하십니까?"라는 질문을 기반으로 측정되었다. 응답 범주는 "① 매우 신뢰, ② 상당히 신뢰, ③ 별로 신뢰하지 않음, ④ 전혀 신뢰하지 않음"이다.

의회 신뢰에 영향을 미치는 영향변수는 크게 다섯 가지 군으로 구성되었다. 첫째, 대인 신뢰, 사회적 자본과 같은 문화적 변수군, 둘째, 정치적 효능감, 정치적 관심, 선거 참여 횟수, 정당 일체감과 같은 정치 행태적 변수군, 셋째, 연령, 교육, 소득과 같은 사회경제적 변수군, 넷째, 선거의 공정성 및 승자와 패자의 차이와 같은 절차적 변수군, 다섯째, 경제적 수행력, 의회의 역할과 같은 의회의 수행력 변수군이다.

첫 번째 영향변수는 세 변수로 구성되어 있다. 먼저 대인 신뢰이다. 대인 신뢰를 보다 종합적으로 분석하기 위해서 두 가지 변수를 사용하였다. 첫째, "대부분의 사람들은 신뢰할 만하다."라는 진술에 대해 의견을 묻는 문항을 통해서 측정되었다. 응답 범주는 "① 매우 동의, ② 다소간 동의, ③ 별로 동의하지 않음, ④ 매우 반대"로 구성되었다. 둘째, "○○님은 대부분의 사람들은 기회가 있으면 기회를 이용하려한다고 생각하십니까? 아니면 공정하다고 생각하십니까?"라는 문항을 통해 측정되었다. 원자료는 "① 기회가 있으면 이용하려고 한다, ② 공정하다"로 측정되었으나 종속변수의 방향을 고려하여 가변수를 도출하여 각각 1과 0으로 다시 코딩하였다. 첫 번째는 일반적인 대인 신뢰를 측정할 수 있는 변수이고 두 번째는 일반인들에 대한 응답자의 보다 구체적인 인식을 측정할 수 있는 변수이다.

다음으로 응답자가 한 주 동안 접촉하는 사람의 수이다. 이 변수는 "평균적으로 주중에 접촉하는 사람의 수는 얼마나 됩니까? 대면 접촉, 전화, 메일, 인터넷 등을 포함하여, 대화나 토론을 포함하여 일대일 접촉을 하는 ○○님께서 알고 계시는 분을 의미합니다."라는 문항을 통해서 측정되었다. 응답 범주는 "① 0~4명, ② 5~9명, ③ 10~19명, ④ 20~49명, ⑤ 50명 이상"으로 구성되었다. 접촉하는 사람이 많을수록 사회적 자본을 가지고 있다고 할 수 있고, 따라서 제도 신뢰가 높다고 추론할 수 있다.

두 번째 영향변수는 정치적인 변수로서, 다섯 변수로 구성되었다. 먼저, 정치적 효능감은 다음과 같은 두 문항에 근거하여 두 가지 변수로 구성되었다. 첫째 "종종 정치는 너무 복잡하여 나 같은 사람은 어떻게 돌아가는지 잘 알지 못한다." 둘째 "나 같은 사람은 정부가 하는 일에 어떠한 영향도 미칠 수 없다." 응답 범주는 "① 매우 동의한다, ② 어느 정도 동의한다, ③ 별로 동의하지 않는다, ④ 전혀 동의하지 않는다"와 같이 4급간으로 구성되었다.

정치적 관심은 "○○님은 평소 정치에 얼마나 관심이 있으십니까?"라는 문항에 기반을 두고 측정되었다. 응답 범주는 "① 매우 관심이 있다, ② 어느 정도 관심이 있다, ③ 별로 관심이 없다, ④ 전혀 관심이 없다"와 같이 4급간으로 구성되었다.

정당 일체감은 "다음 나열한 정당 중에서 어느 정당에 더 가깝게 느끼고 계십니까?"라는 문항에 기반을 두고 측정되었다. 이 연구의 종속변수가 의회 (불)신뢰이기 때문에 어떠한 정당에도 일체감을 느끼지 않는 무당파를 대상으로 가변수를 도출하였다. 어떠한 정당에도 일체감을 느끼지 않는다고 답한 응답자에게는 1점을 부과하고 나머지에게는 0점을 부과하였다.

세 번째 영향변수는 연령, 교육과 같은 인구학적인 변수와 소득, 주관적인 사회경제적 지위와 같은 사회경제적 지위(socioeconomic status) 변수들이다. 교육은 무학(1)부터 석사 이상(10)까지 10급간으로 구성되었다. 주관적인 사회경제적 지위는 "사람들은 종종 자신들의 가족들이 사회적인 지위에서 어디에 속하는지 생각하곤 합니다. ○○님은 님의 가족을 가장 낮은 지위부터 가장 높은 지위까지 어디에 위치시키겠습니까?"라는 문항에 기반을 두고 측정되었다. 응답 변수는 "1(가장 낮은 지위)~10(가장 높은 지위)"까지 10급간으로 구성되었다.

네 번째 영향변수는 절차적인 수준의 변수들이다. 이 변수들에는 선거의 공정성에 대한 인식과 승자와 패자의 지위에 대한 변수들이 포함되었다. 선거의 공정성은 "○○님은 전체적으로, 지난 선거가 얼마나 공정하고 자유로웠다고 말할 수 있습니까?"라는 질문에 기반을 두고 측정되었다. 응답 범주는 "① 완전히 공정하고 자유로웠다, ② 공정하고 자유로웠다고 할 수 있지만 작은 문제가 있었다, ③ 공정하고 자유로웠다고 할 수 있지만 중요한 문제가 있었다, ④ 전혀 공정하고 자유롭지 않았다."와 같이 4급간으로 구성되었다. 승자와 패자 변수는 지난번 선거에서 투표한 정당이 승리했는지 패배했는지를 묻는 문항에 기초를 두어 측정되었다. 승리한 정당에 투표했다고 답한 응답자에게는 '0점'을 부여하고 패배한 정당에 투표했다고 답한 응답자에게는 '1점'을 부여하여 가변수를 도출하였다.

다섯 번째 영향변수는 의회의 수행력에 관한 변수들이다. 먼저 의회의 구성과 관련하여 선거가 시민들에게 정당 간/후보자 간 실질적인 선택(real choice)을 제공하는지에 대한 평가이다. 이는 "○○님은 얼마나 자주 선거가 유권자들에게 다른 정당과 후보자 사이의 실질적인 선택의 기회를 제공한다고 생각하십니까?"라는 문항에 기반을 두고 측정되었다. 응답 범주는 "① 항상 제공한다, ② 대부분의 경우 제공한다, ③ 어떤 경우 제공한다, ④ 전혀 제공하지 않는다"와 같이 4급간으로 구성되었다.

둘째, 민주주의의 기본 원리인 3권 분립과 민주주의 질을 구성하는 중요한 차원인 수평적인 책임성의 중요한 구성 요소인 의회의 행정부 견제에 대한 인식이다. 이는 "○○님은 국회가 정부를 견제할 능력이 얼마나 있다고 생각하십니까?"라는 문항에 기반을 두고 측정되었다. 응답 범주는 "① 많이 있다, ② 약간 있다, ③ 별로 없다, ④ 전혀 없다"와 같이 4급간으로 구성되었다.

또 다른 변수는 정부의 수행력이다. 정부의 수행력은 입법부의 입법 활동에 의해서 이루어진다는 점을 고려할 때 정부의 수행력에 대한 변수는 의회의 수행력에 대한 대리변수(proxy variable)로 활용 가능하다고 할 수 있다. 정부의 수행력을 측정하는 변수 중에서 의회의 역할과 직간접적으로 연관이 있을 수 있는 세 변수를 포함하였다. 즉 정부의 반응성, 정부의 반응성에 대한 선거의 역할, 부자와 빈자에 대한 대우가 그것이다. 이 두 변수는 다음 세 가지 질문에 기반을 두고 측정되었다. 첫째, "정부는 얼마나 사람들이 원하는 것에 반응한다고 생각하십니까?", 둘째, "선거가 정부가 사람들이 원하는 것에 주목하게 만든다고 생각하십니까?", 셋째, "정부는 부자와 빈자를 평등하게 대우한다." 응답 범주는 "① 매우 반응적이다/매우 많이/매우 동의, ② 대체로 반응적이다/상당히/상당히 동의, ③ 그다지 반응적이지 않다/별로/그다지 동의하지 않음, ④ 전혀 반응적이지 않다/전혀/전혀 동의하지 않음"과 같이 4급간으로 구성되었다.

경험 분석-로짓 모형(Logit Model)

[표 7-1]은 동아시아 민주주의 6개국의 의회 신뢰(불신) 수준을 결정하는 요인에 대한 통계 분석 결과를 제시한 것이다. 먼저 문화적인 변수군에서는 일반적인 대인 신뢰와 타인의 공정성에 대한 변수가 유의미한 변수로 나타났다. 대인 신뢰에 대해 부정적인 인식을 가질수록, 타인의 공정성에 대해 부정적인 인식을 가질수록 의회 신뢰에 대해 부정적인 인식을 가질 확률이 높았다. 하지만 접촉하는 사람 수를 측정하는 변수는 유의미한 영향력을 행사하지 않는 것으로 나타났다.

최근 여론조사 자료를 통해서 동아시아 3국(한국, 일본, 대만)의 대인 신뢰 수준을 OECD 국가와 비교해 보면 그다지 큰 차이가 없다. WVS

표 7-1 의회 불신을 결정하는 요인에 대한 로짓 분석: 동아시아 민주주의 6개국

변수	계수(표준오차)	승산비
대인 신뢰 1	0.246(0.049)***	1.279
대인 신뢰 2	0.228(0.071)***	1.256
접촉하는 사람 수	0.000(0.029)	1.000
정치적 효능감 1	0.024(0.041)	1.024
정치적 효능감 2	−0.170(0.039)***	0.843
정치적 관심	0.190(0.042)***	1.209
무당파	0.080(0.075)	1.083
교육	0.078(0.017)***	1.081
연령	0.011(0.002)***	1.011
소득	0.008(0.030)	1.008
여자	−0.113(0.064)	0.892
주관적인 사회적 지위	0.016(0.041)	1.016
선거의 공정성	0.080(0.043)	1.084
실질적 선택	0.045(0.038)	1.047
승자와 패자	0.151(0.071)**	1.163
국회의 정부 견제	0.279(0.053)***	1.322
정부의 반응성	0.282(0.054)	1.326
반응성에 대한 선거의 역할	0.112(0.049)**	1.119
빈자와 부자에 대한 대우	0.191(0.039)***	1.210
일본	−1.211(0.126)***	0.299
대만	−0.734(0.108)***	0.479
필리핀	−0.364(0.115)***	0.255
몽골	−0.341(0.125)***	0.261
사례 수	3,666	
Pseudo R2	0.086	

출처: ABS 4차(2014~2016), 사례는 한국, 일본, 대만, 몽골, 필리핀, 인도네시아
참고: **p≤0.05; ***p≤0.001

6차에 따르면, 사람들이 이익을 취하려 하는지 또는 공정한지를 묻는 문항(10점 만점)의 경우 조사에 포함된 OECD 국가의 평균은 6.030으로 나타났고 한국, 일본, 대만의 평균은 6.022로 나타나 큰 차이가 없었다. 하지만 동아시아에서 비교적 높은 수준의 민주주의에 도달한 한국, 일본, 대만을 제외한 선거 민주주의 3개국(몽골, 필리핀, 인도네시아)에

서 나타난 대인 신뢰는 한국, 일본, 대만과 차이가 컸다. 이 연구에서 사용한 ABS 4차 조사에 따르면 동아시아 민주주의 3국에서는 응답자의 70.42%가 "대부분의 사람들은 공정하다."라고 답하였고 "대부분의 사람들이 이익을 취하려 한다."라고 답한 비율은 29.58%에 그쳤다. 이와는 반대로 선거 민주주의 3개국에서는 각각 50.30%와 49.70%로 비슷하게 나타났다.

둘째, 정치 행태적 변수군 중에서는 외적 정치 효능감과 정치적 관심이 의회 신뢰에 유의미한 영향을 미치는 것으로 나타났다. 외적 정치 효능감에 대해서 부정적인 인식을 가질수록, 정치에 대해서 무관심할수록 의회를 불신하는 것으로 나타났다. 하지만 무당파 변수는 유의미한 영향을 미치지 않았다.

셋째, 사회경제적 지위 변수군 중에서는 교육과 연령이 중요한 영향변수로 나타났다. 연령이 높을수록 또는 교육 수준이 높을수록 의회에 대한 불신이 높은 것으로 확인되었다.

넷째, 절차적 변수 중에서는 승자와 패자 변수만이 의회의 불신에 중요한 영향을 미치는 것으로 나타났다. 선거에서 패자에게 투표한 유권자일수록 의회에 불신을 가지는 것으로 나타났다.

다섯째, 의회의 수행력 변수군은 다수의 변수들이 의회 불신의 중요한 결정 요인으로 확인되었다. 행정부에 대한 의회의 견제, 정부의 반응성, 반응성에 대한 선거의 역할에 대해서 부정적인 평가를 내릴수록 의회를 불신할 가능성이 컸다. 이는 한편으로는 민주화의 진행과 함께 동아시아 국민들이 민주주의 3권 분립의 원칙에 입각하여 의회가 행정부를 견제하는 역할을 제대로 수행하기를 기대한다는 뜻이다. 하지만 현실적으로는 절반이 넘는 응답자(51.02%)가 의회가 행정부를 견제하지 못한다고 평가하였고 이러한 부정적인 평가가 의회의 불신으로 이어졌다고 볼 수 있다. 다른 한편으로는 3분의 2에 가까운 응답자(64.19%)가 정부의 반응성에 대해서 부정적인 인식을 가지고 있었다. 반응성에 대한 부정적인 인식이 커질수록 의회를 불신할 가능성이 컸다. 반응성에 대한 구체적인 내용은 수행력의 마지막 변수인 빈자와 부자에 대한 공정한 대우 변수를 통해서 확인해 볼 수 있다. 정부가 빈자와 부자를 공정하게 대우하지 않는다고 생각할수록 의회에 대해서 불신을 가질 확률이 높았다.

이 결과는 동아시아에서 나타난 민주주의에 대한 도구적 이해(instrumental understanding)와 연관이 있을 가능성이 크다. 제도 신뢰를 제도에 대한 수요와 공급의 함수로 이해할 때 동아시아에서 나타난 민주주의에 대한 도구적 이해가 제도의 실적에 대한 비판적인 태도로 이어졌을 가능성이 크다.[85]

[표 7-2]는 대상 국가를 동아시아의 자유 민주주의 국가(한국, 일본, 대만)와 선거 민주주의 국가(몽골, 필리핀, 인도네시아), 그리고 한국으로 분류하여 분석한 결과이다. 세 가지 모델로 나누어 분석한 결과 흥미로운 공통점과 차이점이 나타났다.

먼저, 문화적 변수군 중에서는 일반적인 대인 신뢰 변수는 동아시아 자유 민주주의 3개국과 선거 민주주의 3개국, 한국을 대상으로 한 분석에서 모두 유의미한 영향변수로 확인되었다. "대부분의 사람들이 신뢰할 만하다."라는 문항에 부정적인 인식을 가진 시민들은 자신들이 속한 국가의 민주주의 수준에 상관없이 의회에 대해서 불신을 가진 것으로 나타났다. 승산비(odd ratio)를 중심으로 볼 때 한국에서 이 변수의 영향력이 제일 컸다. 보다 구체적인 문항인 사람들이 이익을 취하려 하는지 여부를

85 ABS 3차 조사를 활용한 추 등(2013)의 분석에 따르면 동아시아에서 지배적인 민주주의에 대한 이해는 절차적인 차원이 아니라 실질적인 차원이다(substantive-based understanding). 예를 들어 일본(70%), 대만(65%), 타이(69%), 한국(59%) 등 모든 나라에서 민주주의에 대한 실질적인 이해가 절차적인 이해를 압도했다.

표 7-2 의회 불신을 결정하는 요인에 대한 로짓 분석: 동아시아 자유 민주주의 국가와 선거 민주주의 국가 비교

	동아시아 자유 민주주의 국가		동아시아 선거 민주주의 국가		한국	
변수	계수(표준오차)	승산비	계수(표준오차)	승산비	계수(표준오차)	승산비
대인 신뢰 1	0.241(0.081)**	1.273	0.244(0.062)***	1.276	0.361(0.133)**	1.435
대인 신뢰 2	0.340(0.107)**	1.405	0.140(0.098)	1.150	0.323(0.162)**	1.381
접촉하는 사람 수	0.002(0.043)	1.000	0.003(0.039)	1.000	−0.015(0.087)	0.984
정치적 효능감 1	−0.021(0.063)	0.978	0.035(0.054)	1.036	−0.093(0.100)	0.910
정치적 효능감 2	−0.185(0.060)**	0.831	−0.155(0.051)**	0.856	−0.183(0.101)*	0.832
정치적 관심	0.131(0.062)**	1.141	0.244(0.058)	1.276	0.143(0.102)	1.154
무당파	0.093(0.101)	1.097	0.089(0.116)	1.093	−0.026(0.159)	0.973
교육	0.122(0.029)***	1.130	0.052(0.022)**	1.053	0.098(0.060)	1.103
연령	0.014(0.003)***	1.101	0.011(0.003)***	1.011	0.009(0.007)	1.009
소득	0.041(0.038)	1.042	−0.051(0.051)	0.949	−0.013(0.064)	0.986
여자	−0.108(0.090)	0.897	−0.099(0.095)	0.905	−0.138(0.154)	0.870
주관적인 사회적 지위	−0.057(0.060)	0.943	0.081(0.056)	1.085	−0.213(0.109)*	0.807
선거의 공정성	0.042(0.061)	1.043	0.101(0.060)*	1.107	0.003(0.106)	1.003
승자와 패자	0.043(0.090)	1.044	0.272(0.111)**	1.313	0.319(0.173)*	1.370
실질적 선택	0.017(0.058)	1.017	0.050(0.050)	1.052	−0.204(0.102)**	0.815
국회의 정부 견제	0.340(0.075)***	1.405	0.227(0.075)**	1.255	0.042(0.115)	1.043
정부의 반응성	0.363(0.084)***	1.437	0.213(0.070)**	1.238	0.418(0.156)**	1.520
반응성에 대한 선거의 역할	0.122(0.075)	1.130	0.100(0.065)	1.106	−0.164(0.141)	0.847
빈자와 부자에 대한 대우	0.319(0.063)***	1.376	0.113(0.049)**	1.120	0.182(0.101)*	1.200
일본/몽골	−0.141(0.143)***	0.341	0.088(0.127)	1.092		
대만/인도네시아	−0.759(0.120)***	0.467				
사례 수	2,049		1,617		698	
Pseudo R2	0.086		0.0419		0.0510	

출처: ABS 4차
참고: *p≤0.1; **p≤0.05; ***p≤0.001

묻는 변수는 동아시아의 자유 민주주의 3개국과 한국을 대상으로 한 모델에서만 통계적으로 유의미한 변수로 나타났고 선거 민주주의 3개국을 대상으로 한 모델에서는 유의미하지 않았다. 접촉하는 사람 수 변수는 전체 분석 국가를 대상으로 한 위 분석에서와 같이 의회 신뢰에 유의미한 영향을 미치지 않았다.

둘째, 정치적 변수군 중에서는 외적 효능감 변수가 세 모델 모두에서 유의미한 변수로 나타났다. 정부가 하는 일에 영향을 미칠 수 없다고 인식할수록 자유 민주주의 3개국, 선거 민주주의 3개국, 한국의 시민들은 모두 의회에 대해서 불신을 가지고 있었다. 정치적 관심 변수는 〈모델 1〉(자유 민주주의 3개국)에서만 유의미한 영향을 미쳤다. 흥미로운 점은 영향력의 방향이 예상과는 반대였다는 것이다. 즉 동아시아에서 민주주의 수준이 상대적으로 높은 자유 민주주의 3개국에서 시민들이 정치에 대해서 관심이 클수록 의회를 불신하고 있었다.

셋째, 사회경제적 지위 변수군은 〈모델 1〉~〈모델 3〉을 관통하는 일관된 영향 패턴을 확인 할 수 없었다. 교육 변수는 〈모델 1〉과 〈모델 2〉 같은 3개국 통합 모델에서 중요성을 확인할 수 있었다. 위의 6개국 통합 모델에서와 같이 교육 수준이 높은 시민들은 의회에 대해서 불신을 가지는 것으로 나타났다. 하지만 한국을 대상으로 한 〈모델 3〉에서는 교육 변수의 영향력을 확인할 수 없었다. 성별과 소득 변수는 세 모델 모두에서 영향력을 확인할 수 없었다. 주관적인 사회적 지위 변수는 한국에서만 유의미한 영향을 미쳤다. 한국에서는 주관적인 사회적 지위가 낮은 시민일수록 의회에 대해서 불신을 가질 확률이 높았다.

넷째, 절차적 변수군 중에서 선거의 공정성 변수는 선거 민주주의 국가를 대상으로 한 〈모델 2〉에서만 유의미한 영향을 미쳤다. 한국, 대만, 일본과 같은 동아시아의 공고화된 민주주의 국가에서는 특정 시기 선거에

잡음이 있기도 하지만[86] 선거 공정성은 지속적으로 향상되어 왔으며 전체적으로 선거 결과에는 큰 의문이 제기되지 않는다. 이는 민주주의 진전을 반영한 결과라고 판단된다. 승자와 패자 변수는 선거 민주주의 국가와 한국에서 유의미한 영향변수로 나타났다. 민주적 제도화 과정에 있는 선거 민주주의 국가에서는 여야 간 갈등이 비교적 높다. 또한 한국은 인종적 갈등이 존재하지 않음에도 불구하고 여야 간 갈등이 매우 높다.

다섯째, 의회의 수행력 변수군은 대체로 유의미한 영향변수로 확인되었다. 〈모델 1〉~〈모델 3〉을 관통하여 일관되게 유의미한 영향력을 행사하는 변수는 정부의 반응성 변수였다. 정부의 반응성을 제도적으로 뒷받침하는 역할을 하는 곳이 의회라는 점에서 의회의 수행력에 대한 대리변수로 사용되었다. 정부가 시민들이 원하는 것에 제대로 반응하지 않는다고 판단하는 시민일수록 의회를 불신할 확률이 높았다. 이 결과를 통해서 시민들이 의회가 정부의 수행력을 입법적으로 뒷받침하기를 원한다고 추론할 수 있다. 물론 이 결과는 정부 형태의 차이를 고려하여 해석해야 할 것이다. 두루 알듯이 일본은 대표적인 의회 중심제 국가이며 대만은 일반적으로 준대통령제 국가로 분류된다. 반면에 선거가 정부로 하여금 시민들의 요구에 얼마나 주의를 기울이게 하는지를 묻는 변수는 세 모델 모두에서 유의미한 결과를 도출하지 못했다. 또한 부자와 빈자의 대우에 대한 변수도 의회 신뢰에 중요한 영향을 미쳤다. 정부가 부자와 빈자를 공평하게 대우하지 않는다고 인식할수록 의회에 대해서 불신을 가질 확률이 높았다.

---

86 국가정보원으로 대표되는 강권적 국가 기구에 의한 제18대 대통령 선거 개입 사태를 예로 들 수 있다. 한국의 선거 완결성(electoral integrity)에 대한 전문가 평가는 제18대 대선 이듬해인 2013년에는 81.2였으나 2015년에는 77로 하락했다. 한 연구(Cho and Kim 2015)에 따르면 제18대 대선에서 나타난 한국 유권자들의 선거 완결성에 대한 부정적인 인식은 선거에서 정부의 중립성에 대한 부정적인 인식에 큰 영향을 받았다.

의회 불신의 정치적 영향

여기서 우리가 의회 불신에 주목한 이유는 의회의 불신이 가져올 수 있는 정치적 영향과 결과 때문이다. 이 절에서는 의회에 대한 불신이 정당에 대한 불신, 정부에 대한 불신, 나아가 민주주의 체제 수준에 대한 평가에 어떠한 영향을 미치는지 살펴보자.

정당에 대한 불신

의회는 각 정당이 구성하기 때문에 정당에 대한 불신은 의회에 대한 불신과 밀접히 연관되어 있다. 의회에 대한 불신의 기반이 정당에 대한 불신이며 의회의 역할과 활동에 대한 불신은 정당에 대한 불신을 강화시킨다. 〈그림 7-2〉는 WVS 6차를 이용하여 OECD 국가에서 의회 신뢰와 정당 신뢰 사이의 관계를 나타낸 것이다. 스웨덴은 의회에 대한 신뢰와 정당에 대한 신뢰 모두 높은 국가로 나타났다. 반면에 폴란드, 칠레, 멕시코는 의회에 대한 불신과 정당에 대한 불신 모두 매우 높은 국가군에 속했다. 그림에서 확인할 수 있듯이 의회 신뢰와 정당에 대한 신뢰 사이에는 선형적인 관계가 있다. 한국과 대만, 일본과 같은 동아시아 민주주의 3국은 의회에 대한 불신의 수준이 높은 편이었으며 정당에 대한 신뢰는 낮은 국가군에 속했다.

이 연구에서 주로 사용한 ABS 4차 조사(2014~2016)를 활용한 분석에서도 같은 결과가 확인되었다. ABS 4차 조사에서 동아시아 민주주의 6개국에서 의회에 대한 불신과 정당에 대한 불신 사이의 상관관계는 0.6081(신뢰 수준 0.000에서 유의미)로 매우 높게 나타났다. 즉 의회를 불신하는 시민들은 대체적으로 정당에 대해서도 높은 불신을 가진 것으로 확인되었는데, 의회를 불신하는 시민들의 91.28%가 정당을 불신하고 있었다. 한국에서도 이와 비슷한 수치인 의회 불신자 92.44%가 정당에 대해

그림 7-2 OECD 국가에서 의회에 대한 불신과 정당에 대한 불신

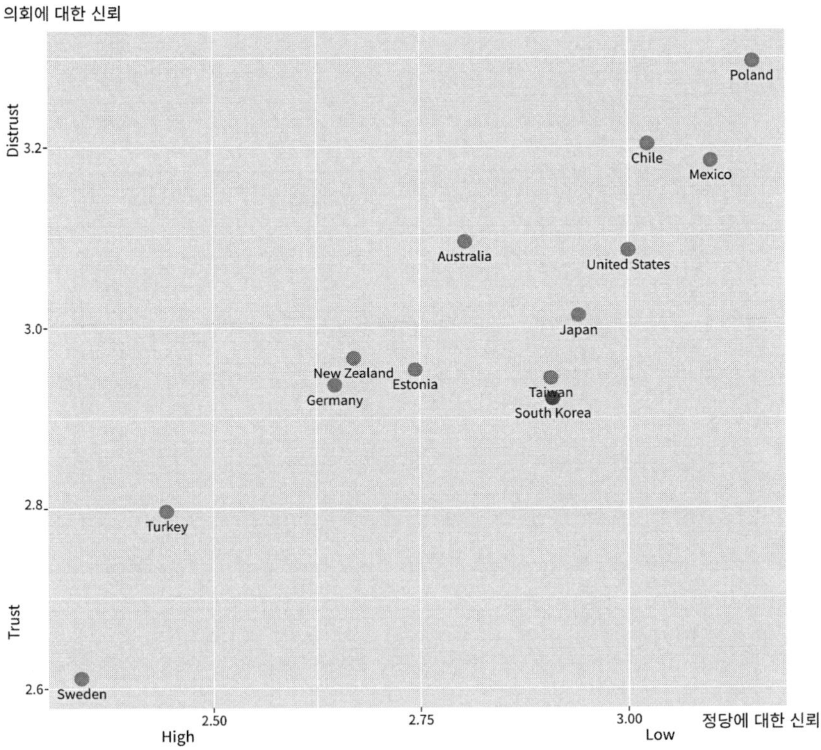

출처: WVS 6차(2010)

서 불신을 나타냈다. 동아시아 민주주의 3개국에서는 그 영향이 좀 더 컸다. 의회 불신자의 93.73%가 정당에 대한 불신을 가지고 있었다.

정부에 대한 불신

WVS 6차를 활용하여 OECD 국가를 대상으로 분석한 결과에 따르면 의회에 대한 신뢰와 정당에 대한 신뢰 사이의 관계와 마찬가지로 의회에 대한 신뢰와 정부에 대한 신뢰 사이에도 대체적으로 선형적인 관계가 확

그림 7-3 OECD 국가에서 의회에 대한 신뢰와 정부에 대한 신뢰

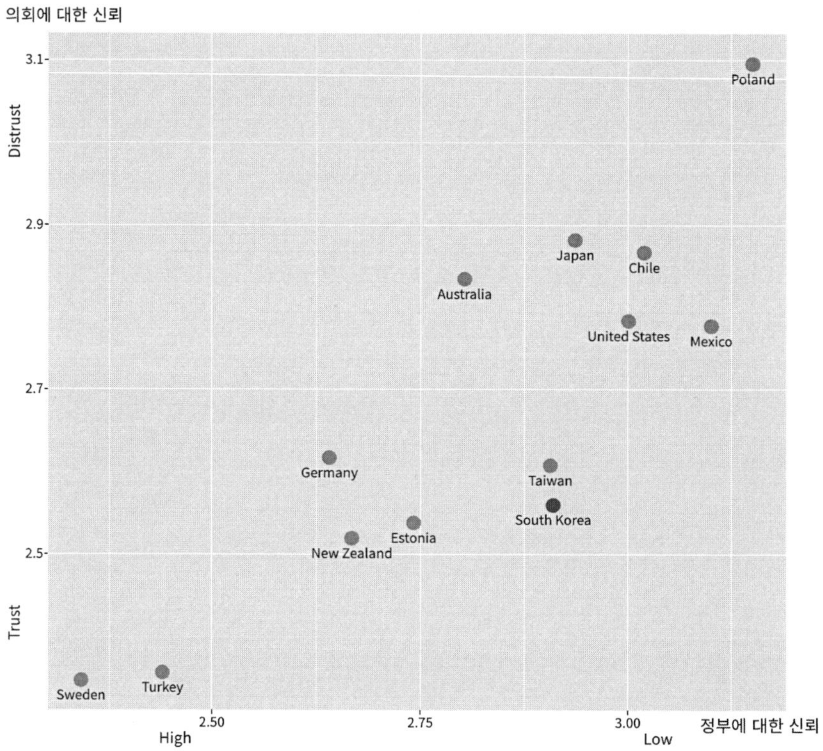

출처: WVS 6차(2010)

인되었다. 〈그림 7-3〉에서 이를 확인할 수 있다. 비록 의회에 대한 신뢰와 정부에 대한 신뢰 사이에 선형적인 관계가 나타났지만 이 두 변수의 관계는 다음 두 가지 요소를 고려해서 해석하여야 한다. 그 두 가지 요소는 현대 민주주의는 3권 분립의 원리에 기초를 두고 있고 행정부와 입법부 사이의 관계는 정부 형태에 따라 서로 다르다는 점이다.

스웨덴은 정당에 대한 신뢰 조사에서와 마찬가지로 의회에 대한 신뢰와 정부에 대한 신뢰가 가장 높은 국가였다. 반면 폴란드, 칠레, 멕시코

는 의회에 대한 신뢰와 정부에 대한 신뢰 모두 낮은 국가군에 속했다. 동아시아 민주주의 3국 중에서는 일본이 이 집단에 속했고 대만과 한국은 중간 수준의 국가군에 속했다.

동아시아 민주주의 국가에서 의회 불신이 정부 불신에 미치는 영향은 정당 불신에 미치는 영향보다는 작았지만 여전히 컸다. 동아시아 6개국의 경우 의회를 불신하는 시민들의 4분의 3(75.58%)이 정부에 대해 불신을 나타냈다. 한국도 이와 비슷하게 의회 불신자의 75.39%가 정부를 불신했다.

민주주의의 수준에 대한 평가

앞에서 살펴본 것처럼 WVS 6차에 따르면 OECD 국가에서 제도 신뢰 사이에는 대체적으로 선형적인 관계가 있었다. 그렇다면 제도 신뢰의 핵심 요소인 의회 신뢰는 민주주의에 대한 체제 수준의 지지에 유의미한 영향을 미치는가? 〈그림 7-4〉는 WVS 6차를 활용하여 시민들이 평가하는 의회 신뢰와 해당 국가의 민주주의 수준(1점: 전혀 민주주의가 아니다~10점: 완전한 민주주의, 원자료를 역으로 코딩) 간의 관계를 나타낸다.

에스토니아와 터키는 여타의 나라에서 나타난 관계와 다른 관계를 보이는 특이 사례(outlier)였다. 다른 나라의 경우에는 앞에서 본 정당에 대한 신뢰, 정부에 대한 신뢰와 마찬가지로 대체적으로 선형적인 관계가 확인되었다. 이 경우도 스웨덴은 의회에 대한 신뢰가 높고 민주주의 수준에 대한 평가가 가장 높은 사례에 속했다. 반면에 폴란드, 칠레, 멕시코, 미국 등은 의회에 대한 신뢰가 낮고 민주주의 수준에 대한 평가가 낮은 국가군에 속했다. 흥미로운 것은 정당 신뢰, 정부 신뢰에 대한 분석과는 달리 한국도 이 국가군에 속했다는 점이다.

한국에서 의회에 대한 불만이 높은 시민들은 한국의 민주주의 수준이 낮다고 평가했다. 민주적 지지에 대한 다양한 문항을 포함하고 있는

그림 7-4 OECD 국가에서 의회에 대한 신뢰와 민주주의 수준에 대한 평가

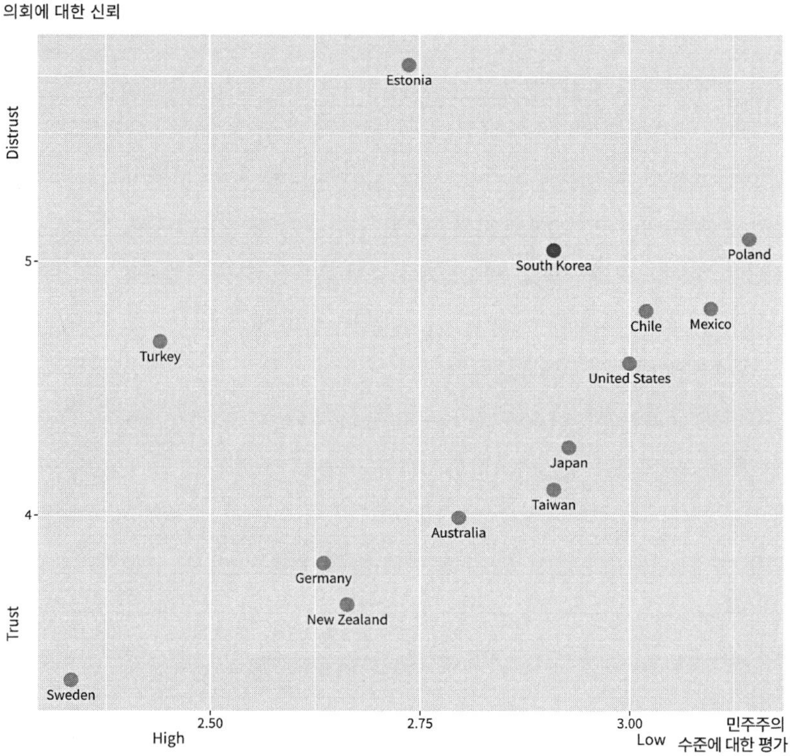

출처: WVS 6차(2010)

ABS 4차 조사를 통해서 이 문제를 좀 더 자세히 살펴보자. 실제로 한국의 시민들이 동아시아 민주주의 6개국의 시민들보다 의회를 불신하는 경우 지난 10년 동안 민주주의가 더 많이 후퇴했다고 인식하는 것으로 나타났다. 10점 척도(1점: 완전히 비민주적~10점: 완전히 민주적)로 측정된 현재의 민주주의 수준 변수와 10년 전 민주주의 수준 변수를 비교해 보자. 한국의 시민들은 10년 전(2005) 민주주의에 대해서는 평균 5.220점으로 평가한 반면, 현재(2015)의 민주주의에 대해서는 평균 6.685점으로 평가했

다. 즉 지난 10년(2005~2015) 동안 민주주의가 상당히 진전된 것으로 평가했다(1.465점 향상). 반면에 의회에 대해서 불신을 가지고 있는 시민들은 같은 기간 동안 민주주의 진전에 대해서 조금 낮게 평가했다(1.427점 향상).

이 장의 분석을 통해서 확인된 분석 결과를 요약하면 다음과 같다. 의회의 신뢰를 포함한 제도 신뢰의 하락은 한국만의 현상은 아니다. 선진 민주주의 국가들에서 지난 수십 년 동안 신뢰의 하락은 중요한 이슈였다. 동아시아 민주주의 국가에서 나타난 의회 신뢰 수준의 추세를 살펴보기 위해서 ABS 4차 조사와 WVS를 활용하였다.

첫째, 1980년대 이후 한국의 의회 신뢰는 많은 편차를 보였다. 제5공화국 시절인 1982년 조사에서는 의회 신뢰 수준이 절반을 넘어 66%에 달했다. 하지만 이후 지속적으로 하락하여 가장 최근에 이루어진 2015년 조사(ABS 4차 조사)에서는 단 12.5%만이 의회를 신뢰한다고 응답하였다.

둘째, 의회에 대한 신뢰 수준을 정부를 구성하는 다른 제도와 비교하면 흥미로운 결과가 나타난다. 행정부에 대한 신뢰 또한 민주화 이후(KDB 1996년 자료 이후) 많은 편차를 보였지만 의회 신뢰 수준에 비해서 뚜렷이 높은 수준을 유지하였다. 즉 KDB 2010년 조사에서는 절반 내외를 유지하였고 ABS 2011년 조사에서는 의회 신뢰보다 두 배 높았다. 가장 최근 조사인 ABS 2015년 조사에서는 의회 신뢰보다 세 배 이상 높았다(39.12%).

셋째, 한국의 제도 신뢰를 다른 행위자들과 비교하면 신문, TV, 군대, 비정부 기구와 같은 행위자에 대한 신뢰가 매우 높게 나타났다. 즉 한국의 제도 신뢰는 다른 행위자들에 비해 상대적으로 매우 낮은 수준에 머물러 있었다.

민주주의 수준에 따른 차별적인 결과를 살펴보기 위해서 동아시아 민주주의 6개국을 선거 민주주의 국가와 자유 민주주의 국가로 나누어 분석을 진행한 후에 결과를 비교 분석하였다.

동아시아 6개국 전체를 대상으로 한 분석 결과에 따르면 동아시아 민주주의 국가에서 의회의 불신에 영향을 미치는 변수들은 다음과 같았다. 먼저 일반적인 대인 신뢰가 없을수록, 교육 수준이 낮을수록, 선거의 공정성에 대해서 부정적인 인식을 가질수록 의회를 불신할 가능성이 높았다. 의회의 수행력과 관련된 변수들 중에서는 국회의 정부 견제, 정부의 반응성, 빈자와 부자에 대한 공정한 대우에 부정적인 인식을 가질수록 의회에 대한 불신이 높은 것으로 나타났다.

선거 민주주의 국가만을 대상으로 한 분석 결과는 전체 모델의 분석 결과와 크게 다르지 않았다. 하지만 정부 반응성에 대한 정부의 역할이 추가적으로 중요한 변수로 확인되었다.

한국만을 대상으로 한 분석에서는 문화적인 변수 중에서 일반적인 대인 신뢰와 대인 공정성 같은 문화적 변수가 중요한 변수로 확인되었다. 정치적 변수 중에서는 대외적 효능감만이 의회 불신에 중요한 영향을 미치는 것으로 나타났다. 사회경제적 변수군 중에서는 주관적인 사회적 지위가 낮을수록 의회에 대한 불신이 큰 것으로 나타났다. 절차적인 변수는 한국의 의회 불신에 중요한 영향을 미치지 않았다. 반면에 의회의 수행력 변수군은 정부의 반응성, 빈자와 부자에 대한 공정한 대우 등 다수의 변수들이 의회의 불신에 중요한 영향을 미치는 변수로 확인되었다.

한국의 의회 불신의 정치적인 영향을 자세히 살펴보기 위해서 의회에 대한 불신이 정당에 대한 불신, 정부에 대한 불신, 민주주의 수준에 대한 평가에 어떠한 영향을 미치는지 경험적으로 분석하였다. 의회를 불신하는 시민일수록 정당과 정부에 대해서도 불신이 높았다. 또한 의회에 대해서 불신을 가질수록 민주주의 수준을 낮게 평가하는 것으로 나타났다.

이 장의 분석을 통해서 확인된 발견의 정책적 함의는 무엇인가? 첫째,

일반적으로 한국의 대인 신뢰는 서구 민주주의 국가보다 낮고 동아시아 국가인 일본보다도 낮은 것으로 알려져 있다(Fukuyama 1996). 이 장의 분석 결과 한국에서 일반적인 대인 신뢰와 대인 공정성에 대한 인식은 다른 경쟁 모델을 통제한 후에도 의회 신뢰에 부정적인 영향을 미친 것으로 확인되었다. 실제로 한국의 대인 신뢰는 다른 동아시아 민주주의 국가들보다 낮은 것으로 나타났다. 한국의 대인 신뢰 수준이 낮고 이러한 낮은 대인 신뢰가 의회 불신에 영향을 미친다는 것은 의회 신뢰를 향상시키려면 가족, 친척 등 1차 집단을 넘어서는 개방적인 신뢰가 필요함을 알 수 있다. 개방적인 신뢰를 증진시키기 위해서는 1차적으로 한국 사회에 만연한 부패 문제를 개선해야 한다. 2018년 한국의 부패 인식 지수(CPI)는 57.0으로 나타나 전체 조사 대상 180개국 중에서 45위에 그쳤으며, OECD 36개국 중에서는 최하위권인 30위에 그쳤다.[87]

둘째, 한국의 의회 불신 결정 요인 중에 가장 중요한 변수군으로 확인된 의회의 수행력 변수들이 가지는 정책적 함의는 크다. 이들 변수는 직접적으로 또는 다른 변수들을 통해서 간접적으로 의회의 불신에 영향을 미쳤다. 특히 민주주의의 3권 분립 원칙에서 의회의 고전적인 역할인 행정부에 대한 견제가 한국에서는 중요한 변수로 나타나지 않았다는 점이 중요하다. 다시 말하면 한국의 의회 불신은 행정부 견제라는 고전적인 역할에 대한 비판적인 인식보다는 의회의 실질적인 역할에 대한 불만으로부터 기인할 가능성이 크다는 의미이다. 이는 빈자와 부자에 대한 공정한 대우 변수가 직접적으로 그리고 정부의 반응성이라는 변수를 통해서 의회의 불신에 영향을 미치고 있다는 이 연구의 분석 결과를 통해서 추론할 수 있다.

87 http://www.index.go.kr/potal/main/EachDtlPageDetail.do?idx_cd=1035

이러한 결과를 보다 잘 이해하려면 한국 사회의 불평등 양상에 대해 살펴볼 필요가 있다. 한국 사회에서 불평등이 심화되면서 그것은 이전과 전혀 다른 양상으로 발전하고 있다. 즉 불평등의 핵심적인 요소로서 자산 불평등이 부상한 것이다. 최근 조사에 따르면 한국의 경제적 불평등의 새로운 양상은 소득 불평등이 자산 불평등과 결합되어 자산 불평등이 소득 불평등을 악화시키는 형태를 보이고 있다. 예를 들어, 남상호(2015)에 따르면 2014년 통계청 가계금융조사에 바탕을 둔 가처분소득 지니계수는 0.4259인 데 반해 순자산 지니계수는 0.6514에 달했다. 즉 자산 불평등이 소득 불평등보다 훨씬 심각한 수준인 것이다.

이러한 배경을 고려할 때 민주화 이후 가장 중요한 사회 현상으로 등장한 경제적 불평등, 특히 자산 불평등 완화를 위한 의회의 적극적인 입법 활동 없이는 의회에 대한 불신을 해소하기 어렵다는 추론이 가능하다.

제8장

제도 신뢰의 결과

: 기회 균등 인식

공정성은 우리 사회의 화두가 되었다. 가정, 일터, 학교, 정치의 영역에서 수많은 공정성 담론이 넘쳐 난다. 공정성 담론이 우리 사회에 부각된 시기는 아마도 이명박 정부가 집권 후반기 국정 과제의 중심 이슈로 '공정 사회'를 내세운 후부터일 것이다. 이후 박근혜 전 대통령 탄핵 사태를 촉발시켰던 박근혜·최순실 국정 농단 게이트를 거치면서 공정성은 우리 사회의 화두가 되었다.[88]

공정성은 다차원적인 개념이다(박효민·김석호 2015). 이 장은 다차원적인 공정성 개념 중에서 기회 균등 인식에 주목한다. 공정성과 기회 균등 인식을 다룬 많은 여론조사의 공통적인 결과는 한국 시민들은 한국 사회가 더 이상 기회가 열려 있는 역동적인 사회가 아니라고 생각한다는 것을 제시한다. 예를 들어, 최근에 실시된 한 여론조사(2019년 9월 24일 시사저널 여론조사)에 따르면 응답자의 90.1%가 우리나라는 부와 지위 등이 대물림되는 세습사회라고 응답했다. 더구나 응답자의 84.7%가 세습 현상이 점점 심화되고 있다고 응답했다. 같은 맥락에서 응답자의 82%는 "한국 사회는 개인이 열심히 노력해도 계층 이동하기 어렵다."라는 의견에 동의했다.

한국 사회의 불공정성에 대한 인식이 지속적으로 증가하고 있지만 다수의 한국 시민들은 공정성을 결과의 차원(equality of outcome)보다는 기회의 차원(equality of opportunity)에서 인식하고 있다. 한국리서치의 『한국사회 공정성 인식조사 보고서』(정한울 2018)에 따르면 응답자 중에서 산술적인 평등을 지지하는 비율(27%)보다 기여도에 따른 공정한 차이를 지지하

88 국정 농단 게이트가 발발하면서 공적으로 위임한 국가권력을 사유화한 대통령과 비선 실세에 대한 국민들의 저항이 촛불로 타올랐다. 특히 비선 실세 딸이 대학 부정 입학 후 자신의 페이스북에 올린 "능력 없으면 너네 부모를 원망해. 있는 우리 부모 가지고 감 놔라 배 놔라 하지 말고. 돈도 실력이야."라는 글이 알려지면서 국민들의 분노가 폭발했다. 촛불항쟁을 거치면서 공정성이 한국 사회의 화두가 되었다(강우진 2017).

는 비율(66%)이 월등이 높았다.

그렇다면 무엇이 한국 시민들의 공정성 인식을 결정하는가? 공정성이 우리 사회의 중심 이슈로 부상한 이후 많은 선행 연구들에서 공정성 인식의 영향에 대해 분석하였다. 하지만 무엇이 한국 시민들의 공정성 인식을 결정하는지를 분석한 연구는 매우 적다(이병훈 2017; 이희정 2018).

이 장에서는 앞서 이루어진 관련 연구를 통해서 도출한 세 가지 모델(사회적 지위 모델, 정치 이념 모델, 비판적 시민 모델)에 더하여 제도 신뢰 모델의 영향력을 검증하여 기회 균등 인식을 결정하는 요인에 대한 보다 종합적인 모델을 제시하고자 한다. 네 가지 모델은 공정성과 기회 균등 인식을 결정하는 이해관계 모델(사회적 지위 모델) 대 이념과 가치 모델(정치 이념, 비판적 시민, 제도 신뢰 모델)로 다시 구분 할 수 있다.

이 장은 적어도 두 가지 면에서 앞선 연구와 구별되는 기여를 할 수 있다고 판단된다. 먼저, 이 글은 기회 균등 인식을 교육 기회, 취업 기회, 고용 기회 균등에 대한 인식으로 구분하고 세 차원의 기회 균등 인식 결정 요인으로서 네 가지 모델의 차별적 효과를 검증한다. 또한 세 차원의 기회 균등 인식을 통합한 기회 균등 인식 지수를 통해서 세 차원의 구체적인 영역을 관통하는 일관된 요인을 규명하고자 한다.

둘째, 이 장은 한국 시민들의 기회 균등 인식 결정 요인으로서 앞선 연구에서 중요하게 다루지 않았던 제도 신뢰에 주목한다. 한국처럼 공정성을 결과의 평등보다 기회의 균등 차원에서 인식하는 경향이 큰 사회에서 공정성 인식은 기회의 조건과 작용을 결정하는 제도에 대한 평가에 영향을 받을 것이다. 공정성이 제도 신뢰에 미치는 영향을 분석한 소수의 앞선 연구가 있다(Resh 2018; Hough et al. 2010). 하지만 제도 신뢰가 기회 균등 인식을 중심으로 한 공정성 인식에 미치는 영향을 규명하는 연구는 찾아보기 힘들다(Marien and Hooghe 2011; Zmerli and Tom 2017). 이러한 면에서 이 글은 제도 신뢰와 공정성의 비교 연구에도 기여할 수 있을 것이다. 분석 결과, 한국 시민들의 기회 균등 인식에는 이해관계보다 이념과 가치(제도 신뢰와 정치 이념 모델)가 더 큰 영향을 미친다는 것을 확인하였다.

이론적 분석틀

앞선 연구 중에서 기회 균등을 다룬 연구는 다수 존재한다(구교준 외 2016; 김재우 2019; 손병권 2015; 장영수 2018; 최영준 외 2017). 앞선 연구가 다룬 주제는 기회 균등 개념에 대한 분석적 시론(구교준 외 2016), 정치적 경쟁에서의 기회 균등(손병권 2015), 교육 기회 균등의 헌법적 원리 분석(장영수 2018), 삶의 역량 분석틀을 이용한 기회 균등 수준의 국제적 비교(최영준 외 2017) 등 다양하다. 하지만 기회 균등 인식의 결정 요인을 분석한 앞선 연구는 찾아보기 힘들다. 이 절에서는 앞선 연구에 기반을 두고 기회 균등 인식 결정 요인으로서 작용할 수 있는 네 가지 모델을 도출한 다음 이 모델을 기반으로 다음 절에서 실증 분석을 실시한다.

사회적 지위 모델(Social Position Model)

사회적 지위 모델은 다양한 갈래가 있지만 사람들은 자신의 이익을 극대화하는 합리적인 존재라는 전제에 기반을 두고 있다(Sears and Funk 1991). 이러한 전제에 따르면 사람들은 자신에게 중요한 목적을 달성하기 위해서 가장 큰 효용을 가져다주는 정치적 선택을 한다. 사회적 지위 모델의 핵심적 주장은 자기 이해 가설(self–interest hypothesis)을 통해서 잘 표현된다.

다수의 앞선 연구에서 자기 이해 가설이 사람들의 복지 태도에 미치는 영향을 검증하였다(Cusack et al. 2006; Owens and Pedulla 2014). 이 가설에 따르면 사회경제적 지위는 사람들의 복지 태도에 중요한 영향을 미친다.

예를 들어 복지 지출의 직접적인 혜택을 받는 하층에 속하는 사람들은 복지 지출을 적극적으로 지지하는 반면, 복지 지출의 비용을 지불하는 상층에 속하는 사람들은 복지 지출에 유보적이다.

한 사회의 위계적 구조는 복지 태도와 마찬가지로 사람들의 정당성 인식에도 영향을 줄 수 있다. 사회적 위계 구조가 닫혀 있어 계층 상승의 가능성이 크지 않은 사회에서는 하층에 속한 사람들이 사회 구조가 정당하지 않다고 인식할 가능성이 크다. 하지만 그 구조로부터 혜택을 입고 있는 상층에 속한 사람들은 사회 구조가 정당하지 않다고 인식할 가능성이 낮다. 사회적 지위 모델의 예측과는 달리 사회경제적 지위와 정당성 인식 사이를 매개하는 중요한 변수들이 존재한다. 대표적으로 문화의 역할이 있다(Alesina and Gluliano 2015). 불평등의 원인을 개인의 노력으로 돌리는 경향이 큰 사회에서는 비록 불평등이 크더라도 사회 체제의 정당성에 대한 비판이 높지 않을 수 있다. 그러한 사회에서는 체제 불평등의 피해자인 하위 계층 사람들도 체제 정당성에 대해 비판적 인식을 가지지 않는다.

한국 사례를 대상으로 한 연구로는 「기회 불평등에 대한 조사」(2016)를 활용하여 기회 불평등에 대한 인식 결정 요인을 분석한 이병훈(2017)이 있다. 그의 분석에 따르면 사회경제적 불평등, 기회 불평등의 심각성, 그리고 노력 성취에 대한 인식을 결정하는 요인으로서 부모 세대와 자신의 주관적인 사회적 지위가 유의미한 영향을 미쳤다. 또한 이희정(2018)은 한국노동패널 자료를 활용하여 청년층의 계층 인식에 대한 변화가 공정성 인식에 미치는 영향을 추적·분석하였다. 그의 분석에 따르면 청년층의 계층 인식이 전반적으로 하향화되는 추세를 보였으며 청년층의 공정성 인식은 사회경제적 지위에 의존적이었다. 사회경제적 계층이 낮다고 생각하는 청년일수록 노력에 따른 보상을 부정적으로 인식하는 반면, 계층이 높다고 생각하는 청년일수록 노력에 대한 보상을 공정하다고 인식하고 있었다.

정리하면 사회적 지위 모델에 따르면 사회적 지위가 낮은 사람들은 기회가 균등하지 않다고 인식하는 반면에 사회적 지위가 높은 사람들은 기회가 균등하게 보장된다고 인식할 가능성이 높다.

정치 이데올로기 모델(Political Ideology Model)

정치 이념은 사람들에게 사회를 보는 분석틀을 제공한다. 따라서 사람들이 특정한 사회 현상에 대해서 평가를 내릴 때 정치적 이념은 중요한 잣대가 된다. 예를 들어, 복지 정책에 대한 사람들의 태도는 자신의 이데올로기적인 정향에 크게 영향을 받는다. 미국에서 개인주의와 작은 정부를 핵심으로 하는 전통적인 보수주의 이념은 보수주의자들이 복지 확대에 반대하는 태도를 가지는 데 중요한 영향을 미친다(Zaller and Feldman 1992).

사람들은 정치 이념에 따라서 경쟁하는 가치에 우선순위를 부여한다(Milton 1973). 두루 알듯이 좌파의 정치 이념을 가진 사람들은 평등(equality)에 더 큰 가치를 두는 반면에 우파는 자유(freedom)에 우선순위를 둔다. 정치 사회화 과정을 통해서 획득된 정치 이념은 지속성을 가진다. 이와 관련하여 스털링 등(Sterling et al. 2019)의 최근 연구는 시사하는 바가 크다. 폐쇄형 문항을 통해 이념을 측정해 온 앞선 연구자들과 달리 그들은 대표적인 온라인 미디어인 트위터(twitter)를 활용한 개방형 소통 방식으로 진보와 보수의 가치 우선순위를 분석하였다. 100만 명의 트위터 사용자들의 380만 건의 메시지를 분석한 그들의 연구에 따르면 진보주의자들은 사회 정의, 지구적 불평등, 여성의 권리, 사법 정의, 인종주의, 의료보험, 가난과 같은 가치를 언급한 반면에 보수주의자들은 종교, 사회질서, 사업, 테러리즘 같은 이슈에 주로 방점을 두었다.

정치적 맥락에 따라서 좌파와 우파의 기본적 대립축에 몇 가지 요소가 추가된다. 예를 들어, 미국에서는 정치 이념을 가르는 전통적인 축인 경제적 차원에 낙태와 동성애 이슈 같은 도덕적 이슈(moral issues)를 중심으로 한 대립축이 추가된다. 한국은 민주화 이후 한 세대가 지났지만 여전히 북한 이슈를 중심으로 한 대립이 정치 이념의 중요한 축이다.

정치 이념 모델의 시각에서 볼 때 사회적 지위 모델은 시민들의 공정성 인식을 설명하는 데 한계가 있다. 경제적으로 하층에 속한 시민들도 보수적인 정치 이념을 가진 경우, 자신에게 (경제적으로) 더 큰 이익이 되는 평등을 강조하는 진보적인 대안을 지지하기보다 기존 체제를 더 지지할 수도 있다. 이렇듯 정치적 보수주의는 체제 정당화 이론으로 연결될 수 있다(Jost et al. 2017).

몇몇 앞선 연구들은 정치 이념이 공정성 인식에 미치는 영향을 실증적으로 분석하였다. 지니(Zinni 1995)는 불공정성 인식(sense of injustice) 결정 요인으로서 인종, 성별, 사회적 지위와 같은 인구학적 변수와 함께 응답자의 도덕 정향(moral orientation), 공동체 연계(community attachment), 그리고 정치 이념의 영향력을 검증하였다. 그의 실증 분석에 따르면 개인의 진보적 정치 이념은 분배적인 형평 규범과 중요하게 연결되어 있다(1995: 431~432). 또한 미콜라작과 베커(Mikołajczak and Becker 2019)의 최근 연구는 좌파(liberal)와 우파(conservative)의 정치 이념이 공정성 인식을 매개로 저항에 미치는 서로 다른 경로를 규명하였다. 좌파의 경우 형평과 필요의 원칙(equality and need rules)이 침해되었을 때 저항에 나서는 반면, 우파는 실적주의 원칙(merit rules)이 침해되었을 때 집합행동에 나선다.

정리하자면, 정치 이념 모델에 따르면 정치 이념이 좌파인 사람들은 기회가 불균등하다고 인식할 가능성이 높은 반면에 우파인 사람들은 기회가 균등하게 보장되어 있다고 인식할 가능성이 높다.

비판적 시민 모델(Critical Citizen Model): 인지적 동원의 역할

세 번째 모델은 비판적 시민 모델이다. 노리스(Norris 1999)가 편집한 '비판적 시민(Critical Citizens)' 저작 이후 '비판적 시민'에 대한 많은 연구가 출간되었다(Dalton 2013; Dooresnspleet 2012). 서구에서 민주주의에 대한 지지의 하락에 주목하면서 민주주의 위기론을 제기했던 앞선 연구(Crozier, Huntington and Watanuki 1975)와는 달리 노리스는 '비판적 시민'의 출현은 민주주의 체제 위기로 이어지지 않는다고 주장한다. 근대화로 인한 가치의 변화와 교육적 성취의 증가로 인해서 시민들의 인지적 동원(cognitive mobilization)이 대폭 증가하였다(Dalton 2013; Inglehart and Welzel 2005). 이에 따라, 민주주의 체제의 원칙을 지지하고 수용하면서도 민주주의의 수행력에 비판적이고 민주주의를 구성하는 핵심적인 제도에 대해서 불신을 나타내는 비판적인 집단이 출현하였다. 이들은 이러한 시민을 '비판적인 시민'(critical citizens)이라고 불렀다(Dalton 2013; Norris 1999).

비판적 시민 모델은 시민들의 공정성 인식을 어떻게 설명하는가? 비판적 시민 개념의 핵심적인 요소는 인지적 동원이다(Dalton 2007, 2013; Inglehart 1990). 인지적 동원을 구체화한 달톤(Choi et al. 2017; Dalton 1984, 2007, 2013)에 따르면 인지적 동원은 교육과 정치적 관심 두 변수의 조합을 통해서 측정한다. 비판적 시민 가설에 따르면 인지적 동원이 높은 비판적 시민들은 민주주의 수행력에 대해서 기대가 높고 현실에 대해서 비판적인 인식을 할 가능성이 높다. 따라서 비판적인 시민들은 공정성에 대해서 부정적인 인식을 할 가능성이 높다고 예측할 수 있다.

제도 신뢰 모델(Institutional Trust Model)

이 장은 앞선 연구에서 주목하지 않았던 제도 신뢰의 영향에 주목한다. 제도 신뢰는 민주주의를 구성하는 중심 제도에 대한 시민들의 신뢰를 의미한다(Norris 1999, 2011). 대표적으로 정부, 정당, 국회, 그리고 법원을 대상으로 한 신뢰를 들 수 있다. 분석의 시야를 민주주의가 작동하는 구체적인 현실로 확대할 경우 제도 신뢰는 공무원과 경찰에 대한 신뢰로 확대될 수 있다.

이 장에서 필자는 민주주의의 주요 제도에 대한 시민들의 불신이 기회 공정성에 대한 비판적 인식에 중요한 영향을 미쳤다고 주장한다. 앞서 살펴본 바와 같이 한국 시민들은 공정성을 결과의 차원보다는 기회 균등의 차원으로 인식하고 있었다(한국리서치 2018). 서로 다른 능력과 사회적 자원을 가진 시민들이 자신에게 주어진 기회가 균등하다고 인식하는 경우는 어떤 경우인가? 기회가 균등하다고 인식하는 경우는 출발선의 공평함을 보장해 주는 제도가 공평하게 작동한다고 판단할 때이다. 거꾸로, 제도가 그것의 원래 목적과는 반대로 응시자의 개인적 배경이나 사회적 인맥 등에 영향을 받는다고 판단할 때 시민들은 기회가 균등하지 않다고 인식할 가능성이 크다. 한국 사회를 달궜던 로스쿨을 둘러싼 현대판 음서제 논란, 대학 입시에서 학생부종합전형을 둘러싼 부모 찬스 논란이 대표적이다.

많은 선행 연구자들이 불평등에 대한 인식이 정치 신뢰에 미치는 영향을 분석하였다(Medive–Balint and Boda 2014; Zhou and Jin 2014; Zmerli and Castillo 2015). 하지만 제도 신뢰가 시민들의 공정성 인식에 미치는 영향을 규명한 연구는 찾기 어렵다. 제도 신뢰의 매개적 역할을 규명한 소수의 선행 연구를 간단히 살펴보자.

먼저, 맥도날드(Macdonald 2019)는 흥미로운 연구 결과를 제시하였다. 미국의 전국 선거 조사 누적 자료 1984~2016(Cumulative American National Election Studies)을 활용한 그의 분석에 따르면, 제도 신뢰가 불평등의 증가와 미국인들의 분배에 대한 선호 사이의 관계를 매개하였다. 정부에 대해서 신뢰를 나타내는 집단에서만 불평등의 증가가 재분배로 이어졌다.

또한 우 등(Wu et al. 2017)은 중국의 36개 주요 도시를 대상으로 한 여론 조사를 활용하여 투명성–형평성 연계(transparency–equity linkage)에서 정부 신뢰의 매개적 역할을 규명하였다. 그들의 분석에 따르면 응답자의 정부 신뢰가 낮을 때 정부의 투명성이 사회적 형평성을 향상시키는 더 큰 역할을 하는 것으로 나타났다. 반면에 정부 신뢰가 높을 때는 그 영향력이 감소하였다.

정리하자면, 제도 신뢰 모델에 따르면 제도 신뢰가 낮은 시민들은 기회가 불균등하다고 인식하는 반면에 제도 신뢰가 높은 시민들은 기회가 균등하게 보장된다고 인식할 가능성이 높다.

연구 설계

이 장에서 실증 분석을 위해 사용한 자료는 세계가치조사(World Value Survey, WVS) 7차 한국 조사 자료이다. '한국인의 삶과 가치 변화에 대한 조사'로서, 전 세계 180개국 조사와 동시에 실시되었다. 한국에서는 2017년 12월 24일부터 2018년 1월 16일까지 전국의 18세 이상 성인 남녀 1,245명을 대상으로 조사가 이루어졌는데, 구조화된 설문지를 토대로 대인 면접 조사 방법을 사용하였다. 또한 광역자치단체별 성, 연령을 고려한 비례 할당 표본 추출의 표집 방법을 사용하였다.

종속변수는 기회 균등 인식이다. 기회 균등 인식은 세 차원의 기회 균등(교육 기회 균등, 취업 기회 균등, 고용 기회 균등) 인식과 세 변수를 통합하여 도출한 기회 균등 인식 지수 네 변수로 측정되었다. 고도성장 시기 한국에서 교육은 사회 계층 이동의 사다리였다. 하지만 최근에는 계층 간 대물림이 심화되고 교육의 사다리 역할에 대한 회의가 늘고 있다(김희삼 2015). 고도성장기에 교육을 징검다리 삼아 비교적 질 좋은 일자리를 통해서 중산층으로 이동한 기성세대(베이비 부머)에 반해 높은 교육 수준에도 불구하고 사회 진입에 어려움을 겪고 있는 청년 세대에게 취업 기회의 균등은 가장 민감한 문제로 부상했다. 또한 1997년 경제 위기 이후 본격화된 노동 시장의 이중 구조[89]는 산업 현장의 가장 중요한 갈등이다.[90]

교육 기회 균등 인식은 "귀하는 현재 우리 사회에서 모든 아이의 교육 기회가 부모 혹은 지인의 사회경제적 능력과 상관없이 균등하다고 생각하십니까?"라는 문항에 기반을 두어 측정되었다. 응답 범주는 10점 척도(1점: 전혀 균등하지 않다~10점: 매우 균등하다)로 구성되었다. 취업 기회 균등 인식은 "귀하는 현재 우리 사회에서 모든 시민의 취업 기회가 부모 혹은 지인의 사회경제적 능력과 상관없이 공정하다고 생각하십니까?"라는 문항에 기반을 두어 측정되었다. 응답 범주는 10점 척도(1점: 전혀 공정하지 않다~10점: 매우 공정하다)로 구성되었다. 고용 기회 균등 인식은 "귀하는 현재 우리 사회에서 개인의 노력으로 비정규직에서 정규직으로 옮겨 갈 가능성이 어느 정도라고 생각하십니까?"라는 문항을 통해서 측정되었다. 응답 범주는 10점 척도(1점: 전혀 가능성이 없다~10점: 매우 가능성이 높다)로 구성되었다.

세 가지 기회 균등 인식 결정 요인에 대한 분석(모델 1~모델 3)을 실시한 후 통합지수인 기회 균등 인식 지수를 도출하여 결정 요인 분석(모델 4)을 실시하였다. 이 지수는 세 변수를 합한 후 3으로 나누어서 도출하였다.

독립변수는 앞선 이론적 분석틀에 기반을 두어 구축된 네 가지 모델이

---

89 WVS 7차 한국 조사가 실시된 2017년 정부의 공식 통계에 따르면 전체 임금 근로자(2천만 6천 명) 중 정규직 근로자는 1천3백42만여 명(67.1%)에 그쳤다. 반면에 비정규직 근로자는 39.9%에 달했다(E-나라지표 비정규직 고용 동향). 더구나 임시직 근로자가 3년 후 정규직으로 전환되는 비율은 2016년 기준 22%에 그쳐 OECD 국가 중 최하위권에 속했다(장근호 2019).

90 한국사회갈등해소센터에서 2016년 실시한 조사에 따르면, 제20대 국회가 시급히 해결해야 할 갈등으로 정규직·비정규직 격차 등 일자리 문제를 가장 많이 꼽았다(2016년 7월 6일 자 『한국일보』 참조). 정규직과 비정규직의 갈등 수준에 대한 인식도 매우 높았다. 동아시아연구원(East Asia Institute)과 중앙일보가 공동으로 실시한 '2015 한국인의 정체성 조사'에 따르면 응답자의 약 80%가 정규직, 비정규직 간의 갈등과 거리감이 크다고 답했다(매우 크다 28.83%, 크다 51.69%).

다. 먼저, 사회적 지위 모델은 가구 월 순소득, 고용 상태, 주관적인 사회적 지위 등 세 변수를 통해서 측정되었다. 가구 소득과 고용 상태가 사회적 지위에 대한 객관적 측정 변수라면 주관적인 사회적 지위는 주관적 측정 변수이다. 가구 소득 변수는 응답자를 포함한 가구 구성원 전체가 내는 세금과 4대 보험을 제외한 한 달 평균 순수입을 묻는 문항을 통해서 측정되었다("귀하를 포함한 가구원 전체의 한 달 평균 수입은 현재 얼마입니까? 세금과 4대 보험을 제외한 실수령액"). 고용 상태 변수는 고용 상태를 묻는 문항에 정규직인지 비정규직인지, 그리고 자영업자라면 고용원이 없는 1인 자영업자인지 아닌지에 따라서 가변수를 도출하여 구성하였다. 주관적인 사회적 지위 변수는 "귀하의 가정은 현재 어느 계층에 속한다고 생각하십니까?"라는 문항에 기반을 두어 측정되었다. 원자료의 응답 범주는 5점 척도(1점: 상층~5점: 하층)로 구성되었으나 실증 분석에서는 분석 결과 해석에 일관성을 기하기 위해 역으로 코딩했다(1점: 하층~5점: 상층).

둘째, 정치 이념 모델은 응답자의 정치 이념을 묻는 문항을 통해서 측정되었다. 이 변수는 "우리 사회에서 진보와 보수를 구별한다고 할 때, 귀하께서는 어디에 속하십니까?"라는 문항을 통해서 측정되었다. 이 변수는 10점 척도로 측정되었으며 높은 수치가 보수를 나타낸다(1점: 진보~10점: 보수). 진보적인 이념을 가진 응답자일수록 기회 불평등 인식이 높을 가능성이 크다고 예측할 수 있다.

셋째, 비판적 시민 모델은 인지적 동원 변수와 민주주의 체제 중요성에 대한 태도 변수를 조합하여 도출한 비판적 시민 변수를 통해서 측정되었다. 이 변수는 달톤(Dalton 1984, 2007)의 측정 방식에 따라서 교육과 정치적 관심 변수를 조합하여 도출한 상위 인지적 동원 변수와 민주주의 체제에 대한 태도 변수를 결합하여 도출하였다. 먼저, 원자료에서 교육 변수는 9급간(1점: 교육받은 적이 없다~9점: 대학원 박사 졸업)으로 측정되었다. 또한 정치 관심 변수는 4점 척도(1점: 매우 관심이 있다~4: 전혀 관심이 없다)로 측정되었다. 두 변수를 결합하여 (상위) 인지적 동원 변수를 도출하기 위해서 다음과 같은 절차를 거쳤다. 교육 변수를 정치적 관심 변수와 결합하기 위해서 9급간으로 측정된 교육 변수를 4급간(1점: 중학교 졸업 이하, 2점: 고등학교 졸업, 3점: 전문기술학교, 전문대학교 졸업, 4점: 대학교 졸업 이상)으로 재구성하였다. 또한 정치적 관심 변수는 거꾸로 재구성하였다(1점: 전혀 관심이 없다~4점: 매우 관심이 많다). 이렇게 도출된 변수에서 상위 점수(6~8점)를 얻은 집단을 대상으로 상위 인지적 동원 변수가 만들어졌다. 이 변수와 민주주의 체제의 중요성 변수를 결합하여 최종적으로 비판적 시민 변수를 도출하였다. 민주주의 체제의 중요성 문항("귀하는 민주주의 국가에 산다는 것이 얼마나 중요하다고 생각하십니까?", 1점: 전혀 중요하지 않다~10점: 매우 중요하다)에 7점 이상을 부여한 응답자를 대상으로 가변수를 도출하여 구성하였다. 비판적 시민에 속하는 응답자일수록 기회 불평등 인식이 높을 가능성이 크다고 예측할 수 있다.

넷째, 제도 신뢰 모델은 정부 신뢰, 의회 신뢰, 정당 신뢰, 법원 신뢰, 경찰 신뢰, 공무원 신뢰 등 여섯 가지 변수의 합을 통해서 측정되었다. 이 변수는 모두 4점 척도(1점: 매우 신뢰한다~4점: 전혀 신뢰하지 않는다)로 구성되었다. 민주주의를 구성하는 여섯 가지 핵심 제도에 대한 신뢰 변수를 합한 다음 6으로 나누어서 제도 신뢰 변수를 도출하였다. 실증 분석에서는 분석 결과 해석에 일관성을 기하기 위해서 역으로 다시 코딩하였다(1점: 전혀 신뢰하지 않는다~4점: 매우 신뢰한다). 제도에 대해 불신을 가진 응답자일수록 기회 불평등 인식이 높을 가능성이 크다고 예측할 수 있다.

누락 변수 편향(omitted variable bias)을 최소화하기 위해서 위의 네 가지 모델 외에 부정부패 인식, 대인 신뢰, 미디어 이용 빈도, 연령, 성별과 같은 기회 균등 인식에 영향을 미칠 수 있는 통제변수를 실증 분석에 추가하였다. 먼저, 부정부패 인식 변수를 추가하였는데, 이 변수는 "특혜를 위해서 뇌물이나 선물을 주는 사람들이 있습니다. 귀하는 한국의 부정부패에 대해서 어떻게 생각하십니까?"라는 문항을 통해서 측정되었다. 응답 변수는 10점 척도(1점: 부정부패가 없다~10점: 부정부패가 만연하다)로 구성되었다. 실증 분석에서는 분석 결과 해석에 일관성을 기하기 위해 역으로 재코딩하였다(1점: 부정부패가 만연하다~10점: 부정부패가 없다).

대인 불신 변수는 "귀하는 일반적으로 사람들을 믿을 수 있다고 생각하십니까? 아니면 인간관계에서 조심해야 한다고 생각하십니까?"라는 문항에 기반을 두어 측정되었다. 응답 범주 1점(대부분 믿을 수 있다)과 2점(조심해야 한다) 중에서 2점을 택한 응답자만을 대상으로 가변수를 도출하였다.

미디어 이용 빈도 변수는 "귀하는 국내외에서 어떤 일이 일어나고 있는지 알기 위해서 다음의 정보 매체를 얼마나 자주 이용하십니까?"라는 문항을 기초로 측정되었다. 선택지 중에서 신문, TV 뉴스, 인터넷, 소셜 미디어를 선택한 응답자를 합하여 미디어 이용 빈도 변수를 측정하였다.

연령 변수는 세대가 기회 균등 인식에 미치는 영향을 통제하기 위해서 세대별로 가변수를 도출하여 실증 분석에 포함시켰다(40대가 기준 세대). 성별 변수 또한 포함되었다(여성: 1점, 남성: 0점).

분석 결과

[표 8-1]은 기회 균등 인식 결정 요인에 대한 회귀분석 결과를 제시한다. 〈모델 1〉은 교육 기회 균등 인식 결정 요인, 〈모델 2〉는 취업 기회 균등 인식 결정 요인, 〈모델 3〉은 고용 기회 균등 인식 결정 요인을 검증하였다. 〈모델 4〉는 세 가지 기회 균등 인식 변수를 통합하여 도출한 기회 균등 인식 지수 결정 요인을 검증하였다.

첫째, 〈모델 1〉에서 검증한 교육 기회 균등 인식 결정 요인에 대한 결

표 8-1 기회 균등 인식 결정 요인에 대한 통계 분석

변수			모델 1 (교육 기회 균등)		모델 2 (취업 기회 균등)		모델 3 (고용 기회 균등)		모델 4 (기회균등 인식 지수)	
			계수	표준오차	계수	표준오차	계수	표준오차	계수	표준오차
사회적 지위 모델		가구 월 순소득	−0.001	0.003	0.000	0.000	−0.002	0.000	−0.000	0.000
	고용 형태	정규직 임금 근로자	0.186	0.128	0.266	0.127**	0.091	0.127	0.181	0.105
		비정규직 임금 근로자	−0.102	0.178	−0.220	0.177	−0.547	0.176**	−0.290	0.142**
		1인 자영업자	−0.071	0.166	−0.033	0.164	0.062	0.164	−0.014	0.136
		주관적인 사회적 지위	0.222	0.076**	−0.014	0.076	0.120	0.076	0.109	0.063
정치 이념 모델		좌파−우파	0.085	0.019***	0.117	0.019***	0.113	0.019***	0.105	0.016***
비판적 시민 모델		비판적 시민	−0.189	0.122	−0.122	0.121	0.028	0.121	−0.094	0.101
제도 신뢰 모델		제도 신뢰	0.421	0.102***	0.377	0.101***	0.589	0.101***	0.462	0.084***
통제변수		미디어 이용 빈도	0.093	0.073	0.113	0.072	0.020	0.121	0.075	0.060
		부패 인식	0.055	0.031	0.074	0.031**	0.022	0.031	0.050	0.026
		대인 불신	−0.358	0.106***	−0.145	0.105	−0.158	0.105	−0.221	0.087***
		20대	−0.140	0.158	−0.213	0.157	−0.141	0.157	−0.165	0.130
		30대	0.131	0.164	0.042	0.162	0.009	0.162	0.060	0.135
		50대	0.182	0.157	0.020	0.155	−0.136	0.155	0.022	0.129
		60대	0.207	0.176	0.216	0.172	0.022	0.172	0.148	0.143
		70대 이상	0.246	0.315	−0.200	0.311	−0.365	0.311	−0.106	0.259
		여성	0.018	0.108	−0.177	0.106	0.023	0.106	−0.045	0.088
		상수	4.104	0.515***	2.982	0.510***	3.569	0.509***	3.552	0.424***
		사례 수	1,168		1,168		1,168		1,168	
		R−square	0.0758		0.784		0.0816		0.1019	

출처: WVS 7차
참고: **p≤0.05; ***p≤0.001

과를 살펴보자. 사회적 지위 모델은 세 변수(가구 월 순소득, 고용 형태, 주관적인 사회적 지위)로 측정되었다. 세 변수 중 교육 기회 균등에 영향을 미친 변수는 주관적인 사회적 지위 변수뿐이었다. 사회적 지위 모델이 예측한 대로 자신의 사회적 지위가 낮다고 생각하는 응답자일수록 교육 기회가 공정하지 않다고 인식할 가능성이 높았다.

분석 결과, 교육 기회 균등 인식에는 객관적 지위보다는 주관적인 평가가 중요한 영향 요인으로 작용했다. 교육 기회 균등 인식에 객관적 변수보다 주관적 변수가 중요한 영향변수로 확인된 까닭은 추가적으로 엄밀한 분석이 필요하다. 여기서 추정할 수 있는 원인은 사교육 시장의 치열한 경쟁을 들 수 있다. WVS 7차 조사가 실시된 2017년을 기준으로 한 조사(2018년 조사)에 따르면 한국의 사교육 참여율은 72.8%이며 사교육비 총액은 19조 5천억 원에 달했다(통계청 2018). 치열한 사교육 시장의 현실을 고려할 때 주관적인 지위가 낮다고 생각할수록 자식들에게 충분한 교육을 제공하지 못한다고 인식하고, 이러한 인식이 교육 기회가 불균등하다는 인식으로 이어졌다고 추론할 수 있다. 실제로, 다수의 연구에서 부모의 사회경제적 배경과 자식들의 학업 성취 간에 관련성이 있음이 보고되고 있다(장상수 2016).

정치 이념 모델의 예측과 마찬가지로, 응답자의 이념이 우파일수록 교육 기회가 공정하다고 인식하는 반면에 좌파일수록 교육 기회가 공정하지 못하다고 인식하고 있었다. 한국 정치에서 교육 문제는 좌파와 우파 간 정책 대립의 중심 이슈 중 하나이다. 교육의 공공성 확보는 촛불혁명으로 치러진 제19대 대선(2017년 5월)에서 더불어민주당 문재인 후보와 정의당 심상정 후보로 대표되는 진보 진영 후보의 공통된 공약이었다. 또한 문재인 정부 출범 이후 2018년 제7회 전국동시지방선거와 함께 치러진 교육감 선거에서 교육 불평등이 중심 이슈로 등장하였다. 특수목적

고등학교(특목고)와 자율형 사립 고등학교(자사고) 폐지 여부가 진보 진영과 보수 진영 간 중요한 쟁점이 되었다(강우진·배진석 2018). 비판적 시민 모델은 교육 기회 균등 인식에 중요한 영향을 미치지 않았다.

제도 신뢰 변수는 다른 경쟁 모델을 통제한 후에도 시민들의 교육 기회 균등 인식에 영향을 미치는 중요한 결정 요인으로 확인되었다. 이 변수의 영향력의 방향을 고려할 때 이 연구의 주장대로 응답자가 제도에 대해서 불신할수록 교육 기회가 불균등하다고 인식하고 있었다. 계수의 크기(0.421)를 기준으로 볼 때 제도 신뢰 변수가 교육 기회 인식에 가장 큰 영향을 미치는 변수였다. 한국에서 교육 기회의 균등 이슈는 교육 제도를 둘러싼 논쟁으로 나타났다. 로스쿨을 둘러싼 흙수저 논쟁, 특목고와 자사고를 둘러싼 논쟁, 학생부종합전형 대학 입시 논란 등이 대표적이다. 이러한 결과는 교육 제도를 둘러싼 공정성 논쟁이 반영된 것으로 해석할 수 있다.

통제변수 중에서는 대인 불신 변수가 중요한 영향변수로 확인되었다. 다른 사람들을 조심해야 한다고 믿을수록 교육 기회가 불균등하다고 인식할 가능성이 높았다. 미디어 이용 빈도 변수와 세대별로 측정된 연령 변수, 그리고 성별 변수는 교육 기회 균등 인식에 중요한 영향을 미치지 않았다.

둘째, 〈모델 2〉는 취업 기회 균등 인식 결정 요인을 검증하였다. 〈모델 1〉의 분석 결과와는 달리 사회적 지위 모델을 측정한 세 변수 중에서 주관적인 사회적 지위 변수는 취업 기회 균등 인식에 중요한 영향을 미치지 않는 것으로 나타났다. 고용 형태 변수 중에서는 정규직 노동자 변수가 고용 기회의 공정성에 영향을 미쳤다. 다른 조건이 일정하다면 정규직 노동자는 다른 지위에 있는 응답자들보다 취업 기회가 균등하게 배분되어 있다고 생각하는 것으로 나타났다. 이 결과는 한국 노동 시장의 중요 균열로 굳어진 내부자(정규직)와 외부자(비정규직과 다양한 형태의 시간제 근로자) 문제를 환기시켜 준다. 내부자의 경우 자신이 획득한 지위가 공정한 경쟁의 결과라고 인식하고 있다는 것을 시사한다.

정치 이념 모델을 측정한 좌파-우파 변수는 〈모델 1〉의 분석 결과와 마찬가지로 취업 기회 균등 인식에 부정적인 영향을 미쳤다. 정치적으로 좌파인 응답자의 경우 취업 기회가 부모의 사회경제적 지위와 상관없이 공정하지 않다고 인식하는 반면에 우파는 공정하다고 인식했다.

〈모델 1〉의 결과와 마찬가지로 제도 신뢰 모델은 응답자들의 취업 기회 균등 인식을 결정하는 중요한 변수로 나타났다. 〈모델 1〉의 분석 결과에서처럼 계수의 크기(0.377)로 볼 때 취업 기회 균등 인식 결정에 영향력이 가장 큰 변수였다.

통제변수 중에서는 부패 인식 변수만이 응답자의 취업 기회 균등 인식에 영향을 미쳤다. 미디어 이용 빈도 변수, 대인 불신, 연령, 성별 변수는 취업 기회 균등 인식에 중요한 영향을 미치지 않는 것으로 나타났다. 흥미로운 것은 〈모델 1〉에서는 부패 인식 변수가 중요한 영향을 미치지 않았다는 사실이다. 이 결과를 통해서 한국 시민들은 부패가 직접적으로 영향을 미치는 것은 교육 영역보다 취업 영역이라고 생각한다는 추론을 할 수 있다. 한국 사회의 부패 문제는 민주화 이후에도 개선되지 않은 대표적인 영역 중 하나이다. 특히 취업 비리는 꾸준히 지속되어 왔는데, 그 범위도 공공 기관과 금융 기관 등 공기업과 사기업을 포함하여 전 방위적이다. 이 연구의 분석 결과는 이러한 현실에 대한 시민들의 평가를 반영한 것이라고 해석할 수 있다.[91]

셋째, 〈모델 3〉을 통해서 (비정규직에서 정규직으로 이동할 가능성을

91 이와 관련한 연구와 언론 분석은 넘쳐 난다. WVS 7차 조사(2017년 12월) 시점과 비슷한 시기에 보도된 대표적인 기사만 보더라도 「[금융권 채용비리] "누구는 전화 한 통에 취업"…좌절하는 취준생들」(2017년 11월 5일 자 『연합뉴스』), 「적발 힘든 '민간기업 취업청탁'…취준생 울분」(2018년 4월 4일 자 『한국일보』) 등이 있다.

나타내는) 고용 기회 균등 인식 결정 요인에 대한 분석을 진행했다. 사회적 지위 모델 변수 중에서 중요한 영향을 미치는 변수는 비정규직 변수였다. 앞서 언급한 바와 같이 내부자와 외부자로 대표되는 비정규직 이슈는 산업 현장에서 가장 중요한 균열이다. 그럼에도 불구하고 비정규직 이슈는 정치적인 대표성을 획득하는 데 성공하지 못했다. 정의당이 "정의당의 다른 이름은 비정규직 정당"이라고 선언(2015년 3월 22일 정의당 제3차 정기 당대회)[92]하고 나름의 노력을 지속해 왔지만 여전히 다수의 비정규직 노동자는 정의당을 지지하지 않는다.[93] 이 연구의 분석 결과는 비록 비정규직 균열이 정치적 대표성을 획득하지는 못했지만 사회적 수준에서 기회 균등 인식에는 중요한 변수라는 것을 확인시켜 준다.

정치 이념 모델은 〈모델 1〉과 〈모델 2〉의 분석 결과와 마찬가지로 고용 기회 균등성 인식 분석에서도 그 영향력을 확인하였다. 정치적으로 좌파일수록 한국 사회에서 당사자의 노력만으로 비정규직에서 정규직으로 전환될 가능성이 낮다고 인식하는 반면에 우파일수록 가능성이 높다고 인식하고 있었다. 정규직과 비정규직 이슈에 대한 좌파와 우파가 서로 다른 인식을 하고 있는 것이다. 제19대 대통령 선거 당시 5당 후보들의 공약을 살펴보면 각론에는 차이가 있지만 동일 노동, 동일 임금과 상시 업무 정규직화에 대해서는 대체로 의견 합의를 이루었다(참여연대 2017). 반면에 시민들을 대상으로 한 여론조사에서는 비정규직 해법을 둘러싸고 진보층과 보수층 사이의 뚜렷한 의견 차이를 확인할 수 있다(2019년 6월 7일 자 『한국일보』).

92 https://future-view.tistory.com/363(2020년 4월 2일 검색).

93 제19대 대통령 선거(2017년 5월) 후 실시된 여론조사(한국정치학회 2017)에 따르면 비정규직(주 32시간 이내) 노동자의 절반에 가까운 47.06%가 보수 후보(홍준표, 안철수, 유승민)를 지지했다. 반면에 심상정 후보를 지지한 비율은 5.04%로서 전체 득표율 6.17%보다 낮았다. 문재인 후보를 지지한 비율은 47.06%였다.

비판적 시민 모델은 〈모델 1〉, 〈모델 2〉에서와 마찬가지로 고용 기회 균등성 인식 분석에서도 그 영향력을 확인할 수 없었다.

제도 신뢰는 〈모델 1〉, 〈모델 2〉와 마찬가지로 고용 기회 균등성 인식 결정 요인으로서 중요한 영향변수로 확인되었다. 계수의 크기를 볼 때 제도 신뢰 변수가 고용 기회 균등 인식에 가장 큰 영향을 미치는 것으로 나타났다. 하지만 비정규직 여부 변수의 영향력의 크기(0.547)와 크게 차이가 나지는 않았다.

1997년 경제 위기 이후 대폭 늘어난 비정규직 문제는 기본적으로 산업 현장의 문제지만 우리 사회의 공공 이슈가 된 지 오래다. 노무현 정부 이후 역대 정부가 비정규직 문제를 해소하기 위해 나름의 노력을 해 왔지만 그 성과는 미미했다. 이에 따라서 제19대 대통령 선거에서 문재인 후보는 '공공 부문 비정규직 제로'를 비정규직 관련 핵심 공약으로 제시했다. 문재인 정부 출범 후에도 비정규직의 정규직화를 둘러싼 치열한 논쟁이 지속되었다. 〈모델 3〉의 분석 결과를 통해서 응답자들이 비정규직 문제에 대한 제도적 해법이 여전히 미비하다고 인식하고 있음을 추론할 수 있다.

〈모델 1〉~〈모델 3〉의 핵심적인 분석 결과를 요약하면 다음과 같다. 세 가지 모델을 관통하여 일관된 영향력을 미친 변수는 정치 이념 변수와 제도 신뢰 변수였다. 사회적 지위 모델은 기회 균등 인식 영역에 따라서 그 영향력이 달랐다. 객관적 변수 중에서 소득은 세 모델 모두 영향력을 확인할 수 없었다. 고용 상태 변수 중에서 정규직 변수는 〈모델 2〉의 취업 기회 균등 인식에서 그 중요성을 확인할 수 있었다. 반면에 비정규직 변수는 〈모델 3〉에서 측정한 고용 기회 균등 인식에서 영향력을 보였다.

세 가지 기회 균등 인식을 통합하여 도출한 기회 균등 인식 지수에 영향을 미친 변수는 〈모델 1〉~〈모델 3〉의 분석 결과와 어떻게 다른가? 〈모델 4〉에서 이를 검증했다. 위에서 논의한 바와 같이 정치 이념과 제도 신뢰 변수는 〈모델 4〉에서도 그 영향력이 확인되었다. 흥미로운 것은 〈모델 3〉의 고용 기회 균등 인식에서만 유의미한 영향력을 확인할 수 있었던 비정규직 변수가 〈모델 4〉에서 중요한 영향변수로 확인된 것이다. 비정규직 변수는 비록 〈모델 1〉과 〈모델 2〉의 분석에서 통계적으로 유의미하지는 않았지만 영향력의 방향은 〈모델 3〉의 분석 결과와 일치했다. 이 분석 결과는 중요한 함의를 가진다. 정규직 대 비정규직으로 대표되는 한국 노동 시장의 이중 구조가 아직 정치적 대표성을 획득하지는 못했지만 기회 균등 논쟁의 중요한 사회적 기반이라는 것이다.

이 장은 한국 시민들이 공정성을 결과의 평등보다는 기회의 균등 차원에서 인식하고 있다는 사실에 주목하여 기회 균등 인식을 결정하는 요인을 분석하였다. 기회 균등을 교육 기회의 균등, 취업 기회의 균등, 고용 기회의 균등으로 구분하여 분석을 진행하였다. 또한 세 가지 기회 균등 인식을 통합하여 도출한 기회 균등 인식 지수 결정 요인을 함께 분석하였다. 앞선 연구에 기반을 두어 이론적 분석 모형으로는 이해 중심 모델(사회적 지위 모델)과 이념과 가치 모델(정치 이념 모델, 비판적 시민 모델, 제도 신뢰 모델)의 영향력을 검증하였다.

분석 결과 한국 시민들의 기회 균등 인식에는 이해 중심의 사회적 지위 모델보다는 정치 이념과 제도 신뢰 같은 이념과 가치 중심의 모델이 중요한 영향을 미쳤다. 사회적 지위 모델은 모델에 따라서 일부 영향력을 확인할 수 있었지만 교육 기회, 취업 기회, 고용 기회 인식을 관통하는 일관된 영향력을 발견할 수 없었다. 반면에 이념과 제도 신뢰는 세 가지 기회 균등 인식을 관통하여 일관된 영향력을 행사했다.

이 장의 분석 결과는 나름의 중요한 시사점이 있다. 먼저, 한국 시민의 기회 균등 인식은 사회 계층 의식(조동기 2006)이나 행복 연구(이연경·이승종

2017; 강우진 2020)와 같은 다른 분야의 앞선 연구에서도 확인되었듯이 객관적인 사회적 지위로부터 도출되지 않는다. 오히려 기회 균등 인식은 이념과 가치에 기반을 두고 있었다. 미국 사회와 마찬가지로 한국 사회도 이념적 양극화(ideological polarization)가 두드러진 사회정치적 현상으로 부상했다.[94] 이 장의 실증 분석은 한국 사회의 새로운 갈등으로 부상한 정당성 논쟁의 정치 이념적 차원을 검증했다는 의미가 있다.

둘째, 이 장의 실증 분석 결과가 제시하듯이 기회 균등 인식은 다차원적이다. 기회 균등 인식 영역에 따라서 결정 요인도 차별적인 영향을 나타냈다. 지속적인 영향력을 나타낸 정치 이념과 제도 신뢰 이외에 주관적인 사회적 지위는 교육 기회 공정성 인식에, 정규직 여부는 취업 기회 공정성 인식에, 비정규직 여부는 고용 기회 공정성 인식에 중요한 영향을 미쳤다. 그러므로 기회 균등 인식 제고를 위한 정책적 대응도 영역에 따라서 달라져야 한다는 것을 시사한다.

셋째, 이 장의 실증 분석 결과는 기회 균등 인식에 대한 제고는 민주주의 체제를 구성하는 중심 제도에 대한 신뢰가 증진되지 않고서는 어렵다는 것을 나타낸다. 한국 시민들은 한국 사회의 화두로 떠오른 공정성 이슈를 공정한 경쟁의 기회가 균등하게 보장되지 않은 제도의 문제로 바라보고 있었다. 대학 입시를 둘러싼 특목고·자사고 이슈와 대학 입시 제도 논쟁, 청년 실업을 둘러싼 제도적 해법을 둘러싼 논쟁, 비정규직 해법을 둘러싼 논쟁 등이 대표적이다. 또한 이 장은 그동안 매우 부족했던 제도 신뢰의 사회적·정치적 결과를 실증적으로 분석했다는 의미가 있다 (Zmerli and Tom 2017).

94 이념적 양극화의 원인이 국민인지 정치 엘리트인지는 논쟁이 진행 중이다. 이내영(2011)의 분석에 따르면, 한국 사회의 이념 갈등의 원인은 국민들 사이의 이념 대립과 양극화가 아니라 정당 지도부를 구성하는 의원들 사이의 이념적 거리 때문이다.

제 9 장

제도 신뢰의 결과

: 삶의 만족도

한국 사람들은 자신의 삶에 어느 정도 만족하는가? 삶에 대한 만족은 지극히 주관적인 평가에 따른 것이므로 개인의 사회경제적 조건과 삶에 대한 태도에 따라서 만족의 수준이 크게 다를 수밖에 없다. 그럼에도 불구하고 한국 사람들의 삶의 만족도를 다른 나라 사람들과 비교해 볼 때 두드러진 특징이 나타난다.

먼저, 한국 사람들의 삶의 만족도는 민주화 이후 지난 30여 년 동안 개선되지 않았거나 오히려 나빠졌다. 한 연구(박명호·박찬열 2020)에 따르면 지난 30년(1990~2017) 동안 행복의 물질적 기반으로서 가장 중요한 요소라고 할 수 있는 소득은 OECD 국가 중에서 28위에서 20위로 상승했지만 행복 수준은 31개국 중 23위로 변화가 없었다. 실제로 OECD가 발표한 삶의 질 보고서("How's Life? 2020")에 따르면 갤럽 조사를 활용하여 분석한 주관적 삶의 만족도는 조사가 시작된 2011년에는 10점 만점에 6.1점을 얻어 26위였다. 하지만 2020년 자료에 따르면 터키에 이어서 두 번째로 만족도가 낮은 국가로 나타났다.

둘째, 한국 사람들은 삶의 질에 대한 주관적 평가와 관련하여 객관적 지표로 나타나는 것보다 더 부정적인 인식을 가지고 있는 것으로 드러났다. 2019년 한국의 GDP 순위는 OECD 38개 회원국 중 10위(1조 6421억 8000만 달러)를 차지했다. 또한 유엔이 개발한 인간 개발 지수(Human Index, UN 2020) 순위는 룩셈부르크, 이스라엘에 이어서 22위였다. 하지만 2020년 한국인들의 삶의 질의 순위는 OECD 국가 중에서 터키에 이어서 두 번째로 낮았다.

그렇다면 무엇이 한국 사람들의 삶의 만족도를 결정하는가? 이 문제의 중요성에도 불구하고 한국 사람들의 삶의 만족도 결정 요인에 대한 경쟁 모델을 통합적으로 분석한 연구는 매우 적다(강성진 2010; 김재우 2019). 이 글은 앞선 연구에 기반을 두어 도출된 사회적 지위 모델, 사회 이동성 모델과 함께 제도 신뢰 모델의 영향력에 주목하여 한국 사람들의 삶의 만족도 결정 요인을 분석한다. 이 글이 삶의 만족도 결정 요인으로서 제도 신뢰에 주목하는 이유는 두 가지이다. 먼저, 민주화 이후 30년이 지났지만 민주주의의 근간인 제도에 대한 시민들의 신뢰는 여전히 매우 낮은 수준이다. ABS의 가장 최근 조사인 4차 조사에 따르면 정부, 의회, 정당에 대한 신뢰는 각각 29.97%, 12.50%, 15.86%에 그쳤다. 둘째, 한국 사람들은 공정성을 결과의 평등보다는 기회의 균등 차원에서 바라보고 있다(한국리서치/정한울 2018). 기회의 균등을 강조하는 사람들의 경우 자신의 의지와 노력과는 독립적으로 결정되는 운과 배경이 아니라 공정한 출발을 보장해 주는 제도적 조건에 대한 평가가 전체적인 삶의 만족도를 결정하는 데 중요한 요소일 것이다. 특히 사회 신뢰가 제도 신뢰와 삶의 만족도 사이의 관계에 영향을 미치는 조절 효과를 분석한다. 대인 신뢰를 가진 경우 제도 신뢰 변수가 삶의 만족도에 미치는 영향이 줄어들 수 있지만 대인 불신을 가진 경우 역으로 영향이 커질 수 있다.

이 장은 최근에 이루어진 WVS 7차 조사 중 한국을 대상으로 한 자료를 활용하여 무엇이 시민들의 삶의 만족도를 결정하는지를 실증 분석하는 것이 목적이다. 이 장은 다음과 같이 구성된다. 먼저, 앞선 연구에 기반을 두어 이론적 분석틀을 도출하고 이를 기반으로 실증 분석을 위한 연구 설계를 논의한다. 이어서 실증 분석 결과와 해석을 제시한 다음, 마지막으로 실증 분석에서 확인된 발견의 함의와 향후 연구를 위한 제언을 논의하면서 글을 마무리한다.

이론적 분석틀

사회적 지위와 삶의 만족도

사회적 지위는 사람들의 삶의 만족을 결정하는가? 사회경제적 지위는 사람들의 감정과 태도에 중요한 영향을 미친다(Manstead 2018). 사회적 지위 모델에서 사회적 지위와 삶의 만족 두 변수 사이의 관계를 예측하는 대표적인 이론은 필요 이론(need theory)과 사회 비교 이론(social comparison theory)이다(Kraus 2018).

먼저, 필요 이론에 따르면 가장 중요한 필요가 충족되지 않은 결핍의 상황에서는 삶의 만족도가 낮을 수밖에 없다. 하지만 필요의 결핍이 해소되면서 필요의 충족이 삶의 만족에 미치는 영향은 감소한다. 사회적 지위를 측정하는 가장 중요한 변수인 소득이 행복에 미치는 영향의 역설을 분석한 이스털린(Easterlin 1974, 2001)의 연구가 대표적이다. 이스털린은 자신의 고전적인 초기 연구(1974)에서 개인적 수준에서 발견할 수 있는 소득과 행복 사이의 긍정적인 관계는 국가 간 장기적인 추세 분석과 여러 나라를 포괄하는 국가 간 연구에서는 사라진다는 것을 밝혀냈다. 그는 후기 저작(2001)에서 개인적 수준에서 물질적 조건과 행복과의 관계를 규명했다. 그의 분석에 따르면 생애 주기에 따른 물질적 열망(material aspirations)의 변화는 소득과 주관적 웰빙(wellbeing) 사이의 역설적인 관계를 보여 준다. 초기에는 물질적 열망이 비슷하지만 소득의 증가와 함께 물질적 열망도 증가한다. 따라서 소득의 증가가 반드시 주관적 웰빙(subjective wellbeing, SWB)의 증가로 이어지지는 않는다. 이 문제와 관련한 연구들은 사회적 지위와 삶의 만족도 또는 행복 사이에는 매우 약한 인과관계가 있다는 것을 발견했다(Diener et al. 1999; Kasser and Ryan 1993).

두 번째 이론은 사회 비교 이론에 기반을 두고 있다. 사람들은 누구나 자신의 상황을 내외적인 기준(internal reference or external reference)에 따라서 다른 사람의 상황과 비교하는 경향이 있다. 다수의 연구에서 객관적인 사회적 지위보다 주관적인 사회적 지위가 SWB에 더 큰 영향을 미친다는 것을 확인했다. 탠(Tan 2016)의 334개 연구를 포괄하는 광범한 메타 분석에 따르면 주관적인 사회적 지위가 주관적 만족도에 미치는 영향력(r=.21)은 객관적 사회적 지위의 영향력(r=.11)보다 두 배 가까이 컸다. 앤더슨과 게로(Anderson and Gerro 2016)의 미국 사례를 대상으로 한 분석은 상대적 소득이 개인적 행복과 SWB에 미치는 긍정적인 영향을 확인했다. 미국인들은 자신의 소득이 높다고 판단할수록 행복하다고 느꼈다. 또한 준거집단과 비교하는 것이 중요하다고 생각할수록 덜 행복하다고 느꼈다. 한편, 한국 사례를 대상으로 한 이재완과 백대현(Lee and Back 2016)의 분석은 계층 상승 가능성이 사회 계층과 행복감을 매개하고 있음을 실증적으로 보여 주었다. 자신이 하층에 속한다고 생각하는 사람이라 하더라도 계층 상승에 대한 가능성이 있다고 판단하면 행복하다고 느낄 가능성이 높았다.

이 장에서는 아래의 연구 설계에서 제시하듯이 WVS 7차 조사를 활용하여 사회적 지위를 객관적 지위(가구 월 소득과 비정규직 여부)와 주관적 지위(가구 자산의 사회적 지위에 대한 주관적 평가)로 구분하여 측정한다. 사회적 지위 모델로부터 도출된 가설은 다음과 같다.

- 가설 1: 사회적 지위가 높은 사람들은 그렇지 않은 사람들보다 삶의 만족도가 높을 것이다.
- 가설 1-1: 가구 월 소득이 높을수록 삶의 만족도가 높을 것이다.
- 가설 1-2: 고용 지위가 비정규직인 사람들은 그렇지 않은 사람들보다 삶의 만족도가 낮을 것이다.
- 가설 1-3: 가구 순자산의 사회적 지위가 높다고 인식할수록 삶의 만족도가 높을 것이다.

사회 이동성과 행복

두루 잘 알듯이 한국은 1960년대 본격적인 산업화를 시작한 후 급속한 경제 성장을 이루었고 급격한 사회 변화를 경험했다. 산업화를 시작한 시점인 1960년 한국은 전통적인 농업 중심 사회였다(1차 산업 비중이 83%, 2차 산업이 4.5%, 3차 산업이 12.5%). 하지만 2017년 한국의 산업 구조는 2차 산업(38.01%)과 3차 산업(59.97%) 중심으로 급격하게 변화하였다.[95] 같은 기간 1인당 국민소득은 254달러에서 28,360달러로 급증했다. 교육 성취 또한 두드러졌다. 1980년 고등학교와 고등교육기관 취학률은 각각 48.8%와 11.4%였으나 2017년 각각 93.7%와 67.6%로 급증했다.[96] 고도 성장 시기에는 경제적으로 넉넉하지 않은 사람들도 교육 성취를 징검다리 삼아 계층 상승이 가능했다. 교육이 위대한 균형자(the great equalizer)의 역할을 했던 것이다.

하지만 1997년 경제 위기 이후 경제적 불평등은 심화되었고 사회 이동성은 점점 하락했다. OECD 국가의 사회 이동성을 분석한 연구(OECD 2018)에 따르면 한국은 OECD 국가 중 중간 정도의 소득 불평등을 보이고 있다. 하위 소득 10% 가구가 평균 소득 가구로 상승하는 데 걸리는 시간으로 측정된 소득의 사회 이동성을 살펴보면 한국은 다섯 세대 정도가 걸리는 것으로 추정된다. 이는 OECD 평균인 4.5세대보다 약간 더 긴 기간이다(27쪽, 그림 1.5). 한편 한국의 직업 이동성은 OECD 국가 평균 수준에 있다. 부모가 관리자(managers)인 경우 자식의 절반 정도가 같은 직업을 가진 반면, 부모가 육체노동자(manual workers)인 경우 자식의 25% 이하만 관리직이 되었다. 한국도 이와 비슷했다. 부모가 육체노동자인 경우 40%는 자식도 육체노동자가 되었으며, 관리자가 되는 비율은 네 명

95 https://istans.or.kr/su/newSuTab.do?scode=S111

96 http://www.index.go.kr/potal/stts/idxMain/selectPoSttsIdxSearch.do?idx_cd=1520

에 한 명꼴이었다(OECD 2018: 186~189).

한국의 교육 이동성은 OECD 국가 평균보다 높았다. 한국은 부모가 고등교육을 받은 경우 자식의 3분의 2 이상(71%)이 고등교육을 받았다. 이는 OECD 평균(63%)보다 높은 수치이다. 더구나 부모가 중학교 이하 교육을 받은 경우도 자식의 25% 정도가 고등교육을 받았다. 이는 OECD 평균보다 두 배 정도 높은 수치이다(OECD 2018: 248~254). 문제는 경제 위기 이후 심화된 불평등으로 인하여 교육이 더 이상 위대한 균형자의 역할을 하지 못하고 있다는 것이다.

베이비 붐 세대(1955~1963년 출생자)가 고도성장을 주도하던 시절 한국은 사회 이동성이 높은 역동적인 사회였다. 반면에 베이비 붐 세대의 자녀 세대인 에코 세대(1979~1992년 출생자)는 전혀 다른 환경에 처해 있다. 이들은 연애·결혼·출산을 포기한 3포 세대, 더 나아가 n포 세대로 불리곤 한다. 부모 세대와 자식 세대가 대조적인 사회 이동을 경험한 한국의 경우 사회 이동성이 삶의 만족도에 미치는 영향이 클 것이다.

사회 이동성이 삶의 만족도에 미치는 영향을 분석한 앞선 연구는 사회학과 심리학 분야에서 많이 축적되어 있다. 사회 이동성이 삶의 만족도에 미치는 영향에 대한 이론은 동적 균형 이론(dynamic equilibrium theory)과 사회 비교 이론(social comparison theory) 두 가지로 크게 분류할 수 있다(Zhao et al. 2017). 먼저 동적 균형 이론에 따르면 개인의 행복 수준은 일정한 설정값(set−point)을 가지는 경향이 있다. 환경의 변화 등으로 일시적으로 하락 또는 상승하기도 하지만 적응이나 목적의 변화와 같은 심리적인 기제의 작동으로 시간이 지나면서 설정값 또는 균형으로 복원되는 경향이 크다(Headey and Wearing 1989; Bruce 2006). 동적 균형 이론은 사회 적응 이론(social adaptation)과 맥을 같이한다.

사회 비교 이론은 주관적인 사회적 지위 모델의 중요한 이론적 기반중 하나였다. 사회 이동성과 관련하여 사회 비교 이론은 개인의 행복은 자신이 경험한 사회 이동의 변화에만 의존하지 않는다고 주장한다. 준거 집단(reference group)과 비교한 상대적 사회 이동이 개인의 삶의 만족도에 영향을 미친다. 가정에서는 부모 세대가 개인의 행복을 평가하는 준거가 될 수 있지만 부모 세대보다는 자신과 비슷한 조건에 있는 집단이 실질적으로 더 큰 영향을 미칠 수 있다(Nikolev and Burns 2014).

다수의 앞선 연구들이 세대 간 이동성(intergenerational mobility)과 세대 내 이동성(intra-generational mobility)이 주관적 삶의 만족도에 미치는 영향을 검증했다. 니콜라에프와 번스(Nikolaev and Burns 2014)는 미국 사례를 대상으로 일반사회조사(GSS) 1972~2012년 자료를 활용하여 사회 이동성, 교육 이동성, 소득 이동성 등 세 차원의 세대 간 이동성이 주관적 만족도에 미치는 영향을 분석했다. 그들의 분석에 따르면 세 차원의 세대 간 이동성 하락은 주관적 만족도에 부정적인 영향을 미쳤다. 소득의 상향 이동은 주관적 만족도에 긍정적인 영향을 미쳤다. 소득 이동성 하락의 부정적 효과가 상승의 긍정적 효과보다 컸다.

자오(Zhao et al. 2017) 등은 한국과 유사하게 급속한 경제 발전으로 높은 사회 이동성을 경험한 중국을 대상으로 세대 간 그리고 세대 내 사회 이동성이 주관적 만족도에 미치는 영향을 규명했다. 2006년 일반사회조사 자료를 활용한 그들의 분석에 따르면 세대 간 이동성과 세대 내 이동성의 상승은 중국인들의 삶의 만족도에 긍정적인 영향을 미쳤다. 하지만 이동성의 하락은 세대 내 이동성의 효과와 세대 간 이동성의 효과에서 서로 다른 결과를 낳았다. 육체노동자 계급(manual class)으로의 하락은 세대 간 이동성보다 세대 내 이동성의 경우에 더 부정적인 영향을 끼쳤다.

이 장에서는 WVS 7차 조사를 활용하여 세대 간 이동성과 세대 내 이동성 두 차원으로 나누어 사회 이동성을 측정한다. 세대 간 이동성은 부모 세대와 자신의 소득 비교, 세대 내 이동성은 운과 노력이 성공에 미치는 영향에 대한 평가 변수로 측정한다. 사회 이동성 모델로부터 도출된 가설은 다음과 같다.

- 가설 2-1: 세대 간 이동성이 높다고 인식하는 사람들은 삶의 만족도가 높을 것이다.
- 가설 2-2: 노력을 다하면 결국은 성공할 수 있다고 믿을수록 삶의 만족도가 높을 것이다.

사회 신뢰와 제도 신뢰 모델

삶의 만족도에 영향을 미치는 요인으로서 사회 신뢰와 제도 신뢰 모델을 살펴보기 위해서 먼저 신뢰에 대한 개념을 간단히 살펴보자. 신뢰는 사회과학에서 가장 광범위하게 사용되는 개념 중 하나이다. 하지만 신뢰가 무엇인지에 대해서는 다양한 논의가 있으며 하나의 합의된 개념이 없다(Vigoda–Gadot and Mizrahi 2014). 또한 일반 신뢰(generalized trust), 대인 신뢰(interpersonal trust), 특수화된 신뢰(particularized trust), 제도 신뢰(institutional trust), 정치 신뢰(political trust) 등 다양한 하위 개념이 존재한다.

신뢰에 관한 수많은 앞선 연구를 이곳에서 다 다룰 수는 없다. 대표적인 정의로는 후쿠야마(Fukuyama 1996)의 정의가 있다. 그에 따르면 신뢰는 공통적으로 공유된 규범에 근거하여 공동체 내의 다른 행위자들이 정기적이고 정직하며 협력적인 행위를 할 것이라는 데 대한 기대이다. 합리적 접근법을 따르는 메이어 등(Mayer, Davis and Schoorman 1995: 712)은 신뢰를 상대방의 행동을 완전히 통제할 수 없는 상황에서 발생하는 취약성(vulnerability)까지 감수하는 심리적인 태도로 볼 수 있다고 정의했다. 이와 비슷하게 레비와 스토커(Levi and Stoker 2000)는 신뢰(trust)와 신뢰성(trustworthiness)을 구별하고 신뢰를 관계적인 개념으로 정의했다(trust is relational). 또한 오페(Offe 1999)는 이해관계를 중심으로 신뢰를 정의했다. 그에 따르면 신뢰는 다른 사람이 행위와 무행위를 통해서 나/우리의 이해관계를 높여 주고 해가 되는 행위를 자제할 것이라는 믿음이다(1999: 47).

신뢰에 대한 다양한 하위 개념으로서 사회 신뢰와 정치 신뢰를 어떻게 구분할 수 있을까? 사회 신뢰는 대인 신뢰를 중심으로 한 일반 신뢰(generalized trust)를 나타내며, 제도 신뢰를 중심으로 정의되는 정치 신뢰(political trust)와 구분된다. 일반 신뢰는 보통 사회화 과정을 통해서 형성된다. 세대 간 전승의 사회화 과정을 통해 형성된 사회 신뢰는 일반적으로 지속되는 속성이 있다(Uslaner 2002). 심리학적 접근법은 신뢰를 개성의 가장 중요한 심리적 특성 중 하나로 본다(Glanville and Paxton 2007). 반면에 사회학적 접근법은 신뢰는 사회적 배경 또는 사회적 활동에 의해서 크게 영향을 받는 것으로 해석한다. 개인적 수준의 신뢰에 초점을 맞추는 시각을 상향식 접근법(bottom up approach)이라 할 수 있다. 반면에 개인이 속한 사회와 정치 제도의 특성에 주목하는 시각을 하향식 접근법(top down approach)이라고 한다(Uslaner 2018; Newton, Stolle and Zmerli 2018). 정치 신뢰는 정치 제도에 대한 신뢰 또는 신임(confidence)을 나타낸다(Uslaner 2018: 4).

_ 제도 신뢰 모델

사회적 지위 모델의 필요 이론에서 전제하는 것처럼 개인적 수준에서 삶의 만족을 가져다주는 기본적인 행위는 필요를 충족시키는 것이다(예를 들어, 매슬로우의 욕구 단계 이론(need hierarchy theory, 1974)과 벤호벤의 생존이론(livability theory, 1995)). 사회의 발전과 함께 인간의 교육과 인지 능력은 상승하였고 인간의 욕구는 생존으로부터 자아실현으로 확장되어 왔다(Inglehart and Welzel 2005). 생존을 위한 필요의 충족을 넘어서는 확장된 인간의 욕구는 불평등한 시장 기제의 작동만으로 충족되지 않는다. 따라서 인간은 공적 제도의 작동을 통해서 다양한 욕구가 충족되기를 기대한다. 대표적으로 복지 제공자로서 더 적극적인 정부의 역할에 대한 요구를 들 수 있다. 행복의 정치학이 필요한 이유이다(Alvarez–Diaz et al. 2010).

제도 신뢰가 삶의 만족도에 미치는 영향을 분석한 앞선 연구는 소수에 그친다. 대표적인 최근 연구를 살펴보면 다음과 같다. 먼저, 니콜로바(Nikolova 2016)는 탈공산주의 동유럽 사회와 선진 민주주의 국가 사이의 삶의 만족도 차이를 설명하는 요인으로서 정치 제도의 역할을 규명했다. 그의 분석에 따르면 비록 거시 경제적 변수의 영향력이 더 컸지만 거시 경제적 변수와 법의 지배 변수가 두 집단에서 나타나는 삶의 만족도 차이를 설명하는 요소였다. 특히 법의 지배는 1990년대 두 집단의 차이를 설명하는 변수였다. 한편, 푸(Fu 2018)는 중국을 사례로 경제 성장이 정치 신뢰와 어떻게 상호작용하면서 주민들의 행복도에 영향을 미치는지 실증 분석했다. 그의 다층 분석에 따르면 집합 수준에서 국내총생산 성장률은 정치 신뢰 수준에 긍정적인 영향을 미쳤다. 특히 경제적 약자의 정치 신뢰 향상에 기여했다. 정치 신뢰도가 높은 지역에 사는 주민들은 행복도 역시 높았다.

- 가설 3: 제도 신뢰가 높을수록 삶의 만족도가 높을 것이다.

_ 사회 신뢰 모델

사회 신뢰는 사회적 자본의 중요한 요소로서 시민들의 행복과 삶의 만족도에 직간접적인 영향을 미친다. 다수의 앞선 연구에서 사회 신뢰가 행복에 미치는 영향을 확인했다. 헬리웰과 퍼트넘(Helliwell and Putnam 2004)의 세계가치조사와 미국 그리고 캐나다의 여론조사 자료를 활용한 연구는 SWB의 사회적 기반을 확인하였다. 그들의 분석 결과는 신뢰가 결혼, 이웃, 직장, 시민적 연계와 함께 개인의 삶의 만족도에 직접적인 영향을 미치고, 건강을 통해 간접적인 영향을 미친다는 것을 입증했다. 또한 헬리웰과 왕(Helliwell and Wang 2010)의 분석은 신뢰할 만한 환경에 있는 사람들이 더 높은 SWB를 보인다는 것을 확인했다. 구체적으로 직장에서 동료를 신뢰하는 사람들은 그렇지 않은 사람들에 비해서 7%, 이웃을 신뢰하는 사람들은 그렇지 않은 사람들에 비해서 5% 높은 SWB를 보였다. 또한 공동체에 강한 소속감을 가진 사람들은 11% 높은 만족감을 나타냈다. 글래츠와 에더(Glatz and Eder 2020)는 유럽사회조사 2002~2016을 활용하여 신뢰가 SWB에 미치는 영향의 장기적 추세를 추적하였다. 그들의 실증 분석은 사회 신뢰가 SWB에 미치는 긍정적인 영향을 확인하였다. 이 영향은 개인적 횡단면 분석과 종단 분석에서 모두 확인할 수 있었다. 한편 제도 신뢰는 개인적 수준과 집합적 수준에서 SWB에 긍정적인 영향을 미쳤지만 종단 분석에서는 그 영향을 확인할 수 없었다. 바르톨리니 등(Bartolini, Mikucka and Sarracino 2017)은 유럽사회조사를 활용하여 이행기 국가 9곳을 대상으로 국내총생산(GDP)과 사회 신뢰가 SWB에 어떠한 영향을 미치는지 분석했다. 그들의 시계열 분석에 따르면 단기적으로는 경제적 변수(GDP)가 SWB와 밀접하게 연관되어 있었지만 중기적으로 볼 때(in the medium term)는 사회 신뢰가 더 큰 영향을 미치는 것으로 나타났다.

_ 대인 신뢰의 조절 효과

이 장에서는 대인 신뢰가 제도 신뢰와 삶의 만족도 사이의 관계에 미치는 조절 효과에 주목한다. 제도 신뢰 모델의 예측과 마찬가지로 다른 조건이 일정하다면 제도 신뢰가 높을수록 삶의 만족도가 높을 것이다. 역으로 제도를 불신할수록 삶의 만족도가 낮을 것이다. 사회 신뢰가 두 변수 사이의 관계에 영향을 미칠 수 있다. 타인에 대해서 신뢰를 가지고 있는 사람들의 경우에는 제도 신뢰 변수가 삶의 만족도에 미치는 영향이 감소될 것이다. 반면에 타인에 대해서 불신을 가지고 있는 경우에는 제도 신뢰 변수가 삶의 만족도에 미치는 영향이 강화될 것이다.

사회 신뢰가 다른 영향변수와 삶의 만족도 사이를 매개하는 역할을 분석한 선행 연구는 매우 적다. 넓게 보아 사회자본 관련 변수의 매개 효과를 분석한 최근 연구를 살펴보면 다음과 같다. 먼저, 장과 동료들(Zhang, Xu and Hou 2018)의 최근 연구는 중국 농민을 대상으로 사람들 사이의 상호작용(interpersonal interaction)이 사회적 네트워크와 주관적 삶의 만족도를 매개하는 과정을 분석했다. 그들의 실증 분석에 따르면 잘 발달된 사회적 네트워크 속에 있는 농민들은 그들의 사회심리적 요구를 충족시킬 수 있는 효과적인 대인 상호작용을 하는 경향이 있으며 이러한 관계가 삶의 만족을 향상시켰다.

- 가설 4-1: 다른 사람을 신뢰할수록 제도 신뢰가 삶의 만족도에 미치는 영향이 감소할 것이다.
- 가설 4-2: 다른 사람을 불신할수록 제도 신뢰가 삶의 만족도에 미치는 영향이 커질 것이다.

연구 설계

이 장에서 실증 분석에 사용한 자료는 WVS 7차 조사 중 한국 자료이다. 이 조사는 '한국인의 삶과 가치 변화에 대한 조사'로서, 2017년 12월 24일부터 2018년 1월 16일까지 전국 18세 이상 성인 남녀 1,245명을 대상으로 실시되었다. 대인 면접 조사 방법을 사용하였으며 광역자치단체별로 성, 연령을 고려한 비례 할당 표본 추출의 표집 방법이 적용되었다.

이 장의 실증 분석에 사용된 종속변수는 삶의 만족도이다. 이 변수는 "모든 것을 고려하였을 때 귀하는 현재 삶에 대해서 어느 정도 만족하고 계십니까?"라는 문항에 기반을 두어 측정되었다. 이 변수의 응답 범주는 10점 척도(1점: 대단히 불만족스럽다~10점: 매우 만족한다)로 구성되었다.

앞선 이론적 논의에 기반을 두어 세 가지 독립변수와 조절변인이 도출되었다. 첫째, 사회적 지위 모델은 가구 월 순소득, 고용 지위, 가구 자산의 주관적 평가 등 세 변수를 통해서 측정되었다. 가구 소득과 고용 지위는 사회적 지위의 객관적 조건을 측정하며 가구 자산의 주관적 평가는 사회적 지위의 주관적 평가를 측정한다. 가구 소득은 응답자를 포함한 가구 구성원 전체의 한 달 평균 순수입을 직접 묻는 다음 문항에 기반을 두어 측정되었다. "귀하를 포함한 가구원 전체의 한 달 평균 수입은 현재 얼마입니까? 세금과 4대 보험을 제외한 실수령액." 고용 상태 변수는 응답자의 고용 상태를 묻는 문항에 대한 응답자의 대답을 기반으로 측정되었다. 응답 범주(정규직 임금 근로자, 비정규직 임금 근로자, 고용원을 두고 있는 자영업자, 고용원이 없는 1인 자영업자, 무급 가족 종사자) 중에서 비정규직 임금 근로자를 대상으로 가변수를 도출하여 구성하였다. 가구 순자산에 대한 주관적 평가 변수는 "귀하의 가구 순자산(총자산−총부채)은 현재 우리 사회에서 어느 수준이라고 생각하십니까?"라는 문항을 토대로 측정되었다. 응답 범주는 10점 척도(1점: 하위 계층~10점: 상위 계층)로 구성되었다.

둘째, 사회 이동성 모델은 세대 간 이동성과 세대 내 이동성 두 차원으로 측정되었다. 세대 간 이동성은 "현재의 귀하의 생활 수준과 부모님이 현재 귀하의 나이였을 때의 생활 수준을 비교했을 때 어떻다고 생각하십니까?"라는 문항을 통해서 측정하였다. 원자료는 3점 척도(1점: 좋아졌다, 2점: 비슷하다, 3점: 나빠졌다)로 구성되었으나 실증 분석에서는 거꾸로 코딩하였다(1점: 나빠졌다, 2점: 비슷하다, 3점: 좋아졌다). 세대 내 이동성은 운과 노력이 성공에 미치는 영향변수를 통해서 측정하였다. 이 변수는 10점 척도로서 원자료에서는 "1점: 열심히 일하면 결국 잘살게 된다~10점: 열심히 일하는 것보다 운과 배경이 좋아야 한다"로 구성되었으나 해석의 일관성을 위해서 실증 분석에서는 거꾸로 코딩하였다.

셋째, 제도 신뢰 모델을 측정하는 제도 신뢰 변수는 정부, 의회, 정당, 법원, 경찰, 공무원에 대한 신뢰를 합하여 도출하였다. 민주주의를 구성하는 여섯 가지 중심에 대한 신뢰를 합한 다음 6으로 나누어서 제도 신뢰 변수를 구성했다. 원자료에서 각 변수는 모두 4점 척도(1점: 매우 신뢰한다~4점: 전혀 신뢰하지 않는다)로 구성되었다. 실증 분석에서는 거꾸로 다시 코딩했다(1점: 전혀 신뢰하지 않는다~4점: 매우 신뢰한다).

조절변인은 대인 불신과 대인 신뢰 변수이다. 대인 신뢰 변수와 대인 불신 변수는 "귀하는 일반적으로 사람들을 믿을 수 있다고 생각하십니까? 아니면 인간관계에서 조심해야 한다고 생각하십니까?"라는 문항에 기반을 두어 측정되었다. 대인 신뢰 변수는 "대부분 믿을 수 있다."라고 답한 응답자를 대상으로 가변수를 도출하여 구성되었다(1점: 대부분 믿을 수 있다, 0점: 그 외). 같은 방식으로 대인 불신 변수는 "조심해야 한다."라고 답한 응답자를 대상으로 가변수를 도출하여 구성되었다(1점: 조심해야 한다, 0점: 그 외).

누락 변수 편향(omitted variable bias)을 최소화하기 위해서 다양한 통제변수가 실증 분석에 추가되었다. 먼저, 정치 이념 변수는 응답자의 정치 이념을 묻는 문항을 통해서 측정하였다. 이 변수를 측정하기 위해 사용한 문항은 "우리 사회에서 진보와 보수를 구별한다고 할 때, 귀하께서는 어디에 속하십니까?"이다. 응답 범주는 10점 척도(1점: 진보~10점: 보수)로 구성되었다.

둘째, 종교 활동 빈도 변수는 "귀하는 종교 행사와 예식에 얼마나 자주 참석하십니까?"라는 문항을 통해서 측정되었다. 원자료는 7점 척도(1점: 일주일에 한 번 이상~7점: 전혀 참석하지 않는다)로 구성되었지만 실증 분석에서는 거꾸로 코딩했다(1점: 전혀 참석하지 않는다~7점: 일주일에 한 번 이상).

셋째, 연령, 교육, 결혼 여부, 성별과 같은 기본적인 사회인구학 변수가 추가되었다. 연령은 18~88세의 범위로 구성되었고 성별은 남성(1점)을 기준으로 구성되었다. 결혼 여부는 결혼을 기준(1점: 기혼, 0점: 그 외)으로 하고 교육은 9급간(1점: 교육받은 적이 없다~9점: 대학원 박사 졸업)으로 측정되었다.

분석 결과

[표 9-1]은 주요 변수들 사이의 상관관계 분석 결과를 제시한다. 주요 변수들 사이에 두드러진 상관관계는 발견되지 않았다. 가장 높은 상관관계는 가구 소득과 가구 자산 지위 변수 사이에 나타난 0.3800이었다. 이 글에서 주목하는 조절 효과(moderating effect)는 독립변인이 종속변인에 미치는 영향의 크기가 제3의 다른 변인에 의해서 영향을 받는 것을 나타낸다. 실증 분석에서는 제도 신뢰 변수와 대인 신뢰 변수 그리고 대인 불신 변수의 상호작용 항을 통해서 조절 효과를 측정하였다. 상호작용 항을 만드는 경우 원래의 독립변인과 상호작용 사이에 다중 공선성이 존재할 수 있다. 대인 불신과 대인 신뢰 그리고 제도 신뢰와의 상호작용 항의 상관관계는 예상대로 매우 높았다(대인 신뢰와 제도 신뢰×대인 신뢰 0.9403, 대인 불신과 제도 신뢰×대인 신뢰 0.9608). 이를 해소하는 대표적인 방식은 평균 중심화(mean centering)이다(Hyaes, Glynn and Huge 2008). 이 글에서는 제도 신뢰 변수, 대인 신뢰 변수, 대인 불신 변수를 대상으로 평균 중심화를 실시했다. 평균 중심화 이후 주요 변수들 사이의 분산 팽창 지수(VIF)는 1.5 이하로 나타나 변수들 사이의 다중 공선성은 존재하지 않는 것으로 판단된다.

표 9-1 주요 변수들 사이의 상관관계

변수	가구 소득	비정규직	가구 자산 지위	세대 간 이동성	운과 노력의 역할	제도 신뢰	대인 신뢰	대인 불신
가구 소득	------							
비정규직	−0.079**	------						
가구 자산 지위	0.3800***	−0.0847**	------					
세대 간 이동성	0.0740	−0.0148	0.0601	------				
운과 노력의 역할	−0.0239	0.0228	−0.1016***	0.1061***	------			
제도 신뢰	0.0193	−0.0308	0.0715	0.009	−0.0202	------		
대인 신뢰	0.0350	0.0171	0.1076***	0.1413***	0.0711	0.0626	------	
대인 불신	−0.0350	−0.0171	0.1076***	−0.1413***	−0.0711	−0.0626	−0.0626	-----

참고: **p≤0.05; ***p≤0.001

[표 9-2]는 WVS 7차 조사(한국)를 활용하여 한국 사람들의 삶의 만족도를 결정하는 요인을 실증 분석한 결과를 제시한다. 실증 분석에서 〈모델 1〉~〈모델 4〉가 검증되었다. 〈모델 1〉과 〈모델 3〉은 각각 대인 신뢰 변수와 대인 불신 변수만 실증 분석에 포함되었고 조절 효과를 검증하기 위한 제도변수와의 상호작용 항은 포함되지 않았다. 반면 〈모델 2〉는 제도 신뢰 변수와 대인 신뢰 변수의 상호작용 항이 포함되었고 〈모델 4〉는 제도 신뢰 변수와 대인 불신 변수의 상호작용 항이 포함되었다. 〈모델 1〉의 결과와 〈모델 2〉의 결과 그리고 〈모델 3〉의 결과와 〈모델 4〉의 결과를 비교 분석함으로써 대인 신뢰/불신 변수의 조절 효과를 확인할 수 있다.

앞선 이론적 분석에 따라서 삶의 만족도를 결정하는 영향변수 모형으

표 9-2 삶의 만족도 결정 요인 분석 결과

	모델 1		모델 2		모델 3		모델 4	
	계수(표준오차)	베타	계수(표준오차)	베타	계수(표준오차)	베타	계수(표준오차)	베타
가구 소득	0.000(0.000)**	0.066	0.001(0.000)**	0.070	0.000(0.002)***	0.066	0.000(0.000)**	0.070
비정규직	−0.025(0.119)	−0.006	−0.013(0.118)	−0.003	−0.025(0.119)	−0.006	−0.013(0.118)	−0.003
가구 자산 순위	0.073(0.027)**	0.081	0.070(0.027)**	0.078	0.073(0.027)**	0.081	0.070(0.027)**	0.078
세대 간 이동성	0.283(0.057)***	0.140	0.284(0.057)***	0.140	0.283(0.057)***	0.140	0.284(0.057)***	0.140
운과 노력의 역할	0.040(0.019)**	0.060	0.040(0.019)**	0.060	0.040(0.019)**	0.034	0.040(0.019)**	0.060
제도 신뢰	0.369(0.071)***	0.146	0.375(0.071)***	0.148	0.369(0.071)***	0.146	0.375(0.071)***	0.148
대인 신뢰	0.114(0.076)	0.042	0.122(0.076)	0.045	----------	----	----------	----
제도 신뢰 × 대인 신뢰	----------	----	−0.376(0.148)**	−0.071	----------	----	----------	----
대인 불신	----------	----	----------	----	−0.114(0.076)	−0.042	0.122(0.076)	0.045
제도 신뢰 × 대인 신뢰	----------	----	----------	----	----------	----	0.376(0.148)**	−0.071
정치 이념	0.022(0.014)	0.048	0.022(0.014)	0.048	0.022(0.014)	0.048	0.022(0.014)	0.046
종교 생활 빈도	0.032(0.017)	0.056	0.034(0.017)**	0.058	0.032(0.017)	0.056	0.034(0.017)**	0.058
교육	0.051(0.027)	0.061	0.054(0.027)**	0.069	0.051(0.027)	0.064	0.054(0.027)**	0.069
연령	−0.006(0.003)	−0.071	−0.005(0.003)	−0.068	−0.006(0.003)	−0.071	−0.005(0.003)	−0.068
기혼	0.329(0.103)**	0.116	0.321(0.103)**	0.113	0.032(0.103)**	0.116	0.321(0.103)**	0.113
성별(남자)	0.067(0.074)	0.026	0.067(0.073)	0.026	0.067(0.074)	0.026	0.067(0.073)	0.026
상수	5.050(0.322)***	----	4.107(0.360)***	----	5.050(0.322)***	----	5.041(0.321)	----
사례 수	1,168		1,168		1,168		1,168	
R-squared	0.1043		0.1093		0.1043		0.1093	

출처: WVS 7차(한국)
참고: **p≤0.05; ***p≤0.001

로서 세 가지 분석틀(사회적 지위 모델, 사회 이동성 모델, 제도 신뢰 모델)과 조절변수(사회 신뢰)의 영향력이 검증되었다. [표 9-2]가 제시하는 분석 결과는 이 장의 이론적 예측과 주장을 대체적으로 확증해 준다. 먼저, 사회적 지위 모델의 분석 결과를 살펴보자. 사회적 지위 모델은 가구 소득, 비정규직 여부, 가구 순자산 순위 세 변수를 통해서 측정되었다. 가구 소득과 비정규직 여부 변수는 사회적 지위의 객관적 위치를 측정하는 변수이다. 반면에 가구 자산 순위 변수는 주관적 평가를 측정하는 변수이다. 가구 소득과 가구 순자산 순위 두 변수 모두 한국 사람들의 삶의 만족도에 중요한 영향을 미치는 변수였다. 하지만 비정규직 여부는 삶의 만족도와 유의미한 관련이 없는 것으로 나타났다. 이 분석 결과를 토대로 가설 1-1과 가설 1-3은 입증되었고 가설 1-2는 기각되었다. 이 장의 분석 결과는 한국을 대상으로 한 앞선 연구 중 일부와 맥을 같이한다. 이연경·이승종(2017)의 연구에서도 분석 결과 객관적 계층 의식과 주관적 계층 의식 모두 행복에 유의미한 영향을 미쳤다. 김재우(2019)의 연구 또한 주관적 계층 의식이 삶의 만족도에 독립적인 영향을 미친다는 것을 확인했다.

둘째, 사회 이동성 모델의 영향력을 분석해 보자. 사회 이동성은 부모 세대와 비교 변수를 통해서 측정된 세대 간 이동성과, 운과 노력이 성공에 미치는 영향에 대한 인식을 통해서 측정된 세대 내 이동성 두 차원으로 확인되었다. 두 변수 모두 한국 사람들의 삶에 중요한 영향을 미치는 변수였다. 다른 조건이 일정할 때 한국 사람들은 자신의 현재 생활 수준이 부모 세대보다 좋아졌다고 인식할수록 삶에 대해 만족하고 있었다. 또한 열심히 일하면 결국은 잘살게 될 것이라 믿을수록 삶에 대한 만족도가 높았다. 이로써 가설 2-1과 가설 2-2가 입증되었다. 한국을 대상으로 한 앞선 연구에서 사회 이동성과 삶의 만족도 사이의 직접적인 관계를 규명한 연구는 찾아보기 어렵다. 이 장의 분석 결과는 앞서 간단히 소개한 미국을 사례로 한 니콜라에프와 번스(Nikolaev and Burns 2014), 중국을 대상으로 한 자오 등(Zhao et al. 2017)의 연구와 맥을 같이한다.

셋째, 제도 신뢰 모델은 〈모델 3〉의 예측대로 다른 경쟁 모델을 적절히 통제하고 나서도 한국 사람들의 삶의 만족도에 독립적인 영향을 미치는 요인으로 확인되었다. 다른 조건이 일정하다면 한국 민주주의를 구성하는 주요 제도에 대해서 신뢰를 가진 사람은 그렇지 않은 사람보다 삶의 만족도가 높았다. 특히 계수의 크기(beta)를 고려할 때 제도 신뢰 변수가 한국 사람들의 삶의 만족도에 가장 큰 영향을 미치는 변수로 확인되었다.

삶의 이동성 모델에서 검증한 것처럼 삶의 성취가 운이나 배경과 같이 자신이 통제할 수 없는 요소가 아니라 자신의 노력과 업적에 의해서 결정된다는 믿음이 삶의 만족도에 중요한 요소이다. 따라서 노력과 업적이 제대로 평가받고 반영되는 제도의 공정성에 대한 믿음과 신뢰가 삶의 만족에 영향을 미칠 것이다. 앞서 간단히 살펴본 바와 같이 제도 신뢰는 민주화 30여 년 동안 개선되지 않았다. 실제로 한국 사회에서 최근 화두로 부상한 공정성 논란은 로스쿨 음서제 논란, 대학 입시 학생부종합전형을 둘러싼 부모 찬스 논란, 공공 부문 비정규직 정규직화 논란 등 제도의 작동에 대한 신뢰를 둘러싼 논쟁으로 나타났다. 이 장의 분석 결과는 이러한 논쟁이 삶의 만족도에까지 영향을 미칠 수 있다는 것을 확인했다.

넷째, 이 장은 대인 신뢰 변수와 대인 불신 변수가 제도 신뢰를 통해서 삶의 만족도에 조절효과를 미친다고 예상했다. [표 9-2]에서 제시된 분석 결과는 대인 신뢰와 대인 불신 변수가 예상대로 조절 효과를 미친다는 것을 확인시켜 준다. 상호작용 항이 포함되지 않은 〈모델 1〉과 〈모델 3〉에서 대인 신뢰 변수와 대인 불신 변수는 각각 한국 사람들의 삶의 만족도에 유의미한 영향을 미치지 않았다. 반면에 상호작용 항이 포함된 〈모델 2〉와 〈모델 4〉에서 제도 신뢰와 대인 신뢰(모델 2) 그리고 제도 신뢰와 대인 불신(모델 4) 변수의 상호작용 항은 각각 삶의 만족도에 유의미한 영향을 미치는 변수로 확인되었다. 이 분석 결과를 토대로 대인 신뢰 변수와 대인 불신 변수의 조절 효과를 예측한 가설 4-1과 가설 4-2

는 입증되었다.

다섯째, 통제변수 중에서도 삶의 만족도를 결정하는 데 유의미한 영향을 미치는 변수들이 있었다. 교육 변수는 상호작용 항이 포함된 〈모델 2〉와 〈모델 4〉에서 한국 사람들의 삶의 만족도에 중요한 영향을 미치는 변수로 나타났다. 높은 수준의 교육을 받은 사람들은 그렇지 않은 사람들에 비해서 삶의 만족도가 높았다. 또한 종교 생활 빈도 변수가 〈모델 2〉와 〈모델 4〉에서 삶의 만족도에 유의미한 영향변수로 확인되었다. 다른 조건이 일정할 때 종교 생활을 많이 할수록 삶의 만족도가 높아지는 것으로 나타났다. 앞선 일부 연구(전성표 2011)에서 제시한 것처럼 영향력의 크기는 그다지 높지 않았다. 결혼 여부도 삶의 만족도와 중요한 관련이 있었다. 결혼한 사람들은 그렇지 않은 사람들에 비해서 삶의 만족도가 높았다. 반면에 정치 이념과 연령 변수는 한국 사람들의 삶의 만족도에 중요한 영향을 미치지 않는 것으로 나타났다.

정치경제적 발전에도 불구하고 왜 한국 사람들의 삶의 만족도는 개선되지 않는가? 무엇이 한국 사람들의 삶의 만족도를 결정하는가? 이 문제에 답하기 위해서 이 장에서는 앞선 연구에 기반을 두어 도출된 사회적 지위 모델과 사회 이동성 모델에 더하여 제도 신뢰의 영향력을 검증했다. 또한 대인 신뢰 변수가 제도 신뢰가 삶의 만족도에 미치는 영향을 조절하는 효과에 주목했다.

WVS 7차 조사(한국)를 활용하여 분석한 이 연구의 주요 발견을 요약하면 다음과 같다. 먼저, 한국 사람들의 삶의 만족도 결정 요인은 다차원적이었다. 사회적 지위 모델, 사회 이동성 모델, 그리고 제도 신뢰 모델 모두 한국 사람들의 삶의 만족도를 결정하는 요인으로 유의미한 영향을 미쳤다. 다차원적인 삶의 만족도 결정 요인은 한국 사회의 발전 경로를 반영하는 결과이다. 한국 사회는 세계 10위권의 경제 대국으로 성장했지만 이 과정에서 소득 불평등과 자산 불평등이 매우 커졌다. 고도성장 시기 계층 상승이 가능한 열린 사회였던 한국 사회는 부와 학력이 대물림되는 사회로 변모하였다. 민주화 이후 한 세대가 지나는 동안 한국의 민주주의는 (최소한) 제도적인 안정성 차원에서는 매우 성공적인 사례로 부상했다. 하지만 역설적이게도 민주주의가 안정적으로 제도화되는 동안 민주주의의 핵심 기둥인 제도에 대한 신뢰는 나아지지 않았다. 이 글의 분석 결과는 한국 사회의 역동적인 변화 과정이 한국 사람들의 삶의 만족도 인식에 녹아 들어가 있다는 것을 시사한다.

둘째, 이 장의 분석 결과는 한국 사람들의 삶의 결정 요인으로서 주관적 인식의 중요성을 다시 한번 확인해 주었다. 사회적 지위 모델에서 소득 변수 그리고 통제변수에서 결혼 유무가 삶의 만족도에 유의미한 영향을 미쳤다. 그럼에도 불구하고 영향력의 큰 결정 요인은 제도 신뢰 변수, 사회 이동성 변수, 자산의 주관적 지위와 같은 주관적 평가 변수였다. 앞서 간단히 살펴보았지만 삶의 질을 나타내는 객관적 지표(HDI 지수 22위)에 비해서 한국인들의 삶의 만족도는 상당히 낮은 편이다(OECD 국가 중 최하위권). 기회 균등 인식(권혁용 외 2016)과 사회 이동성(OECD 2018) 같은 구체적인 영역에서도 그 차는 두드러진다. 객관적 지표 또는 지위보다 과대 대표된 주관적 인식의 결정 요인에 대한 분석은 후속 연구로서 흥미로운 주제이다(송한나 외 2013).

셋째, 이 장의 분석 결과는 민주주의를 구성하는 핵심적인 제도에 대한 신뢰가 구성원들의 삶의 만족도에 중요한 요소임을 규명하였다. 앞선 연구에서 제도 신뢰의 다양한 차원을 많이 다뤘지만 제도 신뢰의 결과에 대한 분석은 상대적으로 매우 적었다(Zmeri and Tom 2017). 이 글의 분석 결과는 앞선 연구의 빠진 부분을 나름대로 보충했다는 의미가 있다.

넷째, 이 장의 분석 결과는 앞선 연구에서 주목하지 않았던 사회 신뢰의 조절 효과를 확인시켜 주었다. 다수의 여론조사와 앞선 연구에 따르면 한국 사회의 대인 신뢰는 국제적으로 볼 때 낮다(박준 외 2019). 사회 신뢰가 삶의 만족도에 직접적으로 유의미한 영향을 미치지는 않지만 제도 신뢰가 삶의 만족도에 미치는 영향력을 조절하는 효과가 있었다. 다른 사람에 대한 신뢰가 있는 경우 제도 신뢰가 삶의 만족도에 미치는 부정적인 영향을 감소시켰다.

마지막으로, 이 장의 분석은 한편으로는 분석의 초점과 지면의 제약으로 인해서, 다른 한편으로는 자료의 제약으로 인해서 중요한 주제를 다루지 못한 한계가 있다. 이 글이 주목했던 제도 신뢰 변수가 한국 사람들의 상대적으로 낮은 삶의 만족도에 중요한 영향을 미치는 요인이라면 비교 분석을 통해서 제도 신뢰 변수의 일관된 영향력을 확인할 필요가 있다. 또한 이 글이 발견한 사회 신뢰 변수의 조절 효과가 한국과 비교 가능한 다른 사례에서 나타나는지를 후속 연구에서 규명하는 것은 흥미로운 작업이 될 것이다.

참고문헌

국내 문헌

강성진, 2011, 「한국인의 생활만족도 결정요인 연구」, 『경제학 연구』 58집 1호, 5-36.

강우진·배진석, 2018, 「2018년 교육감 선거의 투표행태 결정요인에 대한 분석」, 『한국과 국제정치』 34권 4호, 89-121.

강우진, 2012, 「한국 민주주의에서 경제적 불평등에 대한 인식의 정치적 효과: 민주주의의 효능성에 대한 효과를 중심으로」, 『한국과 국제정치』 28권 2호, 145-175.

강우진, 2013, 「민주주의에 대한 불만족 결정요인에 대한 연구」, 『한국정당학회보』 12권 3호, 173-202.

강우진, 2016, 「한국 의회불신의 결정요인에 대한 연구: 동아시아 민주주의 국가들과 비교를 중심으로」, 『국제정치연구』 19집 1호, 215-244.

강우진, 2017, 「한국 민주주의에서 공정성에 대한 인식과 민주적 지지」, 『한국과 국제정치』 33권 3호, 33-60.

강우진, 2019a, 「동아시아 민주주의 3국 시민들의 복지 태도 결정 요인에 대한 연구: 아시아 가치와 제도 신뢰의 영향을 중심으로」, 『아시아리뷰』 9권 1호, 317-340.

강우진, 2019b, 『박정희 노스탤지어와 한국 민주주의』, 고려대학교 아세아문제연구소.

강우진·강문구, 2014, 「이명박 정부와 한국 민주주의의 질: 부분체제 접근법을 중심으로」, 『경제와 사회』 통권 제104호, 265-299.

고경환, 2011, 「한국의 사회복지 지출의 현황과 정책과제」, 『보건 복지 Issue』 94호, 1-18.

고세훈, 2007, 『복지한국 미래는 있는가?』, 후마니타스.
곽노현, 2007, 「배임과 특권의 정치」, 『민주법학』 제35호.
곽재성, 2006, 「아르헨티나의 부정부패와 사회적 책임성: '시민의 힘'의 활동을 중심으로」, 『라틴아메리카 연구』 19권 3호, 95–125.
김병규·이곤수, 2009, 「정치경제적 관점에서 본 정부신뢰의 영향요인: 이명박정부에 대한 국민인식을 중심으로」, 『한국행정논집』 21권 3호, 893–915.
김순영, 2008, 「불평등과 한국 민주주의」, 『아세아 연구』 49집 4호, 37–67.
김순영, 2011, 「이명박 정부의 사회복지 정책」, 『현대정치 연구』 4권 1호, 127–152.
김윤섭·남원철, 2011, 「이명박 정부 사회정책의 발전」, 『아세아 연구』 143, 119–152.
김재우, 2019, 「한국인의 주관적 사회계층, 기회공정성 인식, 그리고 삶의 만족도: 성별·연령집단별 매개과정과 조절작용」, 『행정논총』 57권 4호, 97–127.
김정인, 2013, 「워터게이트 사건이 민간인 사찰 사건에 던지는 시사점」, 『시민과 세계』 22호, 212–224.
김종서, 2012, 「이명박 정부 5년의 법, 인권 민주주의」, 『민주법학』 50호, 55–88.
김준형, 2018, 「부모배경에 따른 교육 불평등은 심화되었는가?」, 『교육사회학연구』, 28권 1호, 1–34.
김희삼, 2015, 「사회이동성 복원을 위한 교육정책의 방향」, 『KDI Focus』 통권 제54호.
박경미·손병권·임성학·전진영, 2012, 『한국의 민주주의: 공고화를 넘어 심화로』, 오름.
박명호·박찬열, 2020, 「행복지수를 활용한 한국인의 행복 연구」, 『한국경제포럼』 12권 4호.
박종민, 1991, 「정책산출이 정부신뢰에 주는 영향」, 『한국행정학보』 25권 1호, 291–305.
박종민·배정현, 2011, 「정부신뢰의 원인: 정책결과, 과정 및 산출」, 『정부학연구』 17권 2호, 117–142.
박준·김석호·장수찬, 2019, 『한국의 사회적 자본: 현황 및 확충전략』, 경제·인문사회연구회.
박찬표, 2002, 『한국 의회 정치와 민주주의: 비교 의회론의 시각』, 오름.
박통희, 2010, 「대인신뢰에 대한 가치관과 단체참여의 영향: 어떤 가치관과 단체참여가 사회적 자본을 배태시키나?」, 『한국행정학보』 44권 1호, 67−97.
박희봉·이희창, 2005, 「개인의 가치가 정부신뢰와 정치 효능감에 미치는 영향: 한·중·일 3국의 시민의식비교」, 『한국행정연구』 14집 4호, 3−38.
박효민·김석호, 2015, 「공정성 이론의 다차원성」, 『사회와 이론』 통권 제27호, 219−260.
박희봉·이희창·조연상, 2003, 「우리나라 정부신뢰 특성 및 영향 요인 분석」, 『한국행정학보』 37권 3호, 45−66.
박희봉, 2007, 「지방정부 조직성과에 대한 인적자원관리와 사회자본의 영향분석」, 『한국정책과학회보』 11권 3호, 127−151.
박희봉·이영란, 2012, 「시민문화와 정부정책이 정부신뢰에 미치는 영향」, 『한국행정논집』 24권 4호, 913−936.
배정현, 2012, 「경제성과 대 비경제성과 무엇이 정부신뢰에 더 중요한가?: 아시아로부터의 증거」, 한국행정학회 하계학술발표논문집.
배정현, 2013, 「시민의 가치관과 성향에 따른 정부신뢰: 아시아 국가를 중심으로」, 『행정논총』 51권 3호, 167−197.
보건복지부, 2005, 『참여를 기반으로 한 사회복지 실현』.
송한나·이명진·최샛별, 2013, 「한국 사회의 객관적 계급위치와 주관적 계층의식간 격차 결정요인에 관한 연구」, 『한국인구학』 36권 3호, 97−119.
신상준·이숙종, 2016, 「정부에 대한 공정성 인식이 정부신뢰에 미치는 영향」, 『한국행정학회보』 50권 2호, 1−37.
아담 쉐보르스키·호세 마리아 마라발 외 지음, 안규남·송호창·강중기·박중목·하주영 옮김, 『민주주의와 법의 지배』, 후마니타스.
안소영, 2018, 「탈물질주의적 가치 변화가 정부신뢰에 미치는 영향: 2001년과 2010년의 세계가치조사 결과를 중심으로」, 『OUGHTOPIA』 33권 1호, 69−98.
안승국, 2012, 「아시아에 있어서 정치, 사회적 신뢰와 결사체민주주의」, 『비교민주주의 연구』 8권 1호, 63−86.
양건모·박통희, 2007, 「의사, 약사의 정책과정 참여가 보건복지부에 대한 신뢰에 미치는 영향」, 『한국행정학보』 41권 4호, 357−385.
오창헌, 2002, 「민주주의의 공고화: 개념적·방법론적 고찰」, 『대한정치학회보』 10권 2호, 97−120.

이갑윤, 2008, 「한국인과 일본인의 국회에 대한 태도와 평가 비교」, 『동아연구』 54권, 263–290.

이내영, 2011, 「한국사회 이념갈등의 원인」, 『한국정당학회보』 10권 2호, 251–287.

이병훈, 2017, 「기회 불평등에 대한 국민 인식태도의 인과 분석」, 『한국사회정책』 24권 2호, 157–179.

이승종, 2010, 「정부신뢰에 대한 종교의 영향」, 『한국행정학보』 44권 1호, 99–119.

이연경·이승종, 2017, 「사회계층이 행복에 미치는 영향에 관한 연구: 객관적 계층과 주관적 계층의식을 중심으로」, 『행정논총』 55권 1호, 1–39.

이우진, 2018, 「한국의 소득 및 자산의 불평등: 현황과 과제」, 『정부학 연구』 24권 2호, 29–59.

이현우, 2011, 「한국 민주주의의 질적 향상을 위한 방향: 절차적 민주주의를 넘어서」, 『4·19 정신과 한국 정치 선진화』, 한국국제정치학회, 23–44.

이현우, 2015, 「2014년 지방선거에 세월호 사건이 미친 영향: 정부책임과 정당대응 평가를 중심으로」, 『한국정치학회보』 49집 1호, 247–268.

이희정, 2018, 「청년층 계층인식 변화가 공정성 인식에 미치는 영향 분석」, 『한국 사회학』 52집 3호, 119–164.

임종인·장화식, 2008, 『법률 사무소 김앤장』, 후마니타스.

임혁백, 2009, 「민주화 이후 한국 시민사회의 부활과 지속적 발전: 동원적 시민사회에서 제도적 시민사회로의 전환과 신유목적 시민사회의 출현」, 『OUGHTOPIA』 24권 1호, 137–169.

장근호, 2019, 「BOK 경제연구: 우리나라 고용구조의 특징과 과제」, 『경제 분석』 25권 1호, 66–122.

장상수, 2016, 「벌어지는 틈새: 부모의 사회경제적 지위가 자녀 성적에 미치는 영향의 증가」, 『한국 사회학』 50권 5호, 107–140.

장상수·김상욱·신승배, 2015, 『한국사회의 불평등과 공정성 인식』, 성균관대학교 출판부.

장승진, 2011, 「행복의 정치경제학: 소득 불평등에 대한 인식이 한국인들의 삶의 만족도에 미치는 영향」, 『한국정당학회보』 10권 2호, 43–66.

전성표, 2011, 「종교와 삶의 만족도: 불교, 개신교, 천주교 및 무종교인의 생활만족도 비교」, 『종교와 사회』 3집 1호, 9–38.

전재호, 2000, 『반동적 근대주의자 박정희』, 책세상.
전진영, 2012, 「국회 입법교착의 양상과 원인에 대한 분석」, 『의정연구』 33권, 171-196.
정한울·권혁용, 2009, 「경제가 선거에 미치는 영향: 17대 대선과 18대 총선에서의 경제투표」, 『변화하는 한국 유권자 3』(김민전·이내영 공편), 동아시아연구원.
정한울, 2011, 「주민투표이후 복지정국과 계급정치의 부상」, EAI 여론브리핑 102호, 동아시아연구원.
정한울, 2018, 「한국사회 공정성 인식 보고서」, 한국리서치.
조동기, 2006, 「중산층의 사회인구학적 특성과 주관적 계층의식」, 『한국인구학』 29집 3호, 89-109.
조영훈, 2008, 「참여정부의 복지정책의 성격」, 『사회과학연구』 24집 1호, 213-233.
조진만·임성학, 2008, 「한국 국회의 불신에 영향을 미치는 정치적 요인 분석」, 『정치정보연구』 11권 2호, 213-237.
지병근, 2013, 「한국인의 이념성향과 민주주의 인식」, 『국가전략』 19권 1호, 31-55.
참여연대, 2008, 「이명박 정부의 '능동적 복지'를 우려한다」(2008년 2월 25일).
참여연대, 2017, 「19대 대선 복지·노동 공약 평가」(2017년 4월 21일).
최영묵, 2012, 「조중동방송과 미디어생태계의 '위기'」, 조중동 방송 한달을 말한다 토론회 발표문.
최장집, 2005a, 『민주화 이후의 민주주의』, 후마니타스.
최장집, 2005b, 「한국 민주주의의 취약한 사회경제적 기반」, 『위기의 노동』(최장집 편), 후마니타스.
최장집·박상훈·박찬표, 2006, 『어떤 민주주의인가』, 후마니타스.
최장집·박찬표·박상훈·서복경·박수형, 2013, 『논쟁으로서의 민주주의』, 후마니타스.
한준, 2003, 「민주주의, 제도와 신뢰」, 『신뢰연구』 13권 2호, 19-36.
현대경제연구원, 2017, 『현안과 과제: 계층상승 사다리에 대한 국민인식 설문조사』, 15-29호.
홍성태, 2008, 「촛불집회와 민주주의」, 『경제와사회』 통권 제80호, 10-39.
황현일, 2009, 「IMF이후 자산불평등 추이」, 금속노조정책연구원.
황혜신, 2011, 『공정한 사회와 정부의 역할에 관한 연구』, 한국행정연구원.

국외 문헌

Adams, J. S., 1965, “Inequity in social exchange”, *Advances in experimental social psychology*, L. Berkowitz (ed.) (Vol. 2), New York: Academic Press, 267-299.

Alderson Arthur S. and Tally Katz-Gerro, 2016, “Compared to Whom? Inequality, Social Comparison, and Happiness in the United States”, *Social Forces* 95(1): 25-54.

Alesina, Alberto, and Paola Giuliano, 2015, “Culture and Institutions”, *Journal of Economic Literature* 53(4): 898-994.

Álvarez-Díaz Ángel, Lucas González and Benjamin Radcliff, 2010, “The Politics of Happiness: On the Political Determinants of Quality of Life in the American States”, *Journal of Politics* 72(3): 894-905.

American Political Science Association, 2004, “American Democracy in an Age of Rising”, *APSA Task Report*.

Anderson C. and Guillory C., 1997, “Political Institutions and Satisfaction with Democracy”, *American Political Science Review* 91(1): 66-81.

Anderson Christopher and Yuliya Tverdova, 2003, “Corruption, Political Allegiances, and Attitudes Toward Government in Contemporary Democracies”, *American Journal of Political Science* 47(1): 91-109.

Anderson Elizabeth S., 2009, “Democracy: Instrumental vs. Non-Instrumental Value”, *Contemporary Debates in Political Philosophy*: 213-227.

Anderson, Christopher and A. J. Lotempio, 2002, “Winning Losing and Political Trust in America”, *British Journal of Political Science* 32(2): 335-351.

Anderson, Christopher and Y. V. Tverdova, 2001, “Winners, Losers and Attitudes about Government in Contemporary Democracies”, *International Political Science Review* 22(4): 321-338.

Anderson, Christopher, André Blais, Shaun Bowler, Todd Donovan, and Ola Listhaug, 2005, *Losers' Consent: Elections and Democratic Legitimacy*, UK: Oxford University Press.

Angell Alan, 2010, “Democratic Governance in Chile”, In Mainwaring Scott and Timothy R. Scully (eds.), *Democratic Governance in Latin America*, Stanford: Stanford University Press.

Aristotle, 1999, *Nicomachean Ethics*, translated by Ross. W. D., Batoche Books: Kitchener.

Avelino, George David S. Brown, and Wendy Hunter, 2005, “The Effects of Capital

Mobility, Trade Openness, and Democracy on Social Spending in Latin America, 1980-1999", *American Journal of Political Science* 49(3): 625-641.
Bartels, Larry M., 2008, *Unequal Democracy*, New York: Russell Sage Foundation.
Bartolini, Mikucka and Sarracino, 2017, "Money, Trust and Happiness in Transition Countries: Evidence from Time Series", *Social Indicators Research* 130(1): 87-106.
Benton A., 2012, "Bottom-up challenges to national democracy: Latin America's (legal) subnational authoritarian enclaves, the case of Mexico", *Comparative Politics* 44(3): 253-271.
Bies, R. J., & Moag, J. F., 1986, "Interactional justice: Communication criteria of fairness", In R. J. Lewicki, B. H. Sheppard and M. H. Bazerman (eds.), *Research on Negotiations in Organizations*, Greenwich, CT: JAI Press, 43-55.
Birdsall Nancy, David Ross and Richard Sabot, 1995, "Inequality and Growth Reconsidered", *World Bank Economic Review* 9(3): 477-508.
Bjørnskov, Christian, 2007, "Determinants of Generalized Trust: A Cross-Country Comparison", *Public Choice* 130: 1-21.
Bratton Michael and Robert Mattes, 2001, "Support for Democracy in Africa: Intrinsic or Instrumental?", *British Journal of Political Science* 31(3): 447-474.
Brehm John and Wendy Rahn, 1997, "Individual-Level Evidence for the Causes and Consequences of Social Capital", *American Journal of Political Science* 41(3): 999-1023.
Brown-Iannuzzi, Jazmin, Kristjen B. Lundberg, Aaron C. Kay, and B. Keith Paynel, 2015, "Subjective Status Shapes Political Preferences", *Psychological Science* 26: 1-12.
Carothers, Thomas, 1998, "The Rule of Law Revival", *Foreign Affairs* 77(2): 95-106.
Catterberg, Gabriela and Alejandro Moreno, 2006, "The Individual Bases of Political Trust: Trends in New and Established Democracies", *International Journal of Public Opinion Research* 18(1): 31-48.
Chang Eric and Chu Yuhan, 2006, "Corruption and Trust: Exceptionalism in Asian Democracies?", *Journal of Politics* 68(2): 259.
Chang Y., Chu Yuhan and Park Chong Min, 2007, "Authoritarian Nostalgia in Asia", *Journal of Democracy* 18(3): 66-80.
Chang, Alex Chuan-hsien, 2018, "How do Asian values constrain public support for Redistribution", *Journal of Behavioral and Experimental Studies* 77: 139-150.
Chiebub Jose and Adam Przeworski, 1999, "Democracy, Elections and

Accoutability for Electoral Outcomes", In Adam Przeworski, Susan Stokes and Bernadi Manin (eds.), *Democracy, Accountability and Representation*, Cambridge: Cambridge University Press.

Christensen, Tom and Per Lægreid, 2005, "Trust in government: The relative importance of service satisfaction, political factors, and demography", *Public Performance and Management Review* 28(4): 487-511.

Choi Jung Young, Jiyoon Kim, Jungho Roh, 2017, "Cognitive and partisan mobilization in new democracies: The case of South Korea", *Party Politics* 23(6): 680-691.

Chu Yuhan, Diamond Larry, Nathan Andrew, and Shin Doh, 2009, "Asia's challenged Democracies", *The Washington Quarterly* 32(1): 143-157.

Chu, Yu-han, Min-Hua Huang, and Lu Jie, 2013, "Uderstanding of Democracy in East Asian Societies", *Asian Barometer: A Comparative Survey of Democracy, Governance and Development Working Paper Series* No. 84.

Collier David and Levitsky, 1997, "Democracy with Adjectives: Conceptual Innovation in Comparative Research", *World Politics* 49(3): 430-451.

Collier David and Steven Levitsky, 2009, "Democracy" in David Collier and John Gerring (eds.), *Concepts and Method in the Social Science: The Tradition of Giovanni Sartori*, London: Routlege.

Crozier Michel, Samuel P. Huntington, Joji Watanuki, 1975, *The crisis of democracy: report on the governability of democracies to the trilateral commission*, New York: New York University Press.

Cusack, Thomas, Torben Iversen, and Philipp Rehm, 2006, "Risks At Work: The Demand and Supply Sides of Government Redistribution", *Oxford Review of Economic Policy* 22(3): 365-389.

Dahl, Robert, 1971, *Polyarchy: Participation and Opposition*, New Haven: Yale University Press.

Dahl, Robert, 1998, *On Democracy*, Yale University Press.

Dalton, R. J., 1984, "Cognitive mobilization and partisan dealignment in advanced industrial democracies", *Journal of Politics* 46: 264-284.

Dalton, R. J., 2004, *Democratic Challenges, Democratic Choices: The Erosion of Political Support in Advanced Industrial Democracies*, UK: Oxford University Press.

Dalton, R. J., 2007, "Partisan mobilization, cognitive mobilization and the changing American electorate", *Electoral Studies* 26: 274-286.

Dalton, R. J., 2013, *The apartisan American: dealignment and changing electoral politics*, Thousand Oaks, California: CQ Press.

Dalton, R. J. and Nhu-Ngoc T. Ong, 2005. "Authority Orientations and Democratic attitudes: A Test of the 'Asian Values' Hypothesis", *Japanese Political Science Review*.

David, Easton, 1965, *A framework for political analysis*, Englewood Cliffs, N. J.: Prentice-Hall.

David, Easton, 1975, "Reassessment of the concept of political support", *British Journal of Political Science* 5(4).

Dennis, Jack and Diana and Owen, 2000, "Popular Satisfaction with the Party System and Representative Democracy in the United States", *International Political Science Review* 22(4): 399-415.

Diamond, Larry, 1999, *Developing Democracy: Toward Consolidation*, Baltimore: Johns Hopkins University Press.

Diamond, Larry, 2008, "The Democratic Rollback: The Resurgence of the Predatory State", *Foreign Affairs*: 36-48.

Diamond, Larry, 2011, "Why Democracies Survive", *Journal of Democracy* 22(1).

Diamond, Larry, 2012, "The Coming Wave", *Journal of Democracy* 23(1): 5-13.

Diamond, Larry and Leonardo Morlino, 2005, *The Quality of Democracy*, Baltimore: Johns Hopkins University.

Diamond, Larry, 1999, "Introduction: Institutional Reform and Democratic Consolidation in Korea", with Doh Chull Shin, in Diamond and Shin (eds.), *Institutional Reform and Democratic Consolidation in Korea*.

Diamond, Larry and Morlino Leonardo, 2005, *Assessing the Quality of Democracy*, Baltimore: Johns Hopkins University.

Diener, E., Suh, E. M., Lucas, R. E., & Smith, H. L., 1999, "Subjective well-being: Three decades of progress", *Psychological Bulletin* 125(2): 276-302.

Dowley, K and Silver B., 2002, "Social capital, ethnicity and support for democracy in the post-communist states", *Europe-Asia studies* 54(4): 505-527.

Durazo Herrmann J., 2010, "Neo-patrimonialism and subnational authoritarianism in Mexico. The case of Oaxaca", *Journal of Politics in Latin*

America 2(2): 85-112.

Easterlin, Richard, 1973, "Does money buy happiness?", *Public Interest* 30: 3-10.

Easterlin, Richard, 1974, "Does Economic Growth Improve the Human Lot? Some Empirical Evidence"(PDF), In Paul A. David; Melvin W. Reder (eds.), *Nations and Households in Economic Growth: Essays in Honor of Moses Abramovitz*, New York: Academic Press Inc.

Easterlin Richard, 2001, "Income and Happiness: toward Unified Theory", *Economic Journal* 111: 465-484.

Easton, David, 1965, *A Systems Analysis of Political Life*, New York: Wiley.

Easton, David, 1975, "A Re-assessment of the Concept of Political Support", *British Journal of Political Science* 5(4): 435-457.

Encarnacion, O. G., 2000, "Beyond Transitions: The Politics of Democratic Consolidation", *Comparative Politics* 32(4): 479-498.

Evans, Geoffrey and Whitefield Stephens, 1995, "The Politics and Economics of Democratic Commitment: Support for Democracy in Transition Societies", *British Journal of Political Science* 25: 485-514.

Feng Wang, 2011, "The End of 'Growth with Equity-Economic Growth and In,come Inequality in East Asia", *Analysis from the East-West Center* 101: 1-8.

Folger, Robert and Mary A. Konovsky, 1989, "Effects of Procedural and Distributive Justice on Reactions to Pay Raise Decisions", *The Academy of Management Journal* 32(1): 115-130.

Fraser, Steben, 2015, *The Age of Acquiescence: The Life and Death of American Resistance to Organized Wealth and Power*, Little, Brown and Company.

Freeland, Christia, 2012, *Plutocrats: The Rise of the New Global Super-Rich and the Fall of Everyone Else*, Penguin Press.

Fukuyama, Frances, 1996, *Trust: The Social Virtues and the Creation of Prosperity*, Free Press.

Germán, Reyes and Leonardo Gasparini, 2017, "Perceptions of Distributive Justice in Latin America During a Period of Falling Inequality", *CEDLAS, Working Papers 0209*, CEDLAS, Universidad Nacional de La Plata.

Glatz, C and Enja Eder, 2020, "A. Patterns of Trust and Subjective Well-Being Across Europe: New Insights from Repeated Cross-Sectional Analyses Based on the European Social Survey 2002-2016", *Soc Indic Res* 148: 417-439.

Graham, C. and Sukhtankar S., 2004, "Does Economic Crisis Reduce Support for Markets and Democracy in Latin America?", *Journal of Latin American*

Studies 36(2): 349-377.

Guarnieri, Carlo, 2003, "Courts as an Instrument of Horizontal Accountability: The Case of Latin Europe", *Democracy and the Rule of Law*, 223-241.

Hahm, Chai-bong, 2008, "Korea's Miraculous Democracy", *Journal of Democracy* 19(3): 128-142.

Helliwell, John F. and Shun Wang, 2010, "Trust and Well-being", *NBER Working Paper* No. 15911.

Helliwell, J. F., and Putnam, R. D., 2004, "The social context of well-being", *Philosophical transactions of the Royal Society of London. Series B*, Biological sciences, 359(1449): 1435-1446.

Hetherington, Marc J., 1998, "The Political Relevance of Political Trust", *The American Political Science Review* 92(4): 791-808.

Hibbing, John R. and Elizabeth Theiss-Morse, 2001, "Process Preferences and American Politics: What the People Want Government to Be", *The American Political Science Review* 95(1): 145-153.

Homans, G. C., 1961, *Social behavior: Its elementary forms*, New York: Harcourt Brace Jovanovich.

Hough, Mike, Jonathan Jackson, Ben Bradford, Andy Myhill, Paul Quinton, 2010, "Procedural Justice, Trust, and Institutional Legitimacy", *Policing: A Journal of Policy and Practice* 4(3), 203-210.

Huang, Min-Hua, Chang, Yu-Tzung, and Chu, Yun-Han, 2008, "Identifying Sources of Democratic Legitimacy: A Multilevel Analysis", *Electoral Studies* 27: 45-62.

Huber, Evelyne, Mostrillo and Johns Stephen, 2008, "Politics and social spending in Latin America", *Journal of Politics* 70(2): 420-436.

Huntington, Samuel, 1991, *The Third Wave: Democratization in the Late Twentieth Century*, Norman, OK, and London: University of Oklahoma Press.

Im, Hyug Baeg, 2011, "Better democracy, better economic growth? South Korea", *International Political Science Review* 32(5): 579-597.

Inglehart, Ronald, 1977, *The Silent Revolution: Changing Values and Political Styles Among Western Publics*, Princeton University Press.

Inglehart, Ronald and Christian Welzel, 2005, *Modernization, Cultural Change, and Democracy: The Human Development Sequence*, Cambridge University Press: Cambridge.

Joanna Sterling, John T. Jost, and Curtis D. Hardin, 2019, "Liberal and

Conservative Representations of the Good Society: A (Social) Structural Topic Modeling Approach", *SAGE Open*.

Jost, J. T., Langer, M., Badaan, V., Azevedo, F., Etchezahar, E., Ungaretti, J., & Hennes, E. P., 2017, "Ideology and the limits of self-interest: System justification motivation and conservative advantages in mass politics", *Translational Issues in Psychological Science* 3(3): e1-e26. http://dx.doi.org/10.1037/tps0000127.

Kaase, Max, 1999, "Interpersonal trust, political trust and non-institutionalized political participation in Western Europe", *West European Politics* 22(3): 1-21.

Kang, WooJin, 2012, "Inequality, Welfare System and Satisfaction with Democracy in Korean Democracy", *International Political Science Review*.

Kasser, T. and R. M. Ryan, 1993, "A dark side of the American dream: Correlates of financial success as a central life aspiration", *Journal of Personality and Social Psychology* 65: 410-422.

Kaufman, Robert, 2009, "The Political Effects of Inequality: Some Inconvenient Facts", *Comparative Politics* 41(3): 359-371.

Keel Luke, 2007, "Social Capital and the Dynamics of Trust in Government", *American Journal of Political Science* 51(2): 241-254.

Keele, L., 2005, "The authorities really do matter: Party control and trust in government", *Journal of Politics* 67(3): 873-886.

Klingemann, H., 1999, "Mapping Political Support in the 1990's: A Global Analysis", In Pippa Norris (ed.), *Critical Citizens: Global Support for Democratic Governance*, UK: Oxford University Press, 31-56.

Kluegel, James and David Mason, 2004, "Fairness matters: Social justice and political legitimacy in post-communist Europe", *Europe-Asia Studies*, vol. 56, no. 6: 813-834.

Kotzian, P., 2010, "Public support for liberal democracy", *International Political Science Review* 31(1): 23-41.

Kraus, M. W., 2018, "Beggars do not envy millionaires: Social comparison, socioeconomic status, and subjective well-being", In E. Diener, S. Oishi, & L. Tay (eds.), *Handbook of Well-Being. Noba Scholar Handbook series: Subjective well-being*, Salt Lake City, UT: DE.

Kwon, Hyeok Yong and Eunju Chi, 2016, "The Trust-eroding Effect of Inequality: Evidence from East Asian New Democracies", *Social Science Journal* 53(3): 318-328.

Lægreid, Per and Tom Christensen, 2005, "Trust in Government: The Relative Importance of Service Satisfaction, Political Factors, and Demography", *Public Performance and Management Review* 28(4): 679-690.

Lee, Jae-Wan and Dae Hyun Baek, 2016, "Social Class And Happiness: Focusing On The Moderating Effects Of Prospect Of Upward Mobility", *International Journal of Management and Applied Science* 2(2): 70-74.

Lee, Aeri and Glasure, Y. U., 2011, "Social Capital and Support for Democracy in Four Asian Countries", *Global Studies Journal*.

Leventhal, G. S., 1980, "What should be done with equity theory? Social exchange: Advances in theory and research", K. J. Gergen, Greenberg, M. S., & Willis, R. H. (eds.) (New York: Plenum): 27-55.

Leventhal, G. S., Karuza, J., & Fry, W. R., 1980, "Beyond fairness: A theory of allocation preferences", In G. Mikula (ed.), *Justice and social interaction*, New York: Springer-Verlag, 167-218.

Levi, Margaret and Laura Stoker, 2000, "Political Trust and Trustworthiness", *Annual Review of Political Science* 3: 475-507.

Levitsky, Steven and María Victoria Murillo, 2013, "Building Institutions on Weak Foundations", *Journal of Democracy* 24(2): 93-107.

Linde, Jonas, 2012, "Why Feed the Hand that Bites You? Perceptions of Procedural Fairness and System Support in Post-Communist Democracies", *European Journal of Political Research* 51: 410-434.

Linz, Juan J. and Alfred Stepan, 1996, *Problems of Democratic Transition and Consolidation: Southern Europe, South America, and Post-Communist Europe*, Baltimore and London: Johns Hopkins University Press.

Lipset, Seymour and W. Schneider, 1983, "The Decline of Confidence in American Institutions", *Political Science Quarterly* 98(3): 379-402.

Luhmann, Niklas, 2000, "Familiarity, Confidence, Trust: Problems and Alternatives", In Gambetta, Diego (ed.), *Trust: Making and Breaking Cooperative Relations, electronic edition, Department of Sociology*, University of Oxford, chapter 6.

Macdonald, D., 2019, "Trust in Government and the American Public's Responsiveness to Rising Inequality", *Political Research Quarterly*.

Mainwaring, Scott and Fernando Bizzarro, 2019, "The Fates Of Third-Wave Democracies", *Journal of Democracy* 30(1): 99-113.

Mainwaring, Scott and Timothy R. Scully, 2010, *Democratic Governance in Latin*

America, Stanford: Stanford University Press.

Manstead Anthony, 2018, "The psychology of social class: How socioeconomic status impacts thought, feelings, and behaviour", *British Journal of Social Psychology* 57(2): 267-291.

Maravall, José María and Adam Przeworski (eds.), 2003, *Democracy and the Rule of Law*, Cambridge: Cambridge University Press.

Marien, S., 2011, "Measuring Political Trust Across Time and Space", In Hooghe M., Zmerli S. (eds.), *Political Trust: Why Context Matters*, Colchester: ECPR Press, 13-46. Available at SSRN: https://ssrn.com/abstract=2539667.

Mayer, Roger, James H. Davis and F. David Schoorman, 1995, "An Integrative Model of Organizational Trust", *The Academy of Management Review* 20(3): 709-734.

Medve-Balint, and Boda Z., 2014, "The Poorer You Are, the More You Trust? The Effect of Inequality and Income on Institutional Trust in East-Central Europe", *Sociologický Časopis / Czech Sociological Review* 50(3): 419-453.

Merkel, Wolfgang, 2004, "Embedded and Defective Democracies", *Democratization*, vol. 11, no. 5: 33-58.

Mikołajczak Gosia and Julia C. Becker, 2019, "What Is (Un)fair? Political Ideology and Collective Action", *Journal of Social and Political Psychology* 7(2): 810-829.

Milbrath, Lester and Madan Lal Goel, 1977, *Political participation: how and why do people get involved in politics?*, Rand McNally College Publication.

Miller, Warren E., Arthur H. Miller, and Edward J. Schneider, 1980, *American National Election Studies Data Source book, 1952-1978*, Cambridge, MA: Harvard University Press.

Milton, Rokeach, 1973, *The Nature of Human Values*, Free Press.

Mishler, W. and Rose R., 1997, "Trust, Distrust, and Skepticism: Popular Evaluations of Civil and Political Institutions in Post-Communist Societies", *Journal of Politics* 59(2): 418-451.

Mishler, W. and Rose R., 1999, "Five Years after the Fall: Trajectories of Support in Central and Eastern Europe", In Pippa Norris (ed.), *Critical Citizens: Global Support for Democratic Government*, UK: Oxford University Press, 78-99.

Mishler, William and Richard Rose, 2001, "What are the Origins of Political Trust? Testing Institutional and Cultural Theories in Post-communist Societies", *Comparative Political Studies* 34(1): 30-62.

Mishler, William and Richard Rose, 2005, "What are the Consequences of

Political Trust: A Test of Cultural and Institutional Theories in Russia", *Comparative Political Studies* 38(9): 1050-1078.
Møller, Jørgen and Svend-Erik Skaaning, 2013, "The Third Wave: Inside the Numbers", *Journal of Democracy* 24(4): 97-109.
Mozaffar S., Schedler A., 2002, "The comparative study of electoral governance: Introduction", *International Political Science Review* 23(1): 5-27.
Munck, Gerardo L., 2001, "The Regime Question: Theory Building in Democracy Studies", *World Politics* 54(1): 119-144.
Munck, Gerardo, 2011, "Democratic Theory After Transitions From Authoritarian Rule", *Perspectives on Politics* 9(2): 333-343.
Navia Patricio and Ignacio Walker, 2010, "Political Institutions, Populism and Democracy in Latin America", In Mainwaring Scott and Timothy R. Scully (eds.), *Democratic Governance in Latin America*, Stanford: Stanford University Press.
Newton Kenneth, Dietlind Stolle, and Sonja Zmerli, 2018, "Social and Political Trust", In *The Oxford Handbook of Social and Political Trust* Edited by Eric M. Uslaner, UK: Oxford University Press.
Nikolaev Boris and Ainslee Burns, 2014, "Intergenerational mobility and subjective well-being: Evidence from the general social survey", *Journal of Behavioral and Experimental Economics* 53: 82-96.
Nikolova Milena, 2016, "Minding the happiness gap: Political institutions and perceived quality of life in transition", *European Journal of Political Economy* 45: 129-148.
Norris Pippa, 1999, *Critical citizens: global support for democratic government*, Oxford, UK: Oxford University Press.
Norris Pippa, 2011, *Democratic Deficit: Critical Citizens Revisited*, Cambridge University Press.
O'Donnell, G., 1996, "Illusions about Consolidation", *Journal of Democracy* 7(4): 34-51.
O'Donnell, G., 2004, "Why the Rule of Law Matters", *Journal of Democracy* 15(4): 32-46.
O'Donnell, G., 1999, "Horizontal Accountability in New Democracies", In Andreas Schedler, Larry Diamond, and Marc Plattner (eds.), *The Self-restraining State: Power and Accountability in New Democracies*, Lynne Rienner Publishers, 29-52.

OECD, 2015, *How's Life?: Measuring Well-being.*

OECD, 2016, *Society at Glance.*

OECD, 2018, *A Broken Social Elevator? How to Promote Social Mobility.*

OECD, 2020, *How's Life in 2020?.*

Offe Clause, 1999, "How Can We Trust Our Fellow Citizens", In M. Warren (ed.), *Democracy and Trust*, Cambridge: Cambridge University Press, 42-87.

Owens Lindsay A. and David S. Pedulla, 2014, "Material Welfare and Changing Political Preferences: The Case of Support for Redistributive Social Policies", *Social Forces* 92(3): 1087-1113.

Park Chong Min and Shin Doh Chull, 2003, "Social Capital and Democratic Citizenship: The Case of Korea", *Asian Barometer Working Paper Series*, No. 12.

Park Chong Min and Shin Doh Chull, 2006, "Do asian values deter popular support for Democracy in South Korea", *Asian Survey* 46(3): 341-361.

Park Chong Min and Shin Doh Chull, 2005, "Social Capital and Democratic Citizenship: The Case of Korea", *Japanese Journal of Political Science* 6(12): 63-85.

Paxton, Pamela, 1999, "Is Social Capital Declining in the United States? A Multiple Indicator Assessment", *American Journal of Sociology* 105: 88-127.

Przeworski Adam, 1995, *Sustainable Democracy*, Cambridge: Cambridge University Press.

Przeworski, Adam, 1986, "Some Problems in the Study of Transitions to Democracy", In Guillermo O'Donnell, Philippe C. Schmitter, and Laurence Whitehead (eds.), *Transitions from Authoritarian Rule: Comparative Perspectives*, Baltimore and London: Johns Hopkins University Press, 47-63.

Przeworski, Adam, 1991, *Democracy and the market: Political and economic reforms in Eastern Europe and Latin America*, New York: Cambridge University Press.

Przeworski, Adam, 1999, "Minimalist conception of democracy: a defense", In Ian Shapiro and Casiano Hacker-Cordon (eds.), *Democracy's Value*, Cambridge: Cambridge University Press, 23-55.

Putnam, Robert, 1993, *Making Democracy Work: Civic Traditions in Modern Italy*, Princeton, N. J., Princeton University Press.

Putnam, Robert, 2000, *Bowling Alone: The Collapse and Revival of American Community*, New York: Simon and Schuster.

Resch Nura, 2018, "Sense of Justice in School and Social and Institutional Trust", *Comparative Sociology* 17(3-4): 369-385.

Richard Rose, William Mishler and Christian W. Haerpfer, 1998, *Democracy and its Alternatives*, Baltimore: Johns Hopkins University Press.

Rose, R., D. Shin and N. Munro, 1999, "Tensions between the Democratic Ideal and Reality: South Korea", In P. Norris (ed.), *Critical Citizens*, UK: Oxford University Press, 146-165.

Rose, Richard, William Mishler and Christian Haerpfer, 1998, *Democracy and its Alternatives*, Baltimore: The Johns Hopkins University Press.

Schedler Andreas, 1998, "What Is Democratic Consolidation?", *Journal of Democracy* 9(2): 91-107.

Schedler Andreas, 1999, "Conceptualizing Accountability", In Andreas Schedler, Larry Diamond, and Marc F. Plattner (eds.), *The Self-Restraining State: Power and Accountability in New Democracies*, Boulder and London: Lynne Rienner Publishers, 13-28.

Schedler Andreas, 2001, "Measuring Democratic Consolidation", *Studies in Comparative International Development* 36(1): 66-92.

Schimiiter Phillippe, 1992, "The Consolidation of Democracy and Representation of Social Groups", *American Behavioral Scientist* 35: 422-449.

Schimiiter Phillippe, 2005, "The Ambiguous Virtues of Accountability", In Larry Diamond and Leonardo Morlino (eds.), *Assessing Quality of Democracy*, Johns Hopkins University Press.

Schmitter, P. C., 2010, "Twenty-Five Years, Fifteen Findings", *Journal of Democracy* 21(1): 17-28.

Schlozman Lehman, Sidney Verba and Henry Brady, 2012, *The Unheavenly Chorus Unequal Political Voice and the Broken Promise of American Democracy*, Princeton University Press.

Sears David and O. Carolyn L. Funk, 1991, "The Role of Self-Interest in Social and Political Attitudes", *Advances in Experimental Social Psychology* 24: 1-91.

Seligson Mitchell A., 2002, "The Impact of Corruption on Regime Legitimacy: A Comparative Study of Four Latin American Countries", *The Journal of Politics* 64(2): 408-433.

Shin Doh Chull and Cho Young ho, 2010, "How East Asians Understand Democracy: From a Comparative Perspective", *ASIEN* 116: 21-40.

Shin Doh Chull and Jason Wells, 2005, "Is Democracy the Only Game in Town?", *Journal of Democracy* 16(2): 88-101.

Smulovitz, Catalin and Enrique Peruzotti, 2000, "Societal Accountability in Latin

America", *Journal of Democracy* 11(4): 147-158.

Solt, Frederick, 2008, "Economic Inequality and Democratic Political Engagement", *American Journal of Political Science*, Vol. 52, No. 1: 48-60.

Thibaut John and Laurens Walker, 1975, *Procedural Justice: A Psychological Analysis*, Hillsdale, N. J.: Lawrence Erlbaum Associates.

UNDP, 2020, *Human Development Report 2019-Beyond income, beyond averages, beyond today: Inequalities in human development in the 21st century*, UN.

Uslaner Eric M., 2002, *The Moral Foundations of Trust*, Cambridge University Press.

Uslaner Eric M., 2018, "The Study of Trust", In Eric M. Uslaner (ed.), *The Oxford Handbook of Social and Political Trust*, UK: Oxford University Press.

Valenzuela, J. Samuel, 1992, "Democratic Consolidation in Post-Transitional Settings: Notion, Process, and Facilitating Conditions", In Scott Mainwaring, Guillermo O'Donnell, and Valenzuela (eds.), *Issues in Democratic Consolidation: The New South American Democracies in Comparative Perspective*, Notre Dame: University of Notre Dame Press.

Vassilev Rossen, 2004, "Economic Performance and Regime Legitimacy in Post-Communist Bulgaria", *Politics* 24(2): 113-121.

Vigoda-Gadot, Eran, Mizrahi, Shlomo, 2014, *Managing Democracies in Turbulent Times: Trust, Performance, and Governance in Modern States*, Springer.

Weatherford, M. Stephen, 1984, "Economic 'Stagflation' and Public Support for the Political System", *British Journal of Political Science* 14(2): 187-205.

Wei Wu, Liang Ma and Wenxuan Yu, 2017, "Government Transparency and Perceived Social Equity: Assessing the Moderating Effect of Citizen Trust in China", *Administration and Society* 49(6): 882-906.

Welzel, C., 2011, "The Asian Values Thesis Revisited: Evidence from the World Values Surveys", *Japanese Journal of Political Science* 12(1): 1-13.

Winter Jefferey and Page Benjamine, 2009, "Oligarchy in the United States?", *Perspective on Politics* 7(4): 731-751.

Yap F., 2012, "Economic Performance and Democratic Support in Asia's Emergent Democracies", *Comparative Political Studies* 46(4): 486-512.

Yun Seongyi and Hee Min, 2012, "Democracy in South Korea: Consolidated but in Deficit", *Korea Observer* 43(1): 145-174.

Zakaria, Fareed, 1997, "The Rise of Illiberal Democracy", *Foreign Affairs* 76(6): 22-43.

Zaller John and Stanley Feldman, 1992, "A Simple Theory of the Survey Response: Answering Questions versus Revealing Preferences", *American Journal of Political Science* 36(3): 579-616.

Zhang, Jianjun, Xu, Yang, Hou, Yu, 2018, "Mediating Role of Interpersonal Interactions Between Chinese Farmers' Social Networks and their Subjective Well-Being", *Social Behavior and Personality: an international journal* 46(5): 721-732.

Zhao Yizhang Yaojun Li, Anthony Heath and Nick Shryane, 2017, "Inter- and intra-generational social mobility effects on subjective well-being: Evidence from mainland China", *Research in Social Stratification and Mobility* 48: 54-66.

Zhou, Y. and Jin, S., 2018, "Inequality and Political Trust in China: The Social Volcano Thesis Re-examined", *The China Quarterly* 236: 1033-1062.

Zinni, F., 1995, "The Sense of Injustice: The Effects of Situation, Beliefs, and Identity", *Social Science Quarterly* 76(2): 419-437.

Zmerli Sonja and Juan Carlos Castillo, 2015, "Income inequality, distributive fairness and political trust in Latin America", *Social Science Research* 52: 179-192.

Zmerli Sonja and Newton Ken, 2008, "Social Trust and Attitudes toward Democracy", *Public Opinion Quarterly* 72(4): 706-724.

Zmerli Sonja and Tom W. G. van der Meer (eds.), 2017, *Handbook on Political Trust*, Edward Elgar Publishing.

색인

ㅇ

ㅎ

기타